Das vorinsolvenzliche Sanierungsverfahren

Schriften zum Verfahrensrecht

Herausgegeben von
Jens Adolphsen, Christoph Althammer, Peter Gottwald und Ulrich Haas

Band 55

PL ACADEMIC RESEARCH

Konrad-Tassilo Heßel

Das vorinsolvenzliche Sanierungsverfahren

Bedarf und Ausgestaltungsmöglichkeiten eines vorinsolvenzlichen Sanierungsmechanismus

PL ACADEMIC RESEARCH

Bibliografische Information der Deutschen Nationalbibliothek
Die Deutsche Nationalbibliothek verzeichnet diese Publikation in der Deutschen Nationalbibliografie; detaillierte bibliografische Daten sind im Internet über http://dnb.d-nb.de abrufbar.

Zugl.: Regensburg, Univ., Diss., 2016

D 355
ISSN 1619-344X
ISBN 978-3-631-67619-6 (Print)
E-ISBN 978-3-653-06962-4 (E-Book)
DOI 10.3726/978-3-653-06962-4

PL Academic Research ist ein Imprint der Peter Lang GmbH.
Peter Lang – Frankfurt am Main · Bern · Bruxelles · New York · Oxford · Warszawa · Wien

Diese Publikation wurde begutachtet.

www.peterlang.com

Meinen Eltern

Vorwort

Ich möchte mich an dieser Stelle zunächst bei all jenen bedanken, die an der Entstehung dieses Buches maßgeblichen Anteil hatten.

Zunächst gebührt meinem Doktorvater Prof. Dr. Dr. h.c. Peter Gottwald besonderer Dank für die Möglichkeit, zu diesem Thema einen wissenschaftlichen Beitrag leisten zu dürfen und für die vielen wertvollen Anregungen, mit denen er mir zur Seite stand.

In besonderer Hinsicht möchte ich auch Herrn Prof. Dr. Stephan Madaus danken. Während meiner Tätigkeit an seinem Lehrstuhl an der Universität Regensburg konnte ich in zahlreichen Gesprächen wertvolle Gedanken entwickeln, die einen entscheidenden Anteil meiner Arbeit ausmachen. Über den fachlichen Aspekt hinaus werde ich diese Zeit auch in menschlicher Hinsicht als Bereicherung in Erinnerung behalten.

Mein Dank richtet sich schließlich auch an Herrn Prof. Dr. Wolfgang Servatius für die Erstellung des Zweitgutachtens und die damit verbundenen Anregungen.

Ganz persönlich möchte ich meinen Eltern bedanken, deren Verständnis und emotionale Unterstützung mich während meiner akademischen Ausbildung stets begleitet hat.

Die Arbeit wurde von der Juristischen Fakultät der Universität Regensburg im Wintersemester 2015/2016 als Dissertation angenommen. Rechtsprechung und Literatur konnten noch bis April 2016 berücksichtigt werden

Regensburg im April 2016 Konrad-Tassilo Heßel

Inhaltsverzeichnis

A. Einleitung 13

I. Der Reformbedarf des deutschen Insolvenzrechts 13

II. Methodik der Untersuchung 15

B. Die Diskussion über die Einführung eines vorinsolvenzlichen Sanierungsverfahrens 17

C. Der Begriff des „vorinsolvenzlichen Sanierungsverfahrens" 19

I. Zeitliche Grenzen 20

1. Juristischer Krisenbegriff 20
2. Betriebswirtschaftlicher Krisenbegriff 21

II. Der Begriff „*vorinsolvenzlich*" 22

III. Sanierung 22

IV. Der Begriff des „*Verfahrens*" 24

D. (Präventive) Unternehmenssanierung durch Insolvenz 25

I. Ziele des Insolvenzverfahrens 25

II. Unternehmenssanierung im Regelverfahren 27

1. Das Eröffnungsverfahren 27
2. Das eröffnete Verfahren 43
3. Bewertung der Unternehmenssanierung im Regelverfahren 51

III. Der Insolvenzplan als zentrales Sanierungsinstrument der Insolvenzordnung 52

1. Intention und Grundsätze des Insolvenzplanverfahrens 52
2. Der Ablauf des Insolvenzplanverfahrens 53
3. Die Wirkungen und die Ausführung des bestätigten Insolvenzplans 66

4. Tauglichkeit des Insolvenzplanverfahrens zur präventiven Unternehmenssanierung ... 68

IV. Die Chancen einer geplanten Insolvenz ... 69

1. Die Einreichung eines prepacked plans gemäß § 218 I 2 mit dem Antrag auf Eröffnung des Insolvenzverfahrens wegen drohender Zahlungsunfähigkeit (§ 18 InsO) ... 69
2. Das sog. Schutzschirmverfahren nach § 270b InsO ... 70
3. Bewertung des prepacked plans und des Schutzschirmverfahrens ... 78

V. Zusammenfassende Bewertung der Sanierungschancen im Insolvenzverfahren ... 80

1. Chancen des Eigenantrags wegen drohender Zahlungsunfähigkeit ... 80
2. Risiken des Eigenantrags wegen drohender Zahlungsunfähigkeit ... 81
3. Praktische Erfahrungen mit den Instrumenten der Insolvenzordnung zur präventiven Unternehmenssanierung ... 83
4. Schlussfolgerung in Bezug auf die Notwendigkeit eines vorinsolvenzlichen Sanierungsgesetzes ... 84

E. Effizienz und Hindernisse außergerichtlicher Sanierungen ... 85

I. Begriffliches ... 85

II. Effizienz bzw. Vorteile der außergerichtlichen Sanierung ... 86

1. Kostenvorteile ... 86
2. Flexibilität des Verfahrens ... 87
3. Größere Akzeptanz ... 88
4. Vorteile für die Gläubiger ... 89

III. Hindernisse der außergerichtlichen Sanierung ... 89

1. Das Einstimmigkeitserfordernis ... 89
2. Verfahrenshindernisse ... 90
3. Insolvenzantragspflicht gemäß § 15a InsO ... 92
4. Straf-, haftungs- und anfechtungsrechtliche Risiken ... 93

IV. Die vorinsolvenzlichen Sanierungsverfahren des Schuldverschreibungsgesetzes und des KredReorgG ... 98
1. Das Reorganisationsverfahren des Schuldverschreibungsgesetzes ... 98
2. Das Sanierungs- und Reorganisationsverfahren des KredReorgG ... 100
V. Ergebnis ... 103

F. Das vorinsolvenzliche Sanierungsverfahren ... 105
I. Die Kompensation der Nachteile außergerichtlicher Sanierungen ... 105
1. Zustimmungspflichten zu einem Sanierungsvergleich ... 105
2. Mehrheitsentscheidungen bei vorinsolvenzlichen Verfahren ... 106
3. Die Anordnung eines Moratoriums in einem vorinsolvenzlichen Verfahren ... 119
II. Die Konservierung der Vorteile außergerichtlicher Sanierungen bei gleichzeitiger Kompensation der Nachteile des Insolvenzverfahrens ... 123
III. Die Einführung eines vorinsolvenzlichen Sanierungsverfahren nach ausländischem Vorbild gemessen an verfassungsrechtlichen Erfordernissen ... 124
1. Frankreich ... 124
2. Vorinsolvenzliche Sanierungsverfahren in englischen Recht ... 158
3. Das spanische vorinsolvenzliche Verfahren – La homologación de los acuerdos de refinanciación ... 171
4. Das amerikanische pre-voted-plan – Verfahren 11 U.S.C. § 1126 (b) ... 178
5. Fazit ... 181
IV. Die Einführung eines vorinsolvenzlichen Verfahrens aus rechtshistorischer Sicht ... 182
1. Das Scheitern des Verfahrensdualismus von Konkurs- und Vergleichsordnung ... 182
2. Das Einheitsverfahren der Insolvenzordnung ... 184
3. Ergänzung der Insolvenzordnung durch ein vorinsolvenzliches Sanierungsverfahren ... 185

V. Umsetzung des bisher erarbeiteten Konzepts eines vorinsolvenzlichen Sanierungsmechanismus 186
1. Leitbild des vorinsolvenzlichen Sanierungsprozesses 186
2. Vorschlag für einen vorinsolvenzlichen Sanierungsmechanismus 188

G. Aktuelle Entwicklung und Fazit 199
I. Aktuelle Entwicklung 199
1. Empfehlung der Europäischen Kommission vom 12.03.2014 199
2. Grundsatzpapier des VID zu einem vorinsolvenzlichen Sanierungsverfahren 204
II. Stellungnahme und Fazit der Untersuchung 206

Literatur- und Entscheidungsverzeichnis 211
I. Literaturverzeichnis 211
II. Gerichtsentscheidungen 226

A. Einleitung

I. Der Reformbedarf des deutschen Insolvenzrechts

„Schon kalter Kaffee oder immer noch frisch? Das vorinsolvenzliche Sanierungsverfahren“ titelt die Zeitschrift INDat Report.[1] Die Frage ist berechtigt, denn im Jahre 2010 stellte Bundesjustizministerin Leutheusser-Schnarrenberger in ihrer Begrüßungsrede[2] auf dem siebten Deutschen Insolvenzrechtstag in Berlin laut Überlegungen an, dass in Deutschland ein Bedürfnis für eine neue Insolvenzkultur bestehe und dabei auch an ein vorinsolvenzliches Sanierungsgesetz zu denken sei. Dieses könne bereits im Vorfeld einer Insolvenz greifen und würde nicht das Stigma des Insolvenzverfahrens tragen.

Hintergrund dieser Überlegungen war die Erkenntnis, dass die mit der InsO völlig neu geschaffenen Rechtsinstitute des Insolvenzplanverfahrens (§§ 217 ff. InsO) und der Eigenverwaltung (§§ 270 ff. InsO) statistisch gesehen[3] in der Praxis wenig Anklang gefunden haben und somit nach wie vor die meisten Unternehmen, die sich in ein Insolvenzverfahren begeben, liquidiert werden.[4]

Zudem scheinen andere Rechtsordnungen in Europa im direkten Vergleich sanierungsfreundlicher zu sein. Beispielsweise wichen der Automobilzulieferer Schefenacker[5] oder die Deutsche Nickel AG[6] zur Sanierung nach England aus, indem

---

1 INDat Report 06_2013, S. 8, abrufbar unter: http://www.hww.eu/sites/default/files/130905_INDAT_Report_0613_Vorinsolvenzliches_Sanierungsverfahren.pdf

2 Siehe BB Heft 17/2010, S. 1.

3 Zwar stieg die Sanierung von Unternehmen durch den Insolvenzplan seit 2003 an, jedoch wurde insgesamt nur in 1% der Insolvenzverfahren in Deutschland eine Sanierung durch den Insolvenzplan durchgeführt; die Quote der Eigenverwaltungen je 1.000 Insolvenzanträge und -verfahren liegt sogar darunter; im Vergleich dazu findet in den USA in 25% der Insolvenzfälle ein Reorganisationsversuch nach Chapter 11 Bankruptcy Code statt. Siehe hierzu: Institut für Mittelstandsforschung (IfM) Bonn, *„Haben wir eine Sanierungskultur“* (Vortrag) 2008, abrufbar unter: http://www.ifm-bonn.org/assets/documents/Kranzusch-24-06-2008.pdf

4 Vgl. auch *Vallender*, NZI 2010, 838, 840.

5 Vgl. hierzu: http://www.handelsblatt.com/unternehmen/strategie/zur-sanierung-auf-die-britische-insel;1268864.

6 Vgl. hierzu: http://www.finanznachrichten.de/nachrichten-2005-09/5381018-restrukturierung-dnick-deutsche-nickel-ag-heuschrecken-sanieren-deutsches-unternehmen-007.htm

sie ihren Sitz dorthin verlegten. Ohne auf die rechtlichen Probleme[7] und das wirkliche Ausmaß dieses sog. „forum shopping“ an dieser Stelle eingehen zu wollen, müssen doch der Hintergrund und die Folgen dieser Sitzverlegung gesehen werden. Die für den Zugang deutscher Unternehmen zu Fremdkapital entscheidenden Kapitalanlageentscheidungen ausländischer Investoren werden zu einem beträchtlichen Teil durch die rechtlichen Rahmenbedingungen für Restrukturierungen, also das anwendbare Insolvenzrecht beeinflusst.[8] Insofern spielt die Attraktivität des deutschen Insolvenzrechts eine wichtige Rolle für die Attraktivität des Wirtschaftsstandorts Deutschland.

Als Katalysator dieser Entwicklung erwies sich die Wirtschafts- und Finanzkrise aus dem Jahr 2008/2009. So wurde im Oktober 2008 das Finanzmarktstabilisierungsgesetz (FMStG) verabschiedet. In der Insolvenzordnung kehrte man, zunächst zeitlich befristet bis zum 31.12.2013, nunmehr unbefristet, zum modifizierten zweistufigen Überschuldungsbegriff zurück. Für das Jahr 2009 meldeten die deutschen Amtsgerichte 32687 Unternehmensinsolvenzen, was einen Anstieg von 11,6% im Vergleich zum Vorjahr bedeutete und womit auch der Höchststand aus dem Jahre 2003 von 39320 Unternehmensinsolvenzen überschritten wurde.[9]

Die juristische Fachlitertur griff die Frage nach dem Bedürfnis für ein solches Verfahren auf und diskutierte alsbald angeregt über Verbesserungsmöglichkeiten des Insolvenzrechts und Argumente Pro und Contra eines vorinsolvenzlichen Sanierungsverfahrens.[10]

Letztlich entschied sich jedoch der Gesetzgeber dazu, kein vorinsolvenzliches Sanierungsverfahren einzuführen, sondern die Insolvenzordnung durch das

---

7 Siehe hierzu etwa *Eidenmüller* in: ZGR 2006, 467, 475; *ders.*, Finanzkrise, Wirtschaftskrise und das deutsche Insolvenzrecht, 2009, S. 8; *Eidenmüller/Frobenius/Prusko*, NZI 2010, 545, 546.

8 Vgl. hierzu auch: *Davydenko/Franks*, Do Bankruptcy Codes Matter? A Study of Defaults in France, Germany and the U.K., The Journal of Finance, 2008, 565, 566; *Eidenmüller/Frobenius/Prusko*, NZI 2010, 545, 548.

9 Vgl. Pressemitteilung des Statistischen Bundesamtes Nr. 085 vom 09.03.2010, nachzulesen unter: http://www.destatis.de/jetspeed/portal/cms/Sites/destatis/Internet/DE/Presse/pm/2010/03/PD10__085__52411,templateId=renderPrint.psml.

10 *Eidenmüller*, ZIP 2010, 649, 654; *ders*, Finanzkrise, Wirtschaftskrise und das deutsche Insolvenzrecht, S. 27 ff.; *Geldmacher*, ZInsO 2010, 696 ff.; *ders*, Das präventive Sanierungsverfahren als Teil eines reformierten Insolvenz- und Sanierungsrechts in Deutschland; *Hölzle*, NZI 2010, 207 ff; *Jaffé/Friedrich*, ZIP 2008, 1849, 1856; *Beissenhirtz*, ZInsO 2011, 57 ff; *Jacoby*, ZGR 2010, 359 ff.; Westpfahl, ZGR 2010, 385 ff.; *Vallender*, NZI 2010, 838, 843 ff.; *Bork*, ZIP 2010, 397 ff.

ESUG[11] zu reformieren. Eineinhalb Jahre nach dem ESUG werden wieder Stimmen laut, die die Einführung eines vorinsolvenzlichen Sanierungsverfahrens diskutieren. So lud beispielsweise am 25.09.2013 der Berlin/Brandenburger Arbeitskreis für Insolvenzrecht e. V. in Kooperation mit der Deutschen Bank zu der Podiumsdiskussion „Brauchen wir in Deutschland ein vor-/außergerichtliches Sanierungsverfahren?" ein.[12]

Insofern möchte die vorliegende Arbeit die oben aufgeworfene, zugegebenermaßen provokativ formulierte Frage „Schon kalter Kaffee oder immer noch frisch? Das vorinsolvenzliche Sanierungsverfahren" aufgreifen. Dabei soll analysiert werden, welche Schwachstellen die Unternehmenssanierung in Deutschland hat(te) und ob diese durch das im Rahmen des ESUG eingeführte Schutzschirmverfahren nach § 270b InsO und die Reform des Insolvenzplanverfahrens nach § 218 Abs. 1 S. 1 InsO beseitigt werden konnten.[13]

II. Methodik der Untersuchung

Befasst man sich mit der Frage, ob ein außergerichtliches Sanierungsverfahrensgesetz zur Reform des deutschen Insolvenzrechts notwendig ist, so kann diese Untersuchung auf zwei Arten erfolgen:

Zum einen kann man von Grund auf überlegen, wie ein taugliches Sanierungsrecht auszusehen hätte. Dieses würde man anschließend mit den Sanierungsmöglichkeiten im deutschen Insolvenzrecht de lege lata vergleichen und würde anhand dessen feststellen können, ob taugliche Sanierungsinstrumentarien vorhanden sind, die Vorhandenen verbessert werden oder solche erst geschaffen werden müssen. Anhand dieser Ergebnisse könnte man die Frage beantworten, ob ein eigenes vorinsolvenzliches Sanierungsverfahrensgesetz zur Reform des Insolvenzrechts notwendig wäre oder beispielsweise eine Verbesserung der vorhandenen Instrumentarien als ausreichend erachtet werden kann.[14]

Zum anderen kann man sich zunächst damit befassen, inwieweit Sanierungen mit dem vorhanden Rahmenbedingungen de lege lata gelingen können bzw.

---

11 Gesetz zur weiteren Erleichterung der Sanierung von Unternehmen, ESUG, vom 7. Dezember 2011, BGBl. I S. 2582, ber. S. 2800.

12 INDat Report 06_2013, a.a.O., S. 9.

13 Vgl. hierzu: *Eidenmüller*, Finanzkrise, Wirtschaftskrise und das deutsche Insolvenzrecht, 2009, S. 21; *Eidenmüller/Frobenius/Prusko*, NZI 2010, 545, 545; *Bork*, ZIP 2010, 397; *Hölzle* NZI 2010, 207; *Geldmacher*, ZInsO 2010, 696; *Jaffé/Friedrich*, a.a.O. (Fn. 10), 1849; *Uhlenbruck*, NZI 2008, S. 201.

14 So auch *Bork*, ZIP 2010, 397, 399.

inwieweit Verbesserungspotential de lege ferenda vorhanden ist. Sollte man an dieser Stelle zu dem Ergebnis kommen, dass der derzeitige Rechtsrahmen sinnvollerweise nur durch die Einführung eines vorinsolvenzlichen Sanierungsverfahrens zu verbessern ist, wird im nächsten Schritt eine mögliche Ausgestaltung dieses Verfahrens erarbeitet werden.

Die folgende Untersuchung wird nach der zweiten Methode erfolgen. Dabei soll zunächst dargestellt werden, was die vorliegende Arbeit unter einem außergerichtlichen Sanierungsverfahrengesetz versteht. Im Anschluss soll das Insolvenzverfahren im Hinblick auf die Möglichkeit ein Unternehmen präventiv zu sanieren untersucht werden. Danach soll eine Bestandsaufnahme der außergerichtlichen Sanierungsmöglichkeiten erfolgen. Anhand dessen wird man erkennen, ob aufgrund des derzeitigen Rechtsrahmens überhaupt ein Bedürfnis für ein eigenständiges Sanierungsverfahren besteht. Schließlich soll das Bedürfnis für ein vorinsolvenzliches Sanierungsverfahren im Rahmen eines Rechtsvergleiches mit Frankreich, England und Spanien untersucht werden, wobei geprüft wird, inwieweit sich die Verfahrenskonzeptionen dieser Länder vor allem in Hinblick auf verfassungsrechtliche Voraussetzungen in unser Rechtssystem integrieren ließen. Eine rechtshistorische Betrachtung soll die Erfahrungen aus der Geschichte, insbesondere mit der Parallelität von Konkurs- und Vergleichsordnung in die Bewertung der Ausgangsfrage miteinfließen lassen. Die vorliegende Untersuchung kommt letztlich zu dem Ergebnis, dass ein Bedürfnis für ein vorinsolvenzliches Sanierungsgesetz besteht und unterbreitet einen Vorschlag, wie ein vorinsolvenzlicher Sanierungsmechanismus ausgestaltet werden müsste, um in das deutsche Insolvenzrecht integriert werden zu können.

B. Die Diskussion über die Einführung eines vorinsolvenzlichen Sanierungsverfahrens

Um die nachfolgende Analyse einordnen zu können, ist es wichtig zu verstehen, warum und in welcher Hinsicht sich für Unternehmen ein erhöhter Sanierungsbedarf ergibt. Auslöser der Reformdiskussion war die Finanzkrise, die im September 2008 mit der Insolvenz des Lehman Bankhauses ihren vorläufigen Höhepunkt fand und im Winter 2008/2009 schließlich die Realwirtschaft erfasste.[15]

Ihren Ursprung hatte diese Finanzkrise in der US-Hypothekenkrise, die auf einem fehlerhaften Kreditvergabesystem mit mangelnder Bonitätsprüfung basierte, indem Immobilienkredite zu sehr günstigen Konditionen unter Eingehung großer Risiken an Verbraucher vergeben wurden. Der Kreditvergabe lag die fehlerhafte Annahme immer steigender Immobilienpreise zu Grunde, so dass, so die Überlegung, die Bank im Sicherungsfall die jeweilige Immobilie aufgrund der eingetragenen Hypothek verwerten und durch den Wertzuwachs der Immobilie sogar noch mit einem Profit rechnen konnte. Dieses System funktionierte nur so lange, bis die Immobilienpreise unerwartet sanken und damit die Hypotheken der Banken ausfielen.[16]

Für sich betrachtet hätte dies lediglich zu einer Bankenkrise im Immobiliensektor geführt. Zu einer ausgewachsenen Finanzmarktkrise entwickelte sich dieses Szenario aufgrund der Tatsache, dass sich die US-Banken im Vorfeld der Hypothekenkrise gegen die Risiken des Hypothekengeschäfts absichern und refinanzieren wollten und zu diesem Zweck neue Finanzinnovationen auf den Markt brachten. Dabei wurden „mit Forderungen besicherte Wertpapiere", sog. „asset backed securities" emittiert, indem ganze Portfolien von Hypothekenkrediten in dafür eigens gegründete Zweckgesellschaften eingebracht und dann als Wertpapiere verkauft wurden. Anschließend wurden diese zum zweiten Mal zu weiteren Portfolien zusammengefasst (sog. Collateralized Debt Obligations) und erneut verbrieft. Diese sog. Subprime-Kredite ermöglichten es Anlegern, Portfolios unterschiedlicher Bonitätsklassen aus Forderungen zusammenzusetzen, deren Rendite aus den Zins- und Tilgungszahlungen der Kreditnehmer bestanden.[17] Um die

---

15 So auch *Eidenmüller*, Finanzkrise, Wirtschaftskrise und das deutsche Insolvenzrecht, S. 8, 13.

16 *Jubin*, Die Internationale Finanzkrise, S. 8.

17 *Jubin*, Die Internationale Finanzkrise, S. 8; *Eidenmüller*, Finanzkrise, Wirtschaftskrise und das deutsche Insolvenzrecht, S. 10.

Wertpapiere bei Investoren platzieren zu können, ließen die Emittenten diese von Ratingagenturen bewerten, wobei die Einschätzung aufgrund der Komplexität der Wertpapiere und der Tatsache, dass die Ratingagenturen an der Zusammensetzung der Portfolien selbst beteiligt waren, zu unkritisch erfolgte und die Portfolien daher teilweise Bestnoten erhielten. Investitionsanreize für diese Wertpapiere ergaben sich dabei vor allem für Banken und Versicherungen, die für Anlagen in verbriefte Papiere weniger Eigenkapital halten mussten als bei einer direkten Kreditvergabe.[18]

Eine schwächelnde US-Wirtschaft mit sinkenden Wachstumsraten und eine Anhebung des US-Leitzinses führten schließlich dazu, dass viele Verbraucher die gestiegenen Raten für die variabel verzinslichen Darlehen nicht mehr begleichen konnten und ihre Häuser verkaufen mussten. Durch das Überangebot brachen daraufhin die Immobilenpreise ein und damit fielen wiederum die Banken mit ihren Forderungen aus. Es kam zu einer Kettenreaktion.

Für viele Kreditinstitute ergab sich in der Folge ein enormer Abschreibungsbedarf an diesen Risikoaktiva und es entstand eine allgemeine Unsicherheit über die Verstrickung des jeweiligen Geschäftspartners in Subprime-Kreditgeschäfte. Diese Unsicherheit entwickelte sich vor allem durch die Insolvenz der Lehman Bank im September 2008 zu einem massiven Vertrauensverlust unter den Banken und führte schließlich zu einer Kreditklemme. Damit hatte sich die Finanzkrise zur Wirtschaftskrise ausgeweitet und erfasste nunmehr die Realwirtschaft, d.h. Unternehmen außerhalb des Finanzsektors.[19]

Im Folgenden zeigten sich die Banken bei der Vergabe von Krediten außerordentlich zurückhaltend, was wiederum die Finanzierungssituation für fremdkapitalfinanzierte Unternehmen verschlechterte. Neben diesen waren vor allem auch Unternehmen mit hohen Fixkosten und selbst gefährdeten Abnehmern von den Auswirkungen betroffen.[20]

Damit besteht nach wie vor für eine Vielzahl von Unternehmen das Bedürfnis, sich finanzwirtschaftlich zu sanieren, wobei diese die Besonderheit aufweisen, substanziell gesund zu sein, d.h. Cash-Flows zu erzeugen und sich nicht in einer leistungswirtschaftlichen Krise zu befinden. Ob sich für solche Unternehmen ein vorinsolvenzliches Sanierungsverfahren lohnen würde, soll im Folgenden untersucht werden.

---

18 *Brunnermeier*, Journal of Economic Perspectives 2009, 77, 81.

19 *Jubin*, Die Internationale Finanzkrise, S. 22; *Eidenmüller*, Finanzkrise, Wirtschaftskrise und das deutsche Insolvenzrecht, S. 12 f.

20 *Eidenmüller*, Finanzkrise, Wirtschaftskrise und das deutsche Insolvenzrecht, S. 13 f.

C. Der Begriff des „vorinsolvenzlichen Sanierungsverfahrens“

Zunächst soll geklärt werden, was unter einem „*vorinsolvenzlichen Sanierungsverfahren*“ im Rahmen der vorliegenden Untersuchung zu verstehen ist.[21] Der Begriff des „vorinsolvenzliches Sanierungsverfahrens“ orientiert sich im Wesentlichen an den Reformvorhaben des Gesetzgebers zur Verbesserung der Sanierung von Unternehmen aus dem Jahr 2010.

Dazu hieß es im Koalitionsvertrag der damaligen Regierungsparteien:

> *„Das Insolvenzrecht muss den neuen Herausforderungen angepasst werden. (…) Wir wollen die Restrukturierung und Fortführung von sanierungsfähigen Unternehmen erleichtern und damit den Erhalt von Arbeitsplätzen ermöglichen. Hierzu gehört es, die rechtlichen Rahmenbedingungen für außergerichtliche Sanierungsverfahren für Unternehmen im Vorfeld einer drohenden Insolvenz zu verbessern. (…)“*[22]

Die damalige Bundesministerin der Justiz beschrieb das Reformvorhaben auf dem 7. Deutschen Insolvenzrechtstag am 17. März 2010 in Berlin folgendermaßen:

> *„(…) Ein anderer Punkt, den wir angehen sollten, hat etwas mit dem Stigma zu tun, das derzeit noch immer mit dem Begriff der Insolvenz verbunden ist. Wir sollten überlegen, ob wir ein Sanierungsverfahren schaffen, das schon vor einer Insolvenz greift. Ob das außerhalb der Insolvenzordnung angesiedelt wird, muss genau geprüft werden. Ein Blick in Nachbarländer wie Großbritannien oder Frankreich zeigt, dass dort so etwas Schule macht, und zwar mit dem erklärten Ziel, möglichst frühzeitig, eine drohende Insolvenz abzuwenden.*
>
> *Ein eigenständiges Sanierungsverfahren wäre ein völlig neuer Ansatz, den man mit Augenmaß umsetzen müsste. Es müsste vor allem zur Insolvenzordnung passen und mit ihr ein schlüssiges Gesamtkonzept bilden (…).“*[23]

Anhand dieser Überlegungen zeichnen sich die Konturen des Begriffs „vorinsolvenzlichen Sanierungsverfahrens“ schon recht deutlich ab.

---

21 So auch *Hirte*, DB 2010, 25.

22 Auszug aus dem Koalitionsvertrag von CDU/CSU und FDP vom 26.10.2009, Wachstum Bildung, Zusammenhalt, S. 19, nachzulesen unter: http://www.cdu.de/doc/pdfc/091026-koalitionsvertrag-cducsu-fdp.pdf.

23 Auszug aus der Rede der Bundesministerin der Justiz Sabine Leutheusser-Schnarrenberger beim 7. Deutschen Insolvenzrechtstag der Arbeitsgemeinschaft Insolvenzrecht im Deutschen Anwaltverein am 17. März 2010 in Berlin, abrufbar unter: http://www.bmj.de/cln_093/SharedDocs/Reden/DE/2010/20100317_7er_Deutscher_Insolvenzrechtstag.html?nn=1469860.

I. Zeitliche Grenzen

Zunächst sollen die zeitlichen Grenzen festgelegt werden. Wie die oben zitierten Überlegungen erkennen lassen, soll es um die Sanierung von Unternehmen im Vorfeld einer materiellen Insolvenz gehen.[24] In der juristischen und betriebswirtschaftlichen Literatur wird die Situation eines Unternehmens im Vorfeld der materiellen Insolvenz als Krise beschrieben.[25] Problematisch am Terminus „Krise" ist jedoch, dass dieser zum einen sehr weit ist und zum anderen im juristischen Kontext und in der Betriebswirtschaftslehre unterschiedlich definiert wird.[26] Daher bedarf es einer weiteren Eingrenzung welche wirtschaftliche Situation eines Unternehmens dieser Untersuchung zugrunde liegen soll.

1. Juristischer Krisenbegriff

Der Begriff *Krise* wird in der Rechtswissenschaft oft verwendet. Allerdings existiert keine allgemeingültige Definition im rechtlichen Sinne, so dass eine Konkretisierung des Begriffs mit erheblichen Schwierigkeiten verbunden ist.[27] Dies liegt daran, dass es in verschiedenen einschlägigen Gesetzen, wie z.B. dem AktG oder dem WpHG, verschiedene relevante Tatbestände gibt, in denen jeweils spezielle Krisenmerkmale eine Rolle spielen.[28] Im insolvenzrechtlichen Sinne bedeutet Krise drohende Zahlungsunfähigkeit, Zahlungsunfähigkeit und/ oder Überschuldung, §§ 17, 18, 19 InsO.[29] Vor dem Inkrafttreten des MoMiG[30] verwendete noch § 32a III GmbH den Begriff der Krise. Nach der Legaldefinition des § 32a I GmbHG war unter Krise ein Zustand des Unternehmens zu verstehen, in dem

---

24 So auch *Bork*, ZIP 2010, 397, 399.

25 So beispielsweise *Drukarczyk/Schöntag* in: Gottwald (Hrsg.), Insolvenzrechtshandbuch, § 2; *Maus* in: Karsten Schmidt/Uhlenbruck (Hrsg.), Die GmbH in Krise, Sanierung und Insolvenz, Teil 1; *Gras* in: Nerlich/Kreplin, MAH Sanierung und Insolvenz, § 2; *Buchalik/Rinker* in: Buth/Hermanns (Hrsg.), Restrukturierung, Sanierung, Insolvenz, § 4; *Hess*, Sanierungshandbuch, Kap. 1, Rn. 25 ff.

26 *Drukarczyk/Schöntag* in: Gottwald (Hrsg.), Insolvenzrechtshandbuch, § 2 Rn. 1.

27 *Maus* in: Karsten Schmidt/Uhlenbruck(Hrsg.), Die GmbH in Krise, Sanierung und Insolvenz, Teil 1, Rn. 1.4; *Gras* in: Nerlich/Kreplin (Hrsg.), MAH Sanierung und Insolvenz, §2 Rn. 1; *Kiethe*, KTS 2005, 179, 183; *Uhlenbruck*, BB 1985, 1277 f.

28 *Reuter*, BB 2003, 1797.

29 *Gras* in: Nerlich/Kreplin (Hrsg.), MAH Sanierung und Insolvenz, § 2 Rn. 1; *Kiethe*, KTS 2005, 179, 183; so auch *Medla*, Präventive Unternehmenssanierung im deutschen und im französischen Recht, S. 39.

30 Gesetz zur Modernisierung des GmbH-Rechts und zur Vermeidung von Missbräuchen (MoMiG) vom 23.10.2008 (BGBl. I S. 2026).

„die Gesellschafter als ordentliche Kaufleute Eigenkapital zugeführt hätten."[31] Damit geht dieser Begriff der Krise weiter als der Insolvenzgrund der drohenden Zahlungsunfähigkeit, § 18 InsO.[32]

Mangels einer einheitlichen übergreifenden Definition des Begriffs „Krise" sich stellt der juristische Begriff mit seinen verschiedenen Ausprägungen für die vorliegende Untersuchung als ungenügend dar.

2. Betriebswirtschaftlicher Krisenbegriff

In der Betriebswirtschaftslehre wird *Krise* als Zustand, der die wirtschaftliche Existenz eines Unternehmens bedroht, beschrieben.[33] Die Existenzbedrohung, die für eine Krise kennzeichnend ist, ist das Ergebnis einer Entwicklung, in dessen Verlauf es der Unternehmensleitung nicht mehr gelingt, den Unternehmensgesamtwert zu steigern oder das einmal erreichte Niveau zu halten.[34] Dem Begriff der Krise ist jedoch auch immanent, dass nicht feststeht, ob das Unternehmen zugrunde geht oder ohne tiefgreifende Veränderungen die Situation bewältigt.[35] Vielmehr besteht über den Ausgang der Krise Ungewissheit. Es liegt zwar noch keine materielle Insolvenz vor, jedoch ist das Eintreten dieser bei Untätigkeit der Unternehmensleitung mehr als wahrscheinlich. Es besteht also Handlungsbedarf, geeignete Sanierungsmaßnahmen einzuleiten.[36]

Der betriebswirtschaftliche Krisenbegriff setzt mithin vor der Insolvenzreife eines Unternehmens an. Die allgemeine Beschreibung erlaubt es auch, verschiedenste Fallgestaltungen unter den Begriff der Krise zu subsumieren. Dies erscheint für die vorliegende Untersuchung als gelungene Situationsbeschreibung, die einerseits so weit wie nötig, andererseits aber auch so konkret wie möglich ist. Daher wird es im Folgenden um die mit dem betriebswirtschaftlichen Krisenbegriff umschriebene Situation eines Unternehmens gehen.

---

31 So auch: *Drukarczyk/Schöntag* in: Gottwald (Hrsg.), Insolvenzrechtshandbuch, § 2 Rn. 4.

32 So auch: *Drukarczyk/Schöntag* in: Gottwald (Hrsg.), Insolvenzrechtshandbuch, § 2 Rn. 1.

33 *Maus* in: Karsten Schmidt/Uhlenbruck (Hrsg.), Die GmbH in Krise, Sanierung und Insolvenz, Teil 1, Rn. 1.2; *Buchalik/Rinker* in: Buth/Hermanns (Hrsg.), Restrukturierung, Sanierung, Insolvenz, § 4, Rn. 1; *Gras* in: Nerlich/Kreplin (Hrsg.), MAH Sanierung und Insolvenz, § 2 Rn. 1.

34 *Drukarczyk/Schöntag* in: Gottwald (Hrsg.), Insolvenzrechtshandbuch, § 2 Rn. 1; *Hess*, Sanierungshandbuch, Kap. 1, Rn. 25; *Maus* in: Karsten Schmidt/Uhlenbruck (Hrsg.), Die GmbH in Krise, Sanierung und Insolvenz, Teil 1, Rn. 1.2.

35 M. w. N.: *Maus* in: Karsten Schmidt/Uhlenbruck (Hrsg.), Die GmbH in Krise, Sanierung und Insolvenz, Teil 1, Rn. 1.3.

36 *Bork*, ZIP 2010, 397, 399.

II. Der Begriff „*vorinsolvenzlich*"

Hintergrund der Untersuchung über die Notwendigkeit eines *vorinsolvenzlichen* Sanierungsverfahrens ist, dass es im deutschen Recht kein eigenständiges (geordnetes) Sanierungsverfahren außerhalb des Insolvenzrechts gibt. Bis auf wenige Ausnahmen, wie etwa dem Schuldverschreibungsgesetz[37] oder dem KredReorgG[38] ist eine Sanierung im Rahmen eines geordneten Verfahrens nur im Insolvenzverfahren möglich und folglich in der InsO geregelt.[39]

Folglich ist unter einem *vorinsolvenzlichen* Sanierungsverfahren ein außerinsolvenzliches Verfahren zur Verhinderung der Insolvenz zu verstehen.[40]

III. Sanierung

Bei einer Unternehmenssanierung ist zwischen der Sanierung des Unternehmens selbst und der Sanierung des jeweiligen Unternehmensträgers als Inhaber zu differenzieren.[41]

Der Begriff des „Unternehmens" ist dabei im deutschen Recht nicht einheitlich definiert, sondern entsprechend dem Zweck der jeweiligen Norm auszulegen.[42] Ganz allgemein könnte man ein Unternehmen als Inbegriff von sachlichen und personellen Mitteln zur Verfolgung wirtschaftlicher Zwecke beschreiben. Dabei ist es Rechtsobjekt, nicht Rechtssubjekt, und folglich grundsätzlich nicht rechtsfähig. Dem Unternehmensträger ist das Unternehmen schuldrechtlich und sachenrechtlich zugeordnet. Unternehmensträger kann eine natürliche Person sein (Einzelkaufmann, auch Kleinunternehmer, Freiberufler), eine Personengesellschaft (GbR, OHG, KG) oder eine juristische Person (GmbH, AG, Genossenschaft). Somit ist dieser im Unterschied zum Unternehmen selbst ist eine rechtsfähige Person.

---

37 Gesetz über Schuldverschreibungen aus Gesamtemissionen (SchVG) v. 31.07.2009, BGBl, S. 2512, das es in § 19 I SchVG ermöglicht, Anleihegläubiger außerhalb eines Insolvenzverfahrens mittels Mehrheitsbeschluss zu Sanierungsbeiträgen zu zwingen, so *Bork*, ZIP 2010, 397.

38 KredReorgG vom 09.12.2010, BGBl I 2010, 1900, das in den §§ 2–6 KredReorgG ein Sanierungsverfahren und in den §§ 7–23 KredReorgG ein Reorganisationsverfahren, ähnlich dem Insolvenzplanverfahren vorsieht.

39 *Bork*, ZIP 2010, 397.

40 So auch *Hölzle*, NZI 2010, 207.

41 *Bork*, ZIP 2010, 397, 399.

42 So auch *Schall* in: Spindler/Stilz (Hrsg.), Aktiengesetz, § 15 Rn. 10.

Dabei sind im Wesentlichen zwei verschiedene Arten von Sanierungen zu unterscheiden: Zum einen die Sanierung im Wege der *Reorganisation* und zum anderen die Sanierung im Wege der übertragenden Sanierung.[43]

Reorganisation bedeutet die Sanierung des Unternehmens unter Beibehaltung des bisherigen Unternehmensträgers.[44] Im Gegensatz dazu überträgt man bei der übertragenden Sanierung die gesunden Teile des Unternehmens auf ein andere Gesellschaft und liquidiert den alten Unternehmensträger. Die Gläubiger des Unternehmensträgers werden dabei aus dem Erlös für die insolvente Gesellschaft befriedigt.[45]

Welche Art der Sanierung mit dem vorinsolvenzlichen Sanierungsverfahren ermöglicht werden soll, ob nur das eine oder das andere oder sowohl Sanierung des Unternehmensträgers als auch übertragende Sanierung, das wird sich erst durch die laufende Untersuchung zeigen und kann an dieser Stelle noch nicht geklärt werden.

Fraglich ist auch, wann ein Unternehmensträger als saniert gilt. Es existiert jedoch keine übergreifende Definition von Sanierung. Was darunter zu verstehen ist, hängt vielmehr davon ab, in welcher Hinsicht Handlungsbedarf besteht. Geht es darum, das Geschäftsmodell neu auszurichten, weil die derzeitige Konzeption in leistungswirtschaftlicher Hinsicht nicht mehr wettbewerbsfähig ist, wird man unter Sanierung verstehen, dass ein Zustand erreicht wird, in dem das Unternehmen wieder dauerhaft ertragsfähig ist. Liegen Insolvenzgründe vor, so wird man gemäß der Insolvenzordnung unter Sanierung den Erhalt des Unternehmensträgers durch einen Insolvenzplan bei gleichzeitiger nachhaltiger Beseitigung der Eröffnungsgründe verstehen.[46] Leidet das Unternehmen unter einer erdrückenden Schuldenlast wird man eine Sanierung feststellen können, wenn die Bilanz um die vorhandenen Passiva bereinigt wurde. Folglich wird die Frage welches vorinsolvenzliche Verfahren zur *Sanierung* notwendig ist, davon abhängen, welche rechtlichen Möglichkeiten zur Sanierung derzeit vorhanden sind. Dies kann jedoch erst nach der Untersuchung beantwortet werden.

Einen ganz allgemeinen Anhaltspunkt können diesbezüglich höchstens die Anforderungen des Instituts der Wirtschaftsprüfer (IDW) an Sanierungskonzepte

---

43 *Eidenmüller* in: Ott/Schäfer (Hrsg.), Effiziente Verhaltenssteuerung und Kooperation im Zivilrecht, S. 145.

44 *Eidenmüller* in: Ott/Schäfer (Hrsg.), Effiziente Verhaltenssteuerung und Kooperation im Zivilrecht, S. 145.

45 *Bork*, ZIP 2010, 397, 399.

46 *Flöther*, ZIP 2012, 1833, 1841.

(IDW S6) bieten[47]. Danach bedeutet Sanierung die Wiederherstellung der Wettbewerbs- und Renditefähigkeit des Unternehmensträgers durch geeignete Maßnahmen.[48]

Nachdem es vorliegend um ein vorinsolvenzliches Verfahren geht, kann es nicht nur um die Beseitigung der Insolvenzgründe gehen, sondern Sanierung bedeutet in diesem Kontext, dass die Unternehmenskrise abgewendet wurde und das Unternehmen wieder nachhaltig ertragsfähig ist.[49]

IV. Der Begriff des „*Verfahrens*"

In der deutschen Sanierungspraxis kann eine Sanierung auf zwei Arten vorgenommen werden: Zum einen völlig privatautonom im Rahmen einer außergerichtlichen Sanierung ohne gerichtliche Mitwirkung und zum zweiten in einem gerichtlichen Verfahren, das mangels Alternativen zwingend ein Insolvenzverfahren ist.[50]

Im deutschen Recht ist also bis dato kein gesetzliches „Insolvenzvermeidungsverfahren" vorhanden.[51]

Die Vor- und Nachteile dieser Tatsache sind an anderer Stelle zu untersuchen; für den Ausgangspunkt der vorliegenden Arbeit ist dieser Umstand jedoch insoweit von Interesse, als eben untersucht wird, ob ein Verfahren zur frühzeitigen Sanierung notwendig ist. Folglich wird in dieser Arbeit unter „Verfahren" ein Verfahren außerhalb des Insolvenzverfahrens verstanden. In welchem Umfang dem Gericht Kompetenzen zukommen sollen, dies wird sich im Laufe der Untersuchung zeigen.[52]

---

47 IDW S6, FN-IDW 12/2012, S. 719 ff.

48 *Siemon*, ZInsO 2012, 1045, 1046.

49 So auch *Bork*, ZIP 2010, 397, 399.

50 So auch *Bork*, ZIP 2010, 397, 400.

51 So *Medla*, Präventive Unternehmenssanierung im deutschen und im französischen Recht, S. 304; *Bork*, ZIP 2010, 397.

52 So auch *Bork*, ZIP 2010, 397, 400.

D. (Präventive) Unternehmenssanierung durch Insolvenz

Die Insolvenzordnung gilt als grundsätzlich sanierungsfreundlich ausgestaltet.[53] Mehrere verfahrensrechtliche Regelungen, wie etwa die Möglichkeit der Insolvenzantragstellung bei drohender Zahlungsunfähigkeit nach § 18 InsO, die Möglichkeit der Untersagung und einstweiligen Einstellung von Maßnahmen der Zwangsvollstreckung gemäß § 22 Abs. 2 S. 1 Nr. 3 InsO oder das Insolvenzplanverfahren, das nach dem Willen des Gesetzgebers eine flexible Alternative zum gesetzlichen Regelverfahren darstellen soll, stehen dabei auch im Dienste der Sanierung von Unternehmen.[54] Durch die im Rahmen des ESUG[55] eingeführte Möglichkeit, ein Schutzschirmverfahren nach § 270b InsO mit einem Antrag auf Eigenverwaltung zu verbinden, wollte der Gesetzgeber die Sanierungsmöglichkeit in der Insolvenz zusätzlich stärken.

Ob und inwieweit sich die Insolvenzordnung in der Praxis zur Sanierung eines Unternehmens in der Krise eignet, soll im Folgenden erörtert werden. Dabei wird zunächst auf den gesetzlichen Zweck des Insolvenzverfahrens eingegangen. Denn dieser beeinflusst maßgeblich, inwieweit eine Unternehmenssanierung ermöglicht werden soll. Danach bietet es sich hinsichtlich der Eignung der Insolvenzordnung als Sanierungsinstrument an, zunächst die Sanierung im Regelverfahren und dann das Insolvenzplanverfahren als eigentliches Sanierungsinstrument der InsO zu untersuchen.[56]

I. Ziele des Insolvenzverfahrens

Befasst man sich mit der Frage nach der Notwendigkeit eines vorinsolvenzlichen Sanierungsgesetzes und in der Folge mit der Tauglichkeit des Insolvenzverfahrens zur präventiven Unternehmenssanierung, muss zunächst untersucht werden, ob die Sanierung eines Unternehmens vom Zweck eines Insolvenzverfahrens

53 So beispielsweise *Westpfahl/Janjuah*, Beilage zu ZIP 3/2008, S. 2.

54 *Geldmacher*, ZInsO 2010, 696; *Westpfahl/Janjuah*, Beilage zu ZIP 3/2008, S. 2; *Medla*, Präventive Unternehmenssanierung im französischen und im deutschen Recht, S. 254.

55 Gesetz zur weiteren Erleichterung der Sanierung von Unternehmen, ESUG, vom 7. Dezember 2011, BGBl. I S. 2582, ber. S. 2800.

56 So auch *Eidenmüller*, Finanzkrise, Wirtschaftskrise und das deutsche Insolvenzrecht, S. 30.

erfasst ist. Nur wenn dies der Fall ist, kann die Effizienz dieser Zielsetzung beurteilt werden.

Gemäß § 1 S. 1 InsO dient das Insolvenzverfahren dazu, die Gläubiger eines Schuldners gemeinschaftlich zu befriedigen, indem das Vermögen des Schuldners verwertet und der Erlös verteilt oder in einem Insolvenzplan eine abweichende Regelung, insbesondere zum Erhalt des Unternehmens, getroffen wird. Dadurch wird klar, dass das Insolvenzrecht ein Haftungsrecht ist, das in einer Situation, in der das Schuldnervermögen zur Befriedigung aller Gläubiger nicht ausreicht, der gleichmäßigen Gläubigerbefriedigung dient.[57] Zur Verwirklichung des zentralen Verfahrensprinzips der gleichmäßigen Gläubigerbefriedigung stehen zwei Mittel zur Verfügung: Zum einen die Zerschlagung des Unternehmens und zum anderen die Reorganisation desselben.[58] Der Gesetzgeber geht dabei grundsätzlich von einer Gleichrangigkeit von Liquidation und Sanierung aus.[59] Die Entscheidung, ob ein Unternehmen liquidiert oder saniert wird, ist anhand der Zielvorgabe, der bestmöglichen Gläubigerbefriedigung durch Maximierung des Schuldnervermögens, zu treffen. Eine Fortführung wird also nur dann in Betracht kommen, wenn der Fortführungswert größer ist als der Liquidationswert des Unternehmens.

Das bedeutet zum einen, dass die Sanierung des Unternehmens innerhalb der InsO kein eigenes Ziel darstellt.[60] Auch das Insolvenzplanverfahren, das eine

---

57 *Rattunde*, ZIP 2003, 2103, 2104 mit dem Hinweis auf den RegE; *Eidenmüller*, Unternehmenssanierung zwischen Markt u. Gesetz, S. 23; *Kautzsch*, Unternehmenssanierung im Insolvenzverfahren, S. 25; *Gottwald* in: Gottwald (Hrsg.), Insolvenzrechtshandbuch, § 1 Rn. 35; *Pape* in: Pape/Uhlenbruck/Voigt-Salus, Insolvenzrecht, Kapitel 12 Rn. 14; *Ganter* in: MünchKommInsO, Band 1, § 1 Rn. 20; *Kießner* in: Braun (Hrsg.), Insolvenzordnung (InsO), § 1 Rn. 3; *Bork*, Einführung in das Insolvenzrecht, § 1 Rn. 1.

58 *Karsten Schmidt* in: Karsten Schmidt/Uhlenbruck, Die GmbH in Krise, Sanierung und Insolvenz, S. 389 Rz. 4.1; *Kautzsch*, Unternehmenssanierung im Insolvenzverfahren, S. 25; *Eidenmüller*, Unternehmenssanierung zwischen Markt u. Gesetz, S. 26, 27; *Stürner* in: MünchKommInsO, Band 1, Einleitung, Rn. 2; *Kießner* in: Braun (Hrsg.), Insolvenzordnung (InsO), § 1 Rn. 4; *Bork*, Einführung in das Insolvenzrecht, § 1 Rn. 4.

59 Vgl. die Allgemeine Begr. d. RegE in: *Balz/ Landfermann*, Die neuen Insolvenzgesetze, S. 143, 144; so auch *Gottwald* in: Gottwald (Hrsg.), Insolvenzrechtshandbuch, § 1 Rn. 35; *Ganter* in: MünchKommInsO, Band 1, § 1 Rn. 45; *Kießner* in: Braun (Hrsg.), Insolvenzordnung (InsO), § 1 Rn. 4; *Pape* in: Pape/Uhlenbruck/Voigt-Salus, Insolvenzrecht, Kapitel 12, Rn. 14; a. A. wohl *Rittner*, Unternehmenssanierung im neuen Insolvenzrecht, S. 43, der davon spricht, dass in der Reihenfolge von § 1 InsO – Verwertung, Insolvenzplanerstellung und Restschuldbefreiung –die vorrangige Zerschlagung des insolventen Unternehmens deutlich zum Ausdruck komme.

60 *Eidenmüller*, Unternehmenssanierung zwischen Markt u. Gesetz, S. 26; *Ganter* in: MünchKommInsO, Band 1, § 1, Rn. 45; *Gottwald* in: Gottwald (Hrsg.), Insolvenzrechtshandbuch,

Sanierung des Schuldnerunternehmens erlaubt, stellt letztlich ein Mittel der Gläubigerbefriedigung dar. In der Situation der Knappheit des Schuldnervermögens zur gleichmäßigen Befriedigung der Gläubiger ist die Wertungsentscheidung des Gesetzgebers, das Insolvenzverfahren dem Ziel der gleichmäßigen Gläubigerbefriedigung zu unterstellen, überzeugend. Hier ist es geboten, die Gesamtvollstreckung der Einzelzwangsvollstreckung vorzuziehen und die Verfahrensentscheidungen denjenigen zu überlassen, die am meisten betroffen sind, nämlich den Gläubigern.

Grundsätzlich können Ziele jedoch nur dann effizient erreicht werden, wenn sie geplant sind. Die Insolvenzordnung beabsichtigt die gleichmäßige Gläubigerbefriedigung. Folglich wird diese effizient verfolgt. Im Hinblick auf eine frühzeitige Sanierung von Unternehmen wäre jedoch ein Verfahren effizienter, das den Erhalt des Unternehmens zum Ziel hat und nicht nur als Mittel zum Zweck betrachtet. Dies kann mit einem vorinsolvenzlichen Verfahren erreicht werden.

II. Unternehmenssanierung im Regelverfahren

1. Das Eröffnungsverfahren

Das Eröffnungsverfahren bildet eine Art „Vorverfahren" vor dem eröffneten Insolvenzverfahren und wird mit dem Antrag auf Eröffnung des Insolvenzverfahrens, § 13 I InsO eingeleitet.[61] Ziel des Insolvenzeröffnungsverfahrens ist, dass das Insolvenzgericht prüfen kann, ob ein Insolvenzgrund vorliegt, §§ 17–19 InsO, und die Kosten des Verfahrens durch die Masse gedeckt werden können, § 26 InsO.[62] Das Eröffnungsverfahren endet entweder mit dem Eröffnungsbeschluss des Gerichts oder der Abweisung des Insolvenzantrags.

a) Insolvenzfähigkeit

Grundvoraussetzung für eine Unternehmenssanierung in einem förmlichen Insolvenzverfahren ist, dass ein solches über das Vermögen eines Unternehmens überhaupt eröffnet werden kann. Diese Voraussetzung wird in § 11 InsO mit der sog. Insolvenzfähigkeit, die mit der passiven Parteifähigkeit im Zivilprozess

---

§ 1 Rn. 36; *Kießner* in: Braun (Hrsg.), Insolvenzordnung (InsO), § 1 Rn. 5; *Pape* in: Pape/Uhlenbruck/Voigt-Salus, Insolvenzrecht, Kapitel 12 Rn. 14; *Kautzsch*, Unternehmenssanierung im Insolvenzverfahren, S. 29.

61 *Kautzsch*, Unternehmenssanierung im Insolvenzverfahren, S. 37; *Bork*, Einführung in das Insolvenzrecht, § 9 Rn. 79; *Häsemeyer*, Insolvenzrecht, 7. Kapitel, S. 133.

62 *Heye* in: Nerlich/Kreplin (Hrsg.), Sanierung und Insolvenz, § 36 Rn. 2; *Medla*, Präventive Unternehmessanierung im deutschen und im französischen Recht, S. 258.

korrespondiert, beschrieben.[63] Gemäß § 11 I InsO kann ein Insolvenzverfahren über das Vermögen jeder natürlichen oder juristischen Person eröffnet werden. Somit ist auch ein Unternehmensträger als juristische Person insolvenzfähig.

b) Die Insolvenzgründe

Für eine präventive Unternehmenssanierung ist es wichtig, dass diese möglichst frühzeitig eingeleitet wird. In einem frühen Krisenstadium bestehen noch keine gesetzlichen Insolvenzantragspflichten, die das zur Verfügung stehende Zeitfenster gemäß § 15a InsO auf maximal drei Wochen beschränken, so dass noch Handlungsspielraum besteht.[64] Diese betriebswirtschaftliche Notwendigkeit hat auch der Gesetzgeber erkannt und in der InsO mit dem Insolvenzgrund der drohenden Zahlungsunfähigkeit in § 18 InsO umgesetzt.[65] Indem sich das Schuldnerunternehmen bereits bei drohender Zahlungsunfähigkeit in das Insolvenzverfahren begibt, soll dieses die Möglichkeit haben, die Zerschlagung des Unternehmens durch Einzelzwangsvollstreckungen der Gläubiger zu verhindern und ein Sanierungskonzept auszuarbeiten.[66] Der Insolvenzgrund der drohenden Zahlungsunfähigkeit zielt also auf eine präventive Unternehmenssanierung ab.[67]

Damit ein etwaiger Insolvenzantrag seitens der Gläubiger nicht als Druckmittel verwendet wird und außergerichtliche Sanierungen nicht vereitelt werden, kann der Antrag bei drohender Zahlungsunfähigkeit nur vom Schuldner selbst gestellt werden.[68] Die Konzeption als fakultativer Eigenantrag ist für den

---

63 So auch *Uhlenbruck/Gundlach* in: Gottwald (Hrsg.), Insolvenzrechtshandbuch, § 5 Rn. 1; *Bork*, Einführung in das Insolvenzrecht, § 5 Rn. 28; *Pape* in: Pape/Uhlenbruck/Voigt-Salus, Insolvenzrecht, Kapitel 15 Rn. 2; *Bußhardt* in: Braun (Hrsg.) Insolvenzordnung (InsO), § 11 Rn. 1.

64 So auch *Rittner*, Unternehmenssanierung im neuen Insolvenzrecht, S. 109, 110.

65 *Geldmacher* in: ZInsO 2010, 696, 698; *Uhlenbruck* in: Karsten Schmidt/Uhlenbruck, Die GmbH in Krise, Sanierung und Insolvenz, S. 392 Rz. 4.7; *Schreiber* in: Nerlich/Kreplin (Hrsg.), Restrukturierung, Sanierung, Insolvenz, § 24 Rn. 3; *Medla*, Präventive Unternehmessanierung im deutschen und im französischen Recht, S. 255.

66 *Gundlach* in: Gottwald (Hrsg.), Insolvenzrechtshandbuch, § 6 Rn. 17; *Sietz* in: Pape/Uhlenbruck/Voigt-Salus, Insolvenzrecht, Kapitel 17 Rn. 18.

67 So auch *Medla*, Präventive Unternehmessanierung im deutschen und im französischen Recht, S. 255.

68 *Bußhardt* in: Braun (Hrsg.), Insolvenzordnung (InsO), § 18 Rn. 1; *Karsten Schmidt* in: Karsten Schmidt/ Uhlenbruck, Die GmbH in Krise, Sanierung und Insolvenz, S. 428 Rz. 5.42; *Gundlach* in: Gottwald (Hrsg.), Insolvenzrechtshandbuch, § 6 Rn. 20; *Sietz* in: Pape/Uhlenbruck/Voigt-Salus, Insolvenzrecht, Kapitel 17 Rn. 19.

Schuldner psychologisch gesehen freundlicher und fördert daher eher eine frühzeitige Antragstellung als eine Antragspflicht. Daher ist dies positiv zu bewerten.

Möchte man einen Anreiz für eine frühzeitige Antragstellung schaffen, sollten die Voraussetzungen für einen Insolvenzgrund möglichst unkompliziert ausgestaltet sein. Nach der Legaldefinition des § 18 II InsO „droht der Schuldner zahlungsunfähig zu werden, wenn er voraussichtlich nicht mehr in der Lage sein wird, die bestehenden Zahlungspflichten im Zeitpunkt der Fälligkeit zu erfüllen." Der Wortlaut stellt nun auf die bestehenden Zahlungspflichten ab. Damit stellt sich die Frage, ob damit noch nicht begründete aber schon absehbare Zahlungspflichten außer Betracht bleiben.[69] Der Begründung des Regierungsentwurfs zufolge muss in die Prognose die gesamte Entwicklung der Finanzlage bis zur Fälligkeit aller bestehenden Verbindlichkeiten einbezogen werden und in diesem Rahmen sind neben den zu erwartenden Einnahmen auch die zukünftigen, noch nicht begründeten Zahlungspflichten mit zu berücksichtigen.[70] „Voraussichtlich" bedeutet, dass eine Prognose anzustellen sein wird. Der Eintritt der drohenden Zahlungsunfähigkeit muss wahrscheinlicher sein als deren Ausbleiben. Um festzustellen, ob drohende Zahlungsunfähigkeit vorliegt, ist zunächst die finanzielle Entwicklung des Unternehmens in einem Finanzplan darzustellen, dem eine Plan-Gewinn- und Verlustrechnung (Ergebnisplan) hinzuzufügen ist.[71]

Neben der Reichweite der Zahlungspflichten ist zu klären, welchen Zeitraum die Prognose zu erfassen hat. Einigkeit besteht insoweit darin, dass sich der Prognosezeitraum grundsätzlich nach dem spätesten Fälligkeitstermin der Verbindlichkeiten bestimmt.[72] Allerdings wird ein Unternehmen zur Fortführung neue Verbindlichkeiten begründen, so dass sich theoretisch der Prognosezeitraum

---

69 *Uhlenbruck* in: Karsten Schmidt/Uhlenbruck, Die GmbH in Krise, Sanierung und Insolvenz, S. 430 Rz. 5.46; *Sietz* in: Pape/Uhlenbruck/Voigt-Salus, Insolvenzrecht, Kapitel 17 Rn. 23; *Uhlenbruck* in: Kölner Schrift zur Insolvenzordnung, S. 1165 Rn. 12; *Bork*, Einführung in das Insolvenzrecht, Rn. 89; *Gundlach* in: Gottwald (Hrsg.), Insolvenzrechtshandbuch, § 6 Rn. 18.

70 *Balz/Landfermann*, Die neuen Insolvenzgesetze, S. 224.

71 m. w. N. *Gundlach*, Gottwald (Hrsg.), Insolvenzrechtshandbuch, § 6 Rn. 18, Fn. 49; *Drukarczyk* in: MünchKommInsO, Band 1, § 18 Rn. 13 ff.; *Mönning* in: Nerlich/Römermann (Hrsg.), Insolvenzordnung, § 18 Rn. 28; *Bußhardt* in: Braun (Hrsg.), Insolvenzordnung (InsO), § 18 Rn. 12 ff.; *Hess*, Sanierungshandbuch, Kapitel 19 Rn. 323.

72 OLG Hamm, ZInsO 2010, 1004 ff., 1006; *Bußhardt* in: Braun (Hrsg.), Insolvenzordnung (InsO), § 18 Rn. 7; *Drukarczyk/Schüler* in: Kölner Schrift zur Insolvenzordnung, S. 95 ff, 111 Rn. 43; *Drukarczyk* in: MünchKomm InsO, Band 1, § 18 Rn. 10; *Gundlach* in: Gottwald (Hrsg.), Insolvenzrechtshandbuch, § 6 Rn. 19.

über viele Jahre erstrecken könnte.[73] Die Ansichten über eine sinnvolle Länge des Prognosezeitraums gehen dabei auseinander und reichen von wenigen Monaten[74] über maximal zwei Jahre[75] bis hin zu mehreren Jahren.[76] Ein starrer Prognosezeitraum wird allerdings der individuellen Situation des Unternehmens nicht gerecht, so dass der Zeitraum nicht pauschal bestimmt werden kann.[77] Im Prinzip endet der Prognosezeitraum, wenn die am längsten laufende Zahlungspflicht der zum Prognosezeitpunkt bereits bestehenden Zahlungspflichten endet.[78] Da sich der Prognosezeitraum damit theoretisch über mehrere Jahre erstrecken könnte und dies als zu lang und nicht sinnvoll empfunden wird, geht die herrschende Meinung in der Literatur von einem Prognosezeitraum von maximal zwei Jahren aus.[79] Allerdings sind nicht alle Zahlungspflichten gleich wahrscheinlich, so dass sich die Frage stellt, wie groß die die Eintrittswahrscheinlichkeit der drohenden Zahlungsunfähigkeit sein muss bzw. wie diese festgestellt werden soll.[80]

Die Zahlungsunfähigkeit muss mit einer höheren Wahrscheinlichkeit als deren Vermeidung und damit mit einer mehr als 50%-en Wahrscheinlichkeit eintreten.[81] Komplexer gestaltet sich die Feststellung dieser Wahrscheinlichkeit. Im Ergebnis muss anhand eines Finanzplanes, der sich über den gesamten Prognosezeitraum erstreckt, und unter Darstellung der Finanzmittel und Gegenüberstellung von Ein- und Auszahlungen eine Wahrscheinlichkeitsprüfung erfolgen.[82] Dem BGH zufolge muss der Schuldner Tatsachen mitteilen, die die wesentlichen

73 *Drukarczyk* in: MünchKommInsO, Band 1, § 18 Rn. 10.

74 m. w. N. *Mönning* in: Nerlich/Römermann (Hrsg.), Insolvenzordnung, § 18 Rn. 34.

75 *Gundlach*, Gottwald (Hrsg.), Insolvenzrechtshandbuch, § 6 Rn. 19.

76 *Mönning* in: Nerlich/Römermann (Hrsg.), Insolvenzordnung, § 18 Rn. 25.

77 So auch *Drukarczyk* in: MünchKommInsO, Band 1, § 18 Rn. 44; *Bußhardt* in: Braun (Hrsg.), Insolvenzordnung (InsO), § 18 Rn. 8.

78 So auch *Drukarczyk* in: MünchKommInsO, Band 1, § 18 Rn. 44.

79 m. w. N. *Gundlach* in: Gottwald (Hrsg.), Insolvenzrechtshandbuch, § 6 Rn. 19.

80 *Bußhardt* in: Braun (Hrsg.), Insolvenzordnung (InsO), § 18 Rn. 5; *Sietz* in: Pape/Uhlenbruck/Voigt-Salus, Insolvenzrecht, Kapitel 17 Rn. 23; *Uhlenbruck* in: Karsten Schmidt/Uhlenbruck, Die GmbH in Krise, Sanierung und Insolvenz, S. 430 Rz. 5.46, Fn. 1; *Gundlach* in: Gottwald (Hrsg.), Insolvenzrechtshandbuch, § 6 Rn. 20; *Drukarczyk* in: MünchKommInsO, Band 1, § 18 Rn. 11; *Medla,* Präventive Unternehmenssanierung im deutschen und im französischen Recht, S. 256.

81 *Bußhardt* in: Braun (Hrsg.), Insolvenzordnung (InsO), § 18 Rn. 5; *Drukarczyk* in: MünchKommInsO, Band 1, § 18 Rn. 32; *Gundlach* in: Gottwald (Hrsg.), Insolvenzrechtshandbuch, § 6 Rn. 20.

82 *Gundlach* in: Gottwald (Hrsg.), Insolvenzrechtshandbuch, § 6 Rn. 20; näheres zur Wahrscheinlichkeit bei *Drukarczyk* in: MünchKommInsO, Band 1, § 18 Rn. 40.

Merkmale eines Eröffnungsgrundes erkennen lassen. Dazu hat der Schuldner den Eröffnungsgrund der drohenden Zahlungsunfähigkeit hinreichend substantiiert dazulegen. Falls erforderlich hat das Gericht die Vorlage eines Liquiditätsplanes vom Schuldner zu verlangen.[83] Im Ergebnis kann festgehalten werden, dass es für den Schuldner letztlich notwendig sein wird, eine Finanzplanung im Sinne einer Liquiditätsanalyse vorzunehmen, um die drohende Zahlungsunfähigkeit nachzuweisen.[84]

Obwohl der Gesetzgeber mit dem Insolvenzgrund gemäß § 18 InsO frühe Antragstellungen fördern wollte, ist der komplizierte Nachweis der drohenden Zahlungsunfähigkeit für frühzeitige Antragstellungen hinderlich. Für den Schuldner, der sich unter den Schutz eines gerichtlichen Verfahrens stellen möchte, um das Unternehmen in der Krise zu sanieren, muss die Antragstellung unkompliziert möglich sein. Ein aufwändiger Antrag, der einen betriebswirtschaftlichen Liquiditätsplan erfordert und durch den der substantiierte Nachweis der drohenden Zahlungsunfähigkeit erbracht werden soll, schreckt eher ab. Gerade kleine und mittelständische Unternehmen dürften hier überfordert sein und lassen weiter Zeit verstreichen bis letztlich Zahlungsunfähigkeit eintritt. Natürlich lassen sich die umfassenden Rechtsfolgen eines Insolvenzantrags wie die Einstellung von Zwangsvollstreckungsmaßnahmen oder anfechtungsrechtliche Regelungen nur unter gewissen Voraussetzungen rechtfertigen. Trotzdem könnte ein vorinsolvenzliches Sanierungsverfahren an weniger komplizierte Voraussetzungen geknüpft werden, wenn sich die Rechtsfolgen, die damit verbunden wären, trotzdem rechtfertigen ließen.

c) Vorläufige Maßnahmen im Eröffnungsverfahren

Im Eröffnungsverfahren kommt es neben der Prüfung, ob die Voraussetzungen für die Eröffnung eines Insolvenzverfahrens vorliegen, darauf an, dass die Vermögenswerte des Unternehmens erhalten und nicht durch einen Stillstand des Geschäftsbetriebs oder den Zugriff von Gläubigerseite zerschlagen werden. Gerade die Betriebsfortführung ist für spätere Sanierungschancen entscheidend, denn sie ist die Grundlage jeder späteren Sanierungslösung. Ist ein Betrieb dagegen

---

83 BGH NZI 2003, 147; *Gundlach* in: Gottwald (Hrsg.), Insolvenzrechtshandbuch, § 6 Rn. 20.

84 *Wengel*, DStR 2001, 1769; *Bußhardt* in: Braun (Hrsg.), Insolvenzordnung (InsO), § 18 Rn. 11 ff.; *Uhlenbruck* in: Karsten Schmidt/Uhlenbruck, Die GmbH in Krise, Sanierung und Insolvenz, S. 433, Rz. 5.48; *Gundlach* in: Gottwald (Hrsg.), Insolvenzrechtshandbuch, § 6 Rn. 20; *Drukarczyk* in: MünchKommInsO, Band 1, § 18 Rn. 12 ff.

erst einmal stillgelegt, dann kann er regelmäßig auch während oder nach einem erfolgreich durchgeführten Insolvenzverfahren nicht wieder eröffnet werden. Die Weichen für die Entscheidung, ob ein Schuldnerunternehmen liquidiert oder fortgeführt wird, werden also im Eröffnungsverfahren gestellt.[85] Bis zur Eröffnung des Insolvenzverfahrens gilt es also den Unternehmensbestand zu erhalten und den Geschäftsbetrieb aufrecht zu erhalten.[86]

Genau eben diese Sicherung des Unternehmensbestandes und der Vermögenswerte bezwecken die §§ 21, 22 InsO.[87] Dabei kann das Vermögen nicht nur statisch, sondern im Hinblick auf eine spätere Sanierung des Unternehmens durchaus dynamisch gesichert werden, indem im Eröffnungverfahren der Geschäftsbetrieb des Unternehmens fortgeführt wird.[88]

Gemäß § 21 Abs. 1 InsO hat das Insolvenzgericht alle Maßnahmen zu treffen, die erforderlich erscheinen, um bis zur Entscheidung über die Eröffnung des Insolvenzverfahrens gläubigerbenachteiligende Veränderungen in der Vermögenslage des Schuldners zu verhindern. § 21 Abs. 2 InsO beschreibt, welche Maßnahmen dafür besonders in Frage kommen, die das Gericht je nach Notwendigkeit und unter Berücksichtigung des Grundsatzes der Verhältnismäßigkeit von Amts wegen anordnen kann.[89] Dies sind insbesondere die Bestellung eines vorläufigen Insolvenzverwalters gemäß § 21 Abs. 2 Nr. 1 InsO, die Auferlegung

---

85 *Stapper/Schädlich*, ZInsO 2011, 249; *Stapper*, ZInsO 2009, 2361, 2363; *Haarmeyer/Wutzke/Förster*, Handbuch vorl. Verwaltung, § 1 Rn. 5, 11; *Stapper/Jacobi*, NJ 2009, 270; *Kautzsch*, Unternehmenssanierung im Insolvenzverfahren, § 2, S. 37; *Undritz*, ZGR 2010, 201, 203.

86 *Kautzsch*, Unternehmenssanierung im Insolvenzverfahren, § 2, S. 37; *Sietz* in: Pape/Uhlenbruck/Voigt-Salus, Insolvenzrecht, Kapitel 20, Rn. 3; *Medla*, Präventive Unternehmenssanierung im deutschen und französischen Insolvenzrecht, S. 258; *Bork*, Einführung in das Insolvenzrecht, § 12 Rn. 103.

87 *Haarmeyer* in: MünchKommInsO, Band 1, § 21 Rn. 1; *Haarmeyer/Wutzke/Förster*, Handbuch vorl. Verwaltung, § 1 Rn. 8, 10; *Vuia* in: Gottwald (Hrsg.), Insolvenzrechtshandbuch, § 14 Rn. 1; *Seagon* in: Buth/Hermanns, RSI, § 27 Rn. 20; *Kautzsch*, Unternehmenssanierung im Insolvenzverfahren, § 2, S. 37, 38; *Medla*, Präventive Unternehmenssanierung im deutschen und im französischen Recht, S. 258.

88 *Haarmeyer* in: MünchKommInsO, Band 1, § 21 Rn. 13; *Haarmeyer/Wutzke/Förster*, Handbuch vorl. Verwaltung, § 1 Rn. 20; *Picot/Aleth*, Unternehmenskrise und Insolvenz, S. 250 Rn. 778.

89 *Haarmeyer* in: MünchKommInsO, Band 1, § 21 Rn. 23; *Vuia* in: Gottwald (Hrsg.), Insolvenzrechtshandbuch, § 14 Rn. 5; *Sietz* in: Pape/Uhlenbruck/Voigt-Salus, Insolvenzrecht, Kapitel 20 Rn. 3; *Medla*, Präventive Unternehmenssanierung im deutschen und im französischen Recht, S. 259.

eines vorläufigen Verfügungsverbotes für den Schuldner gemäß § 21 Abs. 2 Nr. 2 InsO, die Untersagung oder Einstellung von Zwangsvollstreckungsmaßnahmen soweit nicht unbewegliche Gegenstände betroffen sind, § 21 Abs. 2 Nr. 3 InsO, und die Anordnung eines Verwertungs- und Einziehungsverbotes gemäß § 21 Abs. 2 Nr. 5 InsO.[90]

aa) Die Untersagung oder Einstellung von Zwangsvollstreckungsmaßnahmen gemäß § 21 Abs. 2 Nr. 3 InsO

Die Untersagung oder einstweilige Einstellung von Zwangsvollstreckungsmaßnahmen durch das Insolvenzgericht gemäß § 21 Abs. 3 Nr. 3 InsO schützt das Vermögen vor dem Zugriff einzelner Gläubiger und stellt daher eine effiziente Maßnahme dar, um die Zerschlagung des Schuldnerunternehmens zu verhindern. Zudem wird dadurch auch der Grundsatz der Gläubigergleichbehandlung verwirklicht.[91]

Geht es um Zwangsversteigerungsmaßnahmen in das unbewegliche Vermögen, hat das Versteigerungsgericht gemäß § 30 d Abs. 4 ZVG auf Antrag des vorläufigen Insolvenzverwalters die Zwangsversteigerung einzustellen. Dazu bedarf es der Glaubhaftmachung, dass die einstweilige Einstellung zur Verhütung nachteiliger Veränderungen in der Vermögenslage des Schuldners erforderlich ist.[92] Auf diese Weise kann das Betriebsgrundstück, das zur Betriebsfortführung notwendig ist, geschützt werden. Die Einstellung oder Untersagung von Zwangsvollstreckungsmaßnahmen bietet dem Schuldner Schutz vor Zugriff der Gläubiger auf das Schuldnervermögen und daher einen Anreiz sich in das Insolvenzverfahrens

---

90 So auch *Picot/Aleth*, Unternehmenskrise und Insolvenz, S. 250, Rn. 778; *Medla*, Präventive Unternehmenssanierung im deutschen und im französischen Recht, S. 259; *Kautzsch*, Unternehmenssanierung im Insolvenzverfahren, § 2 S. 38.

91 *Vallender* in: Karsten Schmidt/Uhlenbruck, Die GmbH in Krise, Sanierung und Insolvenz, S. 560 Rz. 5.242; *Vuia* in: Gottwald (Hrsg.), Insolvenzrechtshandbuch, § 14 Rn. 42; *Sietz* in: Pape/Uhlenbruck/Voigt-Salus, Insolvenzrecht, Kapitel 20 Rn. 9; *Seagon* in: Buth/Hermanns, RSI, § 27 Rn. 20; *Picot/Aleth*, Unternehmenskrise und Insolvenz, S. 254 Rn. 788; *Kautzsch*, Unternehmenssanierung im Insolvenzverfahren, § 2 S. 39, 40; *Medla*, Präventive Unternehmenssanierung im deutschen und im französischen Recht, S. 259.

92 *Vallender* in: Karsten Schmidt/Uhlenbruck, Die GmbH in Krise, Sanierung und Insolvenz, S. 560 Rz. 5.243; *Vuia* in: Gottwald (Hrsg.), Insolvenzrechtshandbuch, § 14 Rn. 42; *Sietz* in: Pape/Uhlenbruck/Voigt-Salus, Insolvenzrecht, Kapitel 20, Rn. 10; *Picot/Aleth*, Unternehmenskrise und Insolvenz, S. 254 Rn. 789; *Medla*, Präventive Unternehmenssanierung im deutschen und im französischen Recht, S. 259.

zu begeben. Daher ist diese Maßnahme als uneingeschränkt sanierungsfördernd zu bewerten.

bb) Das Verwertungs- und Einziehungsverbot gemäß § 21 Abs. 2 Nr. 5 InsO

§ 21 Abs. 2 Nr. 5 InsO erlaubt es dem Insolvenzgericht anzuordnen, dass Gegenstände, die im Falle der Eröffnung des Insolvenzverfahrens von § 166 InsO erfasst würden oder deren Aussonderung verlangt werden könnte, von aus- oder absonderungsberechtigten Gläubigern nicht verwertet oder eingezogen werden dürfen, so dass diese Gegenstände, die nunmehr einen Teil der Insolvenzmasse darstellen, zur Fortführung des Unternehmens eingesetzt werden können.[93] Damit kann dem Schuldner die Weiternutzung der besicherten Betriebsmittel und Vermögensgegenstände ermöglicht werden, was wiederum die Betriebsfortführung und damit die Unternehmenssanierung unterstützt.[94] Damit ist auch diese Maßnahme als sanierungsfördernd zu bewerten.

cc) Die Auferlegung eines vorläufigen Verfügungsverbotes für den Schuldner gemäß § 21 Abs. 2 Nr. 2 InsO

Ein allgemeines Verfügungsverbot gemäß § 21 Abs. 2 Nr. 2 1. Alt InsO ist in jedem Fall geeignet, das Vermögen des Unternehmens zu schützen und somit vor weiteren Schmälerungen zu bewahren.

Allerdings stellt diese Maßnahme einen nicht unerheblichen Eingriff in die Rechte des Schuldners dar und auch, wenn dies nicht unbedingt gängiger Praxis entspricht, allein die Aussicht die Verwaltungs- und Verfügungsbefugnis über das Unternehmen zu verlieren, baut beim Schuldner eine beträchtliche Hemmschwelle bei der Stellung eines frühzeitigen Insolvenzantrages auf. Zudem sind sämtliche Verfügungsbeschränkungen im Eröffnungsverfahren gemäß § 23 I InsO bekanntzumachen. Diese Publizität wirkt sich jedoch negativ auf die bestehenden und zur Sanierung notwendigen Geschäftsbeziehungen des Unternehmens aus.

Daher eignet sich die die Anordnung eines vorläufigen Verfügungsverbotes nur bedingt zur präventiven Unternehmenssanierung, denn diese bietet für den Schuldner keinen Anreiz sich frühzeitig in das Insolvenzverfahren zu begeben.

---

93 *Böhm* in: Braun (Hrsg.), Insolvenzordnung (InsO), § 21 Rn. 58.

94 So auch *Madaus*, Der Insolvenzplan, S. 47.

dd) *Die Bestellung eines vorläufigen Insolvenzverwalters gemäß § 21 Abs. 2 S. 2 Nr. 1 InsO*

Eine der zentralen Maßnahmen des Insolvenzgerichts, um die wirtschaftliche Situation des Schuldnerunternehmens überhaupt zu beurteilen und somit eine Entscheidung über die Eröffnung des Insolvenzverfahrens treffen zu können, ist die Bestellung eines vorläufigen Insolvenzverwalters gemäß § 21 Abs. 2 S. 2 Nr. 1 InsO.[95]

Die Rechtsstellung und die Aufgaben des vorläufigen Insolvenzverwalters sind in § 22 InsO normiert und richten sich danach, ob das Gericht ein allgemeines Verfügungsverbot erlässt oder nicht.[96] Dementsprechend ist zwischen dem „schwachen" vorläufigen Insolvenzverwalter und dem „starken" vorläufigen Insolvenzverwalter zu unterscheiden. Der „schwache" vorläufige Insolvenzverwalter hat keine eigene Verfügungsmacht über das Schuldnervermögen und seine Pflichten werden gemäß § 22 Abs. 2 InsO vom Insolvenzgericht bestimmt. Der Schuldner bleibt nach außen handlungsfähig, allerdings bedarf er zur wirksamen Vornahme von Verfügungen der Zustimmung des vorläufigen Insolvenzverwalters, soweit das Gericht eine Zustimmungspflicht angeordnet hat.[97] Der „starke" vorläufige Insolvenzverwalter hat demgegenüber gemäß § 22 Abs. 1 S. 1 InsO die Verwaltungs- und Verfügungsbefugnis über das Vermögen Schuldners und seine Aufgaben bestimmen sich nach § 22 Abs. 1 S. 2 Nr. 1 bis 3 InsO.[98] Sanierungsfreundlich ist, dass der vorläufige Insolvenzverwalter mit Verwaltungs- und Verfügungsbefugnis nach § 22 Abs. 1 S. 2 Nr. 2 InsO grundsätzlich verpflichtet ist, das Unternehmen fortzuführen.[99] Wenn das Gericht einen „schwachen"

---

95 *Vuia* in: Gottwald (Hrsg.), Insolvenzrechtshandbuch, § 14 Rn. 22; *Wellensiek/Schluck-Amend* in: Karsten Schmidt/Uhlenbruck, Die GmbH in Krise, Sanierung und Insolvenz, S. 613 Rz. 5.354; *Kautzsch*, Unternehmenssanierung im Insolvenzverfahren, § 2 S. 39; *Bork*, Einführung in das Insolvenzrecht, S. 57 Rn. 103.

96 *Wellensiek/Schluck-Amend* in: Karsten Schmidt/Uhlenbruck, Die GmbH in Krise, Sanierung und Insolvenz, S. 613 Rz. 5.357; *Kautzsch*, Unternehmenssanierung im Insolvenzverfahren, § 2 S. 39.

97 *Mönning*, Betriebsfortführung in der Insolvenz, S. 72 Rn. 280.

98 *Wellensiek/Schluck-Amend* in: Karsten Schmidt/Uhlenbruck, Die GmbH in Krise, Sanierung und Insolvenz, S. 613 Rz. 5.357; *Seagon* in: Buth/Hermanns, RSI, § 27 Rn. 20; *Uhlenbruck/Vuia* in: Gottwald (Hrsg.), Insolvenzrechtshandbuch, § 14 Rn. 23, 74; *Kautzsch*, Unternehmenssanierung im Insolvenzverfahren, § 2, S. 39, 40; *Medla*, Präventive Unternehmenssanierung im deutschen und im französischen Recht, S. 259, 260; *Bork*, Einführung in das Insolvenzrecht, S. 57 Rn. 103.

99 *Wellensiek/Schluck-Amend* in: Karsten Schmidt/Uhlenbruck, Die GmbH in Krise, Sanierung und Insolvenz, S. 620 Rz. 5.382; *Uhlenbruck/Vuia* in: Gottwald (Hrsg.),

vorläufigen Insolvenzverwalter gemäß § 22 Abs. 2 InsO bestellt hat, bedarf es einer entsprechenden Regelung nicht, denn der Schuldner führt das Unternehmen selbst fort.[100]

Daneben kann das Insolvenzgericht den vorläufigen Verwalter gemäß § 22 Abs. 1 S. 2 Nr. 3 InsO beauftragen, die Sanierungschancen des Unternehmens zu prüfen und eine Sanierung vorzubereiten.[101]

Eine unabdingbare Voraussetzung für eine Betriebsfortführung ist die Weiterbelieferung durch Lieferanten. Diese werden jedoch meist nur gegen Vorkasse leisten, sobald die Insolvenzantragstellung publik geworden ist. Folglich bedarf es meist einer Fremdfinanzierung.[102] Die Aufnahme von Darlehen wird dem vorläufigen Insolvenzverwalter mit Verfügungsbefugnis dabei durch Regelung des § 55 Abs. 2 S. 1 InsO erleichtert. Danach werden vom Verwalter im Eröffnungsverfahren eingegangene Verbindlichkeiten Masseverbindlichkeiten gleichgestellt und sind folglich nach § 53 InsO aus der Insolvenzmasse vorweg zu befriedigen. Andererseits setzt sich der vorläufige Insolvenzverwalter damit auch erheblichen Haftungsrisiken aus. Dieser haftet nämlich grundsätzlich für die von ihm begründeten Masseverbindlichkeiten, § 21 Abs. 2 Nr. 1 i. V. m. § 55 Abs. 2 InsO, persönlich nach §§ 60, 61 InsO, wenn er bei Fälligkeit nicht in der Lage ist die entsprechenden Verbindlichkeiten zu erfüllen.[103] Folglich wird es für den vorläufigen Insolvenzverwalter ohne eine entsprechende Vorplanung kaum möglich sein den Entlastungsbeweis zu erbringen. Problematisch ist jedoch, dass dieser zu Beginn der Betriebsfortführung noch gar keinen umfassenden Überblick über die finanziellen Verhältnisse des Schuldnerunternehmens haben kann.[104] Um die Haftungsrisiken für den vorläufigen Insolvenzverwalter zu vermeiden wird in der

---

Insolvenzrechtshandbuch, § 14 Rn. 152; *Haarmeyer/Wutzke/Förster*, Handbuch der vorläufigen Insolvenzverwaltung, § 12 Rn. 14; *Picot/Aleth*, Unternehmenskrise und Insolvenz, S. 250 Rn. 780; *Kautzsch*, Unternehmenssanierung im Insolvenzverfahren, § 2, S. 41.

100 *Beck* in: Beck/Depré, Praxis der Insolvenz, 2. Auflage 2010, § 5 Rn. 149.

101 *Mönning*, Betriebsfortführung in der Insolvenz, S. 75 Rn. 288; *Picot/Aleth*, Unternehmenskrise und Insolvenz, S. 253 Rn. 785; *Kautzsch*, Unternehmenssanierung im Insolvenzverfahren, § 2 S. 41.

102 *Wellensiek/Schluck-Amend* in: Karsten Schmidt/Uhlenbruck, Die GmbH in Krise, Sanierung und Insolvenz, S. 621 Rz. 5.386; *Uhlenbruck/Vuia* in: Gottwald (Hrsg.), Insolvenzrechtshandbuch, § 14 Rn. 157.

103 *Haarmeyer* in: MünchKommInsO, Band 1, § 22 Rn. 121; *Kautzsch*, Unternehmenssanierung im Insolvenzverfahren, S. 89.

104 *Haarmeyer/Wutzke/Förster*, Handbuch der vorläufigen Insolvenzverwaltung, § 6 Rn. 52; *Haarmeyer* in: MünchKommInsO, Band 1, § 22 Rn. 121; Zur Haftung

Praxis anstelle des „starken“ vorläufigen Insolvenzverwalters eher ein „schwacher“ vorläufiger Verwalter eingesetzt.[105] Aber auch im Zusammenhang mit der Bestellung eines „schwachen“ vorläufigen Insolvenzverwalters mit Zustimmungsvorbehalt ergeben sich einige Unklarheiten, etwa hinsichtlich der Bezahlung von Verbindlichkeiten, die im Rahmen der Betriebsfortführung begründet wurden. Hier besteht vor allem Unsicherheit, welchen Rechtshandlungen der vorläufige Insolvenzverwalter zustimmen darf, ob Zahlungen mit seiner Zustimmung anfechtungsfest sind und ob dem Insolvenzverwalter zivil- oder strafrechtliche Sanktionen wegen seiner Zustimmung drohen.[106]

Dies führt zu einer allgemeinen Unsicherheit, die das Klima im vorläufigen Insolvenzverfahren belastet. Die Folge ist, dass Insolvenzverwalter aufgrund der Haftungsgefahren oftmals die optimale Sanierungslösung nicht umsetzen, sondern den Betrieb stattdessen lieber schließen.[107] Auch wenn der Insolvenzverwalter mit Verwaltungs- und Verfügungsbefugnis gemäß § 22 Abs. 1 S. 2 Nr. 2 InsO das Schuldnerunternehmen fortzuführen und gemäß § 158 InsO die Zustimmung des Gläubigerausschusses einzuholen hat, sofern er vor dem Berichtstermin das Unternehmen des Schuldners stillegen oder veräußern will, kann der Insolvenzverwalter im Rahmen der Fortführung des Unternehmens im Eröffnungsverfahren eine gewisse Richtung einschlagen. Diese „Vorarbeit“ wird einen nicht unerheblichen Teil zu der Entscheidung der Gläubigerversammlung im eröffneten Verfahren nach § 157 InsO über die Sanierung oder die Liquidation des Unternehmens beitragen.[108]

Für den Schuldner bedeutet dies, dass er zunächst mit der Einsetzung eines vorläufigen Insolvenzverwalters die Kontrolle über das Unternehmen abgibt bzw. auch im Fall des „schwachen“ vorläufigen Insolvenzverwalters gemäß § 22 Abs. 2 InsO, soweit ein Zustimmungsvorbehalt angeordnet ist, für Verfügungen die Zustimmung des Insolvenzverwalters benötigt, diesem dann aber ausgeliefert ist und nicht sicher sein kann, wie der vorläufige Insolvenzverwalter die Sanierungsfähigkeit des Unternehmens beurteilt und ob dieser aufgrund der Haftungsgefahren für ihn eher eine negative Sanierungsprognose anstellt. Für den Schuldner ist das

---

allgemein vgl. Haarmeyer in: MünchKommInsO, Band 1, § 22 Rn. 121 ff.; *Haarmeyer/Wutzke/Förster*, Handbuch der vorläufigen Insolvenzverwaltung, § 6 Rn. 51 ff.

105 *Beck* in: Beck/Depré, Praxis der Insolvenz, 2. Auflage 2010, § 5 Rn. 157.

106 *Stapper/Schädlich*, ZInsO 2011, 249.

107 *Stapper*, ZInsO 2009, 2361, 2363; *Bitter/Röder*, ZInsO 2009, 1283, 1289.

108 *Vuia* in: Gottwald (Hrsg.), Insolvenzrechtshandbuch, § 4 Rn. 23; *Uhlenbruck* in: Karsten Schmidt/Uhlenbruck, Die GmbH in Krise, Sanierung und Insolvenz, S. 395 Rz. 4.11.

Insolvenzverfahren damit bereits im Eröffnungsverfahren zu wenig planbar. Er wird eine Antragstellung so lange wie möglich herauszögern, was frühzeitig einzuleitende Sanierungen ungemein behindert.

ee) Bewertung der vorläufigen Maßnahmen im Eröffnungsverfahren

Einerseits bietet die Insolvenzordnung für das Eröffnungsverfahren einen Maßnahmenkatalog, der das schuldnerische Vermögen effizient vor dem Zugriff der Gläubiger zu schützen vermag. Andererseits stellen andere Maßnahmen einen starken Eingriff in die Rechte des Schuldners dar oder schaffen Unsicherheit. Diese können die Anreize überwiegen und einen Schuldner daran hindern sich in ein Insolvenzverfahren zu begeben. Dadurch kann eine präventive Sanierung scheitern, so dass das Eröffnungsverfahren als kritisch bewertet wird.

d) Die Alternative: Die vorläufige Eigenverwaltung nach § 270a InsO

Um dem Schuldner zusätzlich einen Anreiz zu bieten, sich frühzeitig in das Insolvenzverfahren zu begeben und die Gefahr des Verlustes der Verfügungsbefugnis zu reduzieren, hat der Gesetzgeber im Zuge des ESUG[109] auch[110] die Eigenverwaltung gestärkt. Die Eigenverwaltung in den §§ 270 ff. InsO ermöglicht es dem Schuldner, unter bestimmten Umständen die Verfügungs- und Verwaltungsbefugnis, in der Regel unter Aufsicht eines sog. Sachwalters, zu behalten.[111]

Der Gesetzgeber ließ sich bei der Einführung der Eigenverwaltung von dem Gedanken leiten, dass es zwar grundsätzlich angebracht sei, im Regelfall des Insolvenzverfahrens dem Schuldner die Verwaltungs- und Verfügungsmacht zu entziehen, es jedoch auch Fallkonstellationen geben kann, in denen es vorteilhaft erscheint, diese dem Schuldner zu belassen und ihn nur unter die Aufsicht eines Verwalters zu stellen. Im Kern geht es darum, sich die Kenntnisse und Erfahrungen der bisherigen Geschäftsleitung derart zu Nutze machen, dass eine langwierige Einarbeitung eines Fremdverwalters entfällt und somit das Verfahren insgesamt weniger Aufwand und Kosten verursacht.[112] Dazu soll dem Schuldner

---

109 Siehe Fn. 2.

110 daneben wurde u.a. das sog. Schutzschirmverfahren nach § 270b InsO eingeführt.

111 Begründung RegE in: *Balz/Landfermann*, Die neuen Insolvenzgesetze, vor § 270 InsO, S. 526; ebenso *Haas/Kahlert* in: Gottwald (Hrsg.), Insolvenzrechtshandbuch, § 86 Rn. 2; *Pape* in: Pape/Uhlenbruck/Voigt-Salus, Insolvenzrecht, Kap. 39, Rn. 1; *Uhlenbruck* in: FS Metzeler, S. 85; *Uhlenbruck* in: Krystek/Moldenhauer (Hrsg.), Handbuch Krisen- und Restrukturierungsmanagement, D.3.5, S. 272; *Rattunde*, ZIP 2003, 2103, 2106; *Röhm*, NZI 2007, 281; *ders.*, NZI 2002, 134.

112 Die Verfahrenskosten sollen um bis zu 40% sinken, vgl. *Kranzusch*, ZInsO 2008, 1346.

mit der Aussicht, dass er nach Verfahrenseröffnung nicht aus der Geschäftsführung verdrängt wird, ein erheblicher Anreiz geboten werden, möglichst frühzeitig einen Antrag auf Eröffnung des Insolvenzverfahrens zu stellen. Somit besteht durch die frühzeitige Antragstellung und die damit einhergehende höhere Masse sowie durch die Kontinuität der Unternehmensführung eine bessere Aussicht auf Sanierung des Unternehmens, was wiederum eine frühzeitige Unternehmenssanierung fördern würde.[113]

Was sich in der Theorie sehr vielversprechend anhört, hatte sich in der Praxis nicht durchsetzen können. Zu Recht wurde bis jetzt in der Literatur u. a. davon gesprochen, dass die Eigenverwaltung ein „marginales Schattendasein" führe.[114] Dabei blieb die Zahl der Anträge auf Anordnung der Eigenverwaltung deutlich hinter den Erwartungen zurück.[115] Wie das Institut für Mittelstandsforschung Bonn (IfM Bonn) durch Auswertungen der Statistiken des Statistischen Bundesamtes zu Insolvenzverfahren feststellen konnte, haben sich die Anträge auf Eigenverwaltung zwischen 1999 und 2007 konträr zu der Zahl der Insolvenzanträge entwickelt. Letztere stiegen vor allem Ende 2001 stark an, während im selben Zeitraum die Anordnungen auf Eröffnung der Eigenverwaltung stetig zurückgingen.[116] Insgesamt wurde zwischen 1999–2007 nur in 9,6 ‰ (!) der Insolvenzverfahren eine Eigenverwaltung genehmigt.

Die Gründe hierfür waren verschiedentlich. Zum einen war die Eigenverwaltung als Rechtsinstitut sehr umstritten. Für manche stellte die Eigenverwaltung eine wirksame Möglichkeit zur Sanierung dar, andere wiederum standen der Eigenverwaltung ablehnend gegenüber. Vielmehr werde mit der Eigenverwaltung „der Bock zum Gärtner" gemacht, wie die Kritiker plakativ erklärten.[117] Dazu

---

113 Vgl. hierzu die Begründung Reg-E in: *Balz/Landfermann*, Die neuen Insolvenzgesetze, S. 526; *Haas/Kahlert* in: Gottwald (Hrsg.), Insolvenzrechtshandbuch, § 86 Rn. 13; *Eidemüller*, Finanzkrise, Wirtschaftskrise und das deutsche Insolvenzrecht, S. 33, 34; *Picot/Aleth*, Unternehmenskrise und Insolvenz, S. 239, 240, Rn. 745; *Bales*, NZI 2008, 216, 220; *Huntemann/Dietrich*, ZInsO 2001, 13, 14; *Kranzusch*, ZInsO 2008, 1346; *Röhm*, Peter M., NZI 2007, 281; *Paulus*, ZGR 2005, 309, 317; *Rattunde*, ZIP 2003, 2103, 2106.

114 So beispielsweise *Paulus*, ZGR 2005, 309, 317.

115 So auch *Haas/Kahlert* in: Gottwald (Hrsg.), Insolvenzrechtshandbuch, § 90 Rn. 1; *Graf/Wunsch*, ZIP 2001, 1029, 1032; *Prütting/Huhn* ZIP 2002, 777; *Rattunde*, ZIP 2003, 2103, S. 2107.

116 Nachzulesen bei *Kranzusch*, ZInsO 2008, 1346, 1347; ebenso *Haas/Kahlert* in: Gottwald (Hrsg.), Insolvenzrechtshandbuch, § 90 Rn. 1.

117 *Uhlenbruck/Vallender*, NZI 2009, 1, 5.

hatten auch viele Insolvenzgerichte eine ablehnende Haltung gegenüber Anträgen auf Eigenverwaltung.[118]

Beispielsweise musste nach § 270 Abs. 2 Nr. 3 InsO a. F. für die Anordnung der Eigenverwaltung nach den Umständen zu erwarten sein, dass „... die Anordnung nicht zu einer Verzögerung des Verfahrens oder zu sonstigen Nachteilen für die Gläubiger führen wird". Dieses Erfordernis räumte den Gerichten viel Spielraum ein, einem Antrag auf Anordnung der Eigenverwaltung stattzugeben oder ihn eben abzulehnen.[119] Oftmals wurde versucht, die Vorbehalte des Gerichts dadurch zu zerstreuen, indem das Unternehmen einen speziellen Sanierungsvorstand eingesetzt hat.[120] Dieser als „Signalling"[121] bezeichnete Schritt konnte jedoch auch genau das Gegenteil von dem bewirken, was beabsichtigt war. Mitunter wurde dann nämlich der Antrag auf Erteilung der Eigenverwaltung mit dem Argument abgelehnt, es wären nun nicht mehr die klassischen Vorteile der Eigenverwaltung gegeben, weil keine Kontinuität der Unternehmensführung mehr vorliege und daher keine Möglichkeit mehr bestehe Kosten einzusparen, indem man sich der Kenntnisse und Erfahrungen der bisherigen Geschäftsleitung bediene. Teilweise wurde dies auch als Versuch, das richterliche Auswahlermessen zu umgehen, gewertet.[122]

Im Hinblick auf einen Anreiz zur frühzeitigen Antragstellung durch die Verbindung mit einem Antrag auf Anordnung der Eigenverwaltung, führte die Unsicherheit hinsichtlich der Anordnung der Eigenverwaltung zu falschen Anreizen. Um dies zu verstehen, muss man sich in die Lage des Geschäftsführers eines Unternehmens in der Krise versetzen. Der hier angenommene wirtschaftlich vernünftige Schuldner möchte zu einem möglichst frühen Zeitpunkt einen Antrag auf Eröffnung des Insolvenzverfahrens wegen drohender Zahlungsunfähigkeit verbunden mit einem Antrag auf Anordnung der Eigenverwaltung stellen. Zu diesem Zeitpunkt besteht für den Schuldner noch gar keine Verpflichtung dazu, sondern er tut das freiwillig, um möglichst alle Chancen auf eine Sanierung zu wahren.[123] Allerdings möchte die Geschäftsführung zu diesem frühen Zeitpunkt

---

118 *Uhlenbruck/Vallender*, NZI 2009, 1, 6; *Graf/Wunsch*, ZIP 2001, 1029, 1032; *Bales*, NZI 2008, 216, 220; *Huntemann/Dietrich*, ZInsO 2001, 13, 14; *Rattunde*, ZIP 2003, 2103, 2107; *Kranzusch*, ZInsO 2008, 1346, 1347.

119 *Eidenmüller*, ZIP 2007, 1729, 1734.

120 *Haas/Kahlert* in: Gottwald (Hrsg.), Insolvenzrechtshandbuch, § 87 Rn. 23; *Görg/Stockhausen* in: FS Metzeler, 105, 111; *Kranzusch*, ZInsO 2008, 1346, 1349.

121 Siehe *Kranzusch*, ZInsO 2008, 1346, 1349.

122 *Eidenmüller*, Finanzkrise, Wirtschaftskrise und das deutsche Insolvenzrecht, S. 34; *Bales*, NZI 2008, 216, 220; *Uhlenbruck/Vallender*, NZI 2009, 1, 6.

123 So auch *Schlegel*, ZIP 1999, 954, 955; *Huntemann/Dietrich*, ZInsO 2001, 13, 16.

auch die Verfügungsbefugnis über das Unternehmen behalten. Bevor nun der Antrag wegen drohender Zahlungsunfähigkeit gestellt wird, wird die Geschäftsführung die Erfolgsaussichten eines Antrags auf Anordnung der Eigenverwaltung und die jeweils damit verbundenen Rechtsfolgen prüfen. Für den Zeitraum des vorläufigen Insolvenzverfahrens, der immerhin 2–3 Monate umfasst, regelte die Insolvenzordnung in Bezug auf die Eigenverwaltung nichts. Eine vorläufige Eigenverwaltung im vorläufigen Insolvenzverfahren existierte nicht. Vielmehr kamen hier die Regelungen der vorläufigen Insolvenzverwaltung zur Anwendung, wonach i.d.R. ein vorläufig schwacher Insolvenzverwalter eingesetzt wird.[124] Wie oben gesehen, konnte das Schuldnerunternehmen zu diesem Zeitpunkt gar nicht absehen, wer als vorläufiger Insolvenzverwalter eingesetzt wird. Möglicherweise kommt in dieser Zeit ein bereits vor dem Insolvenzantrag ausgearbeitetes Sanierungskonzept zum Erliegen, weil der vorläufige Insolvenzverwalter diesem Konzept nicht aufgeschlossen gegenübersteht, sei es aus Angst vor den Haftungsrisiken oder mangelnden Sanierungskenntnissen, so dass es bei Eröffnung des Insolvenzverfahrens für die geplante Eigensanierung zu spät ist.[125] Lehnt nun das Gericht den Antrag auf Anordnung der Eigenverwaltung schließlich ab, so geht gemäß § 80 Abs. 1 InsO die Verpflichtungs- und Verfügungsbefugnis im eröffneten Verfahren auf den Insolvenzverwalter über. Ohne den Insolvenzantrag hätte der Schuldner dagegen die Verfügungsbefugnis noch behalten. Den Antrag auf Eröffnung des Insolvenzverfahrens kann die Geschäftsführung aus Gründen der Rechtssicherheit, § 13 Abs. 2 InsO, aber auch nicht mehr zurücknehmen.[126]

Es bestand also für ein Unternehmen in der Krise eine beträchtliche Unsicherheit hinsichtlich der Frage, ob die Eigenverwaltung angeordnet wird und wie der vorläufige Insolvenzverwalter im vorläufigen Insolvenzverfahren mit dem Unternehmen verfahren wird. Diese Defizite bei der Anordnung der Eigenverwaltung erkannte auch der Gesetzgeber. Deswegen war es ihm im Rahmen des Gesetzes zur weiteren Erleichterung der Sanierung von Unternehmen[127] (ESUG) ein Hauptanliegen das Institut der Eigenverwaltung aus seinem bisherigen Schattendasein herauszuführen und die Akzeptanz bei den Beteiligten zu stärken.[128]

---

124 *Kranzusch*, ZInsO 2008, 1346, 1347.

125 *Kranzusch*, ZInsO 2008, 1346, 1353.

126 *Schlegel*, ZIP 1999, 954, 955.

127 Siehe Fn. 2.

128 *„Das Recht der Eigenverwaltung, das die Möglichkeit eröffnet, dem Schuldner seine Verwaltungs- und Verfügungsbefugnis nach Verfahrenseröffnung zu belassen, hat bislang eine zu geringe praktische Bedeutung. Viele Gerichte machen nur mit großer Zurückhaltung von dieser Möglichkeit der Insolvenzordnung Gebrauch. Auch ein Schuldner,*

Für das Eröffnungsverfahren hat der Gesetzgeber nun in § 270a InsO die Anordnung einer vorläufigen Eigenverwaltung geregelt. Gemäß § 270a Abs. 1 S. 1 InsO soll das Gericht, falls der Antrag des Schuldners auf Eigenverwaltung nicht offensichtlich aussichtslos ist, im Eröffnungsverfahren davon absehen, dem Schuldner ein allgemeines Verfügungsverbot aufzuerlegen, § 270a Abs. 1 S. 1 Nr. 1 InsO, oder anzuordnen, dass alle Verfügungen des Schuldners nur mit Zustimmung eines vorläufigen Insolvenzverwalters wirksam sind, § 270a Abs. 1 S. 1 Nr. 2 InsO.

Anstelle des vorläufigen Insolvenzverwalters wird im Fall der vorläufigen Eigenverwaltung ein vorläufiger Sachwalter bestellt, § 270a Abs. 1 S. 2 InsO, auf den die §§ 274, 275 InsO entsprechend anwendbar sind.

Wann der Eigenverwaltungsantrag nicht offensichtlich aussichtslos ist, dazu sagt der Regierungsentwurf des ESUG nichts. Somit kommt dem Gericht auch bei der Anordnung der vorläufigen Eigenverwaltung ein Ermessensspielraum zu.[129] Aber gerade wenn Amtshaftungsansprüche wegen falscher Beurteilung der Voraussetzungen der Eigenverwaltung drohen, wird sich wohl an einer strengen Handhabung in Bezug auf die Anordnung der Eigenverwaltung seitens der Insolvenzgerichte nichts ändern.[130] Somit wird die Entscheidung über den Antrag aus Schuldnersicht nur dann vorhersehbar sein, wenn sich dieser im Vorfeld des Antrags mit den Gläubigern abstimmt.[131] Ein solches Vorhaben des Schuldners erscheint jedoch nur dann aussichtsreich, wenn ein externer Sanierungsberater eingeschaltet wird. Ansonsten dürften die Vorbehalte der Gläubiger einfach zu groß sein, herrschte doch schon in der Vergangenheit die Meinung, mit der Eigenverwaltung werde „der Bock zum Gärtner" gemacht.[132]

Zusätzlich hat der Gesetzgeber in § 270a Abs. 2 InsO für den Fall, dass das Gericht dem Antrag auf Anordnung der Eigenverwaltung ablehnend gegenübersteht, eine vermeintlich schuldnerfreundliche Regelung getroffen, damit sich

---

der schon bei drohender Zahlungsunfähigkeit einen Insolvenzantrag stellt und den seine Gläubiger für vertrauenswürdig halten, hat keine Sicherheit, dass ihm das Gericht die Eigenverwaltung gestattet.

Diese Schwächen des geltenden Rechts und die bestehenden Unsicherheiten bezüglich der Handhabung durch die Gerichte im Einzelfall führen dazu, dass ein frühzeitig gestellter Insolvenzantrag mit dem Ziel der Sanierung des Unternehmens nach wie vor die große Ausnahme bildet", so Begr. Reg-E ESUG, S. 1, abrufbar unter: http://www.bmj.de/SharedDocs/Downloads/DE/pdfs/RegE_ESUG_23022011.pdf?__blob=publicationFile

129 *Willemsen/Rechel*, BB 2011, 834, 837.

130 *Willemsen/Rechel*, BB 2011, 834, 837.

131 *Willemsen/Rechel*, BB 2011, 834, 837.

132 M. w. N. *Uhlenbruck/Vallender*, NZI 2009, 1, 5.

dieser nicht mit der Einsetzung eines „starken" vorläufigen Insolvenzverwalters gemäß § 22 Abs. 1 InsO und in der Folge mit dem Verlust der Verwaltungs- und Verfügungsbefugnis konfrontiert sieht. Im Fall des Eröffnungsantrags bei drohender Zahlungsunfähigkeit hat das Gericht nun, sollte es die Voraussetzungen der Eigenverwaltung als nicht gegeben ansehen, dem Schuldner gemäß § 270a Abs. 2 InsO seine Bedenken mitzuteilen und ihm Gelegenheit zu geben, den Eröffnungsantrag vor der Entscheidung über die Eröffnung zurückzunehmen. In der Praxis wird dem Schuldner jedoch nach diesem Hinweis des Gerichts wohl kein allzu großer Handlungsspielraum zur Verfügung stehen. Oft geht nämlich mit der drohenden Zahlungsunfähigkeit der Insolvenzgrund der Überschuldung einher und dann muss der Schuldner gemäß § 15a Abs. 1 S. 1 InsO spätestens nach drei Wochen nach Eintritt der Überschuldung den Insolvenzantrag stellen.

Zudem kommt die Eigenverwaltung vom Anwendungsbereich her eher für größere Unternehmen in Frage, in denen bereits vor Antragstellung ein spezieller Sanierungsvorstand eingestellt wurde und strukturelle Probleme angegangen worden sind.[133] Nur dann lässt sich die Anordnung der Eigenverwaltung mit der Fruchtbarmachung der Kenntnisse der Geschäftsführung rechtfertigen. Außerdem werden, wie oben gesehen, nur diese den kostenintensiven Nachweis nach § 270 Abs. 2 Nr. 2 InsO erbringen können.

Für kleine und mittelständische Unternehmen kommt damit diese Verfahrensart gar nicht in Frage, obwohl auch für diese Unternehmen ein Bedürfnis besteht, sich in der Krise sanieren zu können.

2. Das eröffnete Verfahren

Soweit der Insolvenzantrag wegen drohender Zahlungsunfähigkeit zulässig und begründet ist und die Kosten des Verfahrens gedeckt sind, eröffnet das Insolvenzgericht durch gerichtlichen Beschluss das Insolvenzverfahren über das Vermögen des Schuldners.[134]

a) Der Insolvenzverwalter

Wie oben gesehen, entscheidet der vorläufige Insolvenzverwalter im Eröffnungsverfahren, ob das Schuldnerunternehmen sanierungsfähig ist und fortgeführt

133 *Flöther*, ZIP 2012, 1833, 1841.

134 *Sietz* in: Pape/Uhlenbruck/Voigt-Salus, Insolvenzrecht, Kapitel 21 Rn. 31; *Gundlach* in: Gottwald (Hrsg.), Insolvenzrechtshandbuch, § 16 Rn. 22; *Seagon* in: Buth/Herrmanns, Restrukturierung, Sanierung, Insolvenz, § 27 Rn. 28; *Häsemeyer*, Insolvenzrecht, S. 175 Rn. 7.48.

werden soll. Diese Entscheidung kann später meist nicht mehr revidiert werden, so dass im Grunde bereits bei Eröffnung des Insolvenzverfahrens der weitere „Fahrplan" feststeht.[135]

Hat der vorläufige Insolvenzverwalter gemäß § 22 Abs. 1 S. 2 Nr. 2 InsO das Unternehmen fortgeführt und damit den Boden für eine spätere Sanierung bereitet, soll der endgültige Insolvenzverwalter diese Sanierung durchführen.[136] Aufgrund der Anforderungen an die Person des Insolvenzverwalters bei Unternehmenssanierungen ist die Auswahl desselben für den Erfolg einer Sanierung eines Unternehmens ganz entscheidend. Angesichts dessen erscheint es nicht übertrieben die Verwalterauswahl als „Schicksalsfrage des Verfahrens" zu titulieren.[137]

Bis zum Erlass des ESUG[138] fanden sich im deutschen Insolvenzrecht keine brauchbaren gesetzlichen Anhaltspunkte, wie und nach welchen Kriterien die Auswahl des Insolvenzverwalters zu erfolgen hatte.[139] Gemäß § 56 Abs. 1 S. 1 InsO hatte das Insolvenzgericht *„eine für den jeweiligen Einzelfall geeignete, insbesondere geschäftskundige und von den Gläubigern und dem Schuldner unabhängige natürliche Person zu bestellen, die aus dem Kreis aller zur Übernahme von Insolvenzverwaltungen bereiten Personen auszuwählen ist."* Die Praxis der Verwalterbestellung war sowohl für Bewerber für das Amt des Insolvenzverwalters als auch für den Schuldner und die Gläubiger nicht planbar.[140] Es kam nicht selten vor, dass der Vorschlag eines Insolvenzverwalters von Seiten des Schuldners oder eines bzw. mehrerer Gläubigern eine Abwehrhaltung des Gerichts erzeugte und dieses daraufhin das Kriterium der Unabhängigkeit als gefährdet ansah.[141] In der Literatur wurde eine derartige pauschale Bestellungspraxis zu Recht kritisiert.[142] Bei seinen Reformüberlegungen zum Insolvenzrecht im Rahmen des ESUG[143] hat der Gesetzgeber diese Kritik berücksichtigt und u.a. versucht, den Einfluss des

---

135 *Graeber* in: MünchKommInsO, § 56 Rn. 88; *Eidenmüller*, Finanzkrise, Wirtschaftskrise und das deutsche Insolvenzrecht, S. 31; *Westpfahl/Janjuah*, Beilage zu ZIP 3/2008, S. 10.

136 So auch *Rattunde*, ZIP 2003, 2103, 2108; *Graeber* in: MünchKommInsO, § 56 Rn. 88.

137 Mit weiteren Nachweisen: *Westpfahl/Janjuah*, Beilage zu ZIP 3/2008, S. 8; *Medla*, Präventive Sanierung im deutschen und im französischen Insolvenzverfahren, S. 263.

138 Siehe Fn. 99.

139 *Vallender/Heukamp*, NZI 2002, 513, 518.

140 *Vallender/Heukamp*, NZI 2002, 513, 519.

141 *Blümle* in: Braun (Hrsg.), Insolvenzordnung (InsO), § 56 Rn. 39; *Vallender/Heukamp*, NZI 2002, 513, 519; *Frind*, ZInsO 2007, 643, 645, 646.

142 *Vallender/Heukamp*, NZI 2002, 513, 519; *Graeber* in: MünchKommInsO, § 56 Rn. 129; wohl auch *Deshaes* in: Nerlich/Römermann (Hrsg.), Insolvenzordnung, § 56 Rn. 14.

143 Siehe Fn. 57.

Schuldners als auch der Gläubiger auf die Person des Verwalters zu stärken.[144] § 56 Abs. 1 S. 3 InsO sieht insoweit vor, dass es der erforderliche Unabhängigkeit des Verwalters keinen Abbruch tut, dass die Person vom Schuldner oder von einem Gläubiger vorgeschlagen worden ist oder den Schuldner in allgemeiner Form über den Ablauf eines Insolvenzverfahrens und dessen Folgen beraten hat. Im Gegensatz zum Regierungsentwurf sieht der Gesetzestext nunmehr allerdings nicht mehr vor, dass auch solche Personen als unabhängig gelten, die unter Einbindung von Schuldner und Gläubigern einen Insolvenzplan erstellt haben.[145]

Zusätzlich wollte der Gesetzgeber die Gläubigerautonomie stärken. Obwohl diese ein zentrales Prinzip[146] des Insolvenzverfahrens darstellt und die Gläubiger die wesentlichen wirtschaftlichen Entscheidungen treffen sollten, entschieden vor dem Inkrafttreten des ESUG nicht die Gläubiger, sondern entschied das Insolvenzgericht über die Person des Insolvenzverwalters.[147] Aus diesem Grund hat der Gesetzgeber mit dem ESUG[148] § 56a InsO eingeführt. Dieser regelt zur Wahrung der Interessen der Gläubiger, dass dem vorläufigen Gläubigerausschuss Gelegenheit zu geben ist, sich zu den Anforderungen, die an den Verwalter zu stellen sind, und zu der Person des Verwalters zu äußern, soweit dies nicht offensichtlich zu einer nachteiligen Veränderung der Vermögenslage des Schuldners führt. Gemäß § 56a Abs. 2 InsO darf das Gericht von einem einstimmigen Vorschlag des Gläubigerausschusses nur dann abweichen, wenn die vorgeschlagene Person für die Übernahme des Amtes nicht geeignet ist. Sofern das Gericht mit Rücksicht auf eine nachteilige Veränderung der Vermögenslage des Schuldners von einer Anhörung des vorläufigen Gläubigerausschusses abgesehen hat, kann dieser in seiner ersten Sitzung einstimmig eine andere Person als die bestellte zum Insolvenzverwalter wählen, § 56a Abs. 3 InsO.[149]

---

144 So auch *Römermann*, GWR 2011, 375; *Dahl*, NJW-Spezial 2012, 21; *Hölzle*, NZI 2011, 124, 126.

145 *Fridgen*, GWR 2011, 525.

146 Siehe hierzu den Allg. Begr. RegE in: *Balz/Landfermann*, Die neuen Insolvenzgesetze, 146 f., 175–177.

147 So auch *Eidenmüller*, Finanzkrise, Wirtschaftskrise und das deutsche Insolvenzrecht, S. 31; *ders.*, ZIP 2007, 1729, 1733 ff.; *Medla*, Präventive Sanierung im deutschen und im französischen Insolvenzverfahren, S. 263; *Westpfahl/Janjuah*, Beilage zu ZIP 3/2008, S. 8; *Seide/Brosa*, ZInsO 2008, 769.

148 Siehe Fn. 99.

149 So auch *Römermann*, GWR 2011, 375; *Fridgen*, GWR 2011, 535; *Dahl*, NJW-Spezial 2012, 21; *Trams*, NJW-Spezial 2011, 149; *Hölzle*, NZI 2011, 124, 125.

Den Gläubigereinflusses auf die Wahl des Insolvenzverwalters zu stärken, ist zu begrüßen, treffen die Gläubiger doch die wirtschaftlichen Folgen einer Insolvenz. Daher sollten sie auch die wesentlichen Verfahrensentscheidungen selbst treffen können.[150] Schließlich erfordern Sanierungslösungen, nicht selten die Mitwirkung der Gläubiger. Dazu werden diese jedoch nur bereit sein, wenn eine gewisse Planungssicherheit in Bezug auf die Person des Insolvenzverwalters vorhanden ist.

Insofern ist es positiv zu bewerten, dass der Gesetzgeber die Einflussmöglichkeit der Gläubiger auf die Auswahl des Insolvenzverwalters gestärkt hat. Dies schafft Transparenz und Vertrauen auf Seiten der Gläubiger, was wiederum zu einem positiven Insolvenzklima, das bei Sanierung ein entscheidender Schlüssel zum Erfolg ist, beiträgt.[151]

Ob sich diese gesetzgeberischen Maßnahmen in der Praxis bewähren und sich dadurch die Bestellung der Insolvenzverwalter ändert, wird sich erst im Laufe der Zeit zeigen.

b) Wirkungen der Verfahrenseröffnung für den Schuldner

aa) Vorteile des Insolvenzverfahrens

Durch das Insolvenzverfahren erfährt das betriebsnotwendige Vermögen einen zur Sanierung erforderlichen Schutz.[152] So sind etwa die absonderungsberechtigten Gläubiger gezwungen, bis zum Berichts- und Prüfungstermin und der Verteilung bzw. Sicherheitenverwertung nach den §§ 166 ff. InsO zu warten.[153]

Eine nicht unerhebliche Belastung können in der schwierigen Insolvenzsituation die Personalkosten darstellen. Dabei ist die Finanzierung der offenen und noch anfallenden Löhne für das Unternehmen von entscheidender Bedeutung. Nur wenn deren Zahlung sichergestellt ist, wird die Belegschaft im Unternehmen verbleiben und es besteht die Aussicht das Unternehmen weiterzuführen und insgesamt zu sanieren.[154] Um diese Kosten bewältigen zu können, hat der vorläufige Insolvenzverwalter die Möglichkeit der Vorfinanzierung des Insolvenzgeldes.

---

150 *Seide/Brosa*, ZInsO 2008, 769, 770; *Pape*, WM 2003, 313, 314.

151 *Seide/Brosa*, ZInsO 2008, 769, 771; *Rattunde*, ZIP 2003, 2103, 2108; *Eidenmüller/Frobenius/Prusko*, NZI 2010, 545, 547, 549.

152 *Madaus*, Der Insolvenzplan, S. 47.

153 *Paulus*, ZGR 2005, 309, 319.

154 *Haarmeyer/Wutzke/Förster*, Handbuch der vorläufigen Insolvenzverwaltung, § 12 Rn. 51; *Wittig* in: Karsten Schmidt/Uhlenbruck, Die GmbH in Krise, Sanierung und Insolvenz, S. 605 Rz. 5.333; *Wellensiek/Schluck-Amend* in: Karsten Schmidt/Uhlenbruck, Die GmbH in Krise, Sanierung und Insolvenz, S. 622 Rz. 5.391; *Kautzsch*, Unternehmenssanierung im Insolvenzverfahren, § 2 S. 52.

Diese funktioniert i. d. R. dadurch, dass der Insolvenzverwalter mit einem Kreditinstitut die Auszahlung der fälligen und rückständigen Löhne an die Arbeitnehmer vereinbart und sich das Kreditinstitut im Gegenzug die Lohnforderungen abtreten lässt. Nach der Eröffnung des Insolvenzverfahrens kann das Kreditinstitut die abgetretenen Forderungen gegenüber der Agentur für Arbeit geltend machen.[155] Die Abtretung der Lohnforderungen an das Kreditinstitut bedarf jedoch der Zustimmung der Agentur für Arbeit, § 170 Abs. 4 SGB III. Diese ist wiederum an eine positive Prognose über den Erhalt eines erheblichen Teils der Arbeitsplätze gekoppelt, wodurch zum einen eine missbräuchliche Inanspruchnahme der Insolvenzgeldversicherung verhindert und eine arbeitsplatzerhaltende Sanierung ermöglicht werden soll.[156]

Zudem können Sanierungsmaßnahmen zur Strukturverbesserung eines Unternehmens, die eine Betriebsänderung zur Folge haben und damit einen Personalabbau nach sich ziehen, leichter umgesetzt werden, da die §§ 125 bis 128 InsO die Blockademöglichkeiten durch Kündigungsschutzklagen seitens der betroffenen Arbeitnehmer einschränken.[157]

Neben diesen Vorteilen der insolvenzrechtlichen Sanierung ergeben sich jedoch auch einige Nachteile.

bb) Nachteile des Insolvenzverfahrens

Gemäß § 80 Abs. 1 InsO büßt der Schuldner mit Eröffnung des Insolvenzverfahrens seine Verwaltungs- und Verfügungsbefugnis ein und diese geht auf den Insolvenzverwalter über.[158] Der Schuldner bleibt zwar Rechtsträger des massezugehörigen Vermögens, allerdings sind Verfügungen diesbezüglich absolut unwirksam, § 81

155 *Haarmeyer/Wutzke/Förster*, Handbuch der vorläufigen Insolvenzverwaltung, § 12 Rn. 56, 57; *Wittig* in: Karsten Schmidt/Uhlenbruck, Die GmbH in Krise, Sanierung und Insolvenz, S. 605 Rz. 5.335; *Picot/Aleth*, Unternehmenskrise und Insolvenz, S. 251, 252 Rn. 781; *Bork*, Einführung in das Insolvenzrecht, § 16 Rn. 173 Fn. 77.

156 *Haarmeyer/Wutzke/Förster*; Handbuch der vorläufigen Insolvenzverwaltung, § 12 Rn. 59; *Wittig* in: Karsten Schmidt/Uhlenbruck, Die GmbH in Krise, Sanierung und Insolvenz, S. 610, 612 Rz. 5.348, 5.353; *Vuia* in: Gottwald (Hrsg.), Insolvenzrechtshandbuch, § 14 Rn. 95.

157 *Madaus*, Der Insolvenzplan, S. 47.

158 *Eickmann* in: FS Adomeit, S. 167; *ders.*, in: Gottwald (Hrsg.), Insolvenzrechtshandbuch, § 30 Rn. 37; *Häsemeyer*, Insolvenzrecht, S. 697 Rn. 25.02; *Medla*, Präventive Unternehmenssanierung im französischen und im deutschen Insolvenzrecht, S. 273; *Kroth* in: Braun (Hrsg.), Insolvenzordnung (InsO), Vorb. v. § 80 InsO Rn. 2; *Braun/Uhlenbruck*, Unternehmensinsolvenz, S. 299; *Picot/Aleth*, Unternehmenskrise und Insolvenz, S. 225 f. Rn. 692; *Bork*, Einführung in das Insolvenzrecht, S. 68 Rn. 115.

Abs. 1 S. 1 InsO. Zudem verliert er die Prozeßführungsbefugnis hinsichtlich der Insolvenzmasse, §§ 85 ff. InsO, 240 ZPO.[159] Für den organschaftlichen Vertreter des Schuldners besteht die Gefahr, dass der Insolvenzverwalter nach § 113 InsO den Anstellungsvertrag kündigt.[160] Zudem verliert der Schuldner die Möglichkeit, auf das Verfahren Einfluss zu nehmen, denn die Entscheidung, ob das Schuldnerunternehmen stillgelegt oder fortgeführt wird, obliegt gemäß § 157 InsO allein der Gläubigerversammlung im Berichtstermin. Somit kann der Schuldner das Verfahren überhaupt nicht einschätzen und planen. Es stellt sich daher für den Schuldner die gleiche Situation wie zu Beginn des Eröffnungsverfahrens dar. Für die Entscheidung, sich zur präventiven Sanierung in ein Insolvenzverfahren zu begeben ist diese Planungsunsicherheit sicherlich abträglich.

c) Die Alternative: Die Anordnung der Eigenverwaltung

Um diese Nachteile des Insolvenzverfahrens auszugleichen, hat der Gesetzgeber die Möglichkeit geschaffen die Eigenverwaltung anzuordnen. Dabei ist der Schuldner gemäß § 270 Abs. 1 S. 1 InsO berechtigt, unter der Aufsicht eines Sachwalters die Insolvenzmasse zu verwalten und über sie zu verfügen. Im Zuge des ESUG[161] hat der Gesetzgeber die Anordnung der Eigenverwaltung insofern erleichtert, als die Anordnung gemäß § 270 Abs. 2 Nr. 1, 2 InsO nur noch voraussetzt, dass sie vom Schuldner beantragt worden ist und keine Umstände bekannt sind, die erwarten lassen, dass die Anordnung zu Nachteilen für die Gläubiger führt. Nach dem Diskussionsentwurf zum ESUG konnte der Antrag auf Anordnung der Eigenverwaltung nur abgelehnt werden, wenn tatsächlich konkrete Umstände bekannt sind, die erwarten lassen, dass die Anordnung zu Nachteilen für die Gläubiger führen wird, § 270 Abs. 2 Nr. 2 InsO. Unklarheiten über mögliche Nachteile für die Gläubiger sollten damit nicht mehr zu Lasten des Schuldners gehen.[162]

---

159 *Häsemeyer*, Insolvenzrecht, S. 697 Rn. 25.02; *Medla*, Präventive Unternehmenssanierung im französischen und im deutschen Insolvenzrecht, S. 273 f.; *Braun/Uhlenbruck*, Unternehmensinsolvenz, S. 311; *Bork*, Einführung in das Insolvenzrecht, S. 72 Rn. 125.

160 *Uhlenbruck/Vuia* in: Gottwald (Hrsg.), Insolvenzrechtshandbuch, § 4 Rn. 23; Medla, Präventive Unternehmenssanierung im französischen und im deutschen Insolvenzrecht, S. 374 f.

161 Siehe Fn. 2.

162 Diskussionsentwurf für ein Gesetz zur weiteren Erleichterung der Sanierung von Unternehmen v. 01.09.2010, S. 44, abrufbar unter: http://www.bmjv.de/SharedDocs/Gesetzgebungsverfahren/Archiv/Diskussionsentwurf_eines_Gesetzes_zur_weiteren_Erleichterung_der_Sanierung_von_Unternehmen.html.

Allerdings ist fraglich, ob die Gerichte in der Praxis Unklarheiten über mögliche Nachteile einfach ignorieren werden, insbesondere wenn die Gefahr möglicher Amtshaftungsansprüche besteht.[163] Bereits jetzt gibt es Stimmen in der Literatur, die die Risikoverteilung des § 270 Abs. 2 Nr. 2 InsO nur dann als gerechtfertigt ansehen, wenn der Schuldner die Sanierungsfähigkeit des Unternehmens mittels eines Sanierungsgutachtens nachweisen kann. Eine bloße Bescheinigung nach § 270b Abs. 1 InsO sei dabei nicht ausreichend, sondern der Nachweis über die Sanierungsfähigkeit könne nur bei Vorlage eines Sanierungskonzepts, das sich am Sanierungsstandard des IDW S1 orientiert, als geführt gelten.[164]

Diese Unsicherheit schränkt den Anwendungsbereich der Eigenverwaltung natürlich sehr ein, möglicherweise wird der Antrag auf Anordnung der Eigenverwaltung gar nicht gestellt, weil der Schuldner die Erfolgsaussichten eher pessimistisch beurteilt. Zudem werden gerade kleinere und mittelständische Unternehmen in der Regel nicht die finanziellen Mittel haben, um in einer Krise ein entsprechendes Sanierungsgutachten in Auftrag zu geben.[165]

Des Weiteren ist problematisch, dass dem Schuldner gegen die Ablehnung des Antrags auf Anordnung der Eigenverwaltung nicht einmal die sofortige Beschwerde zusteht.

Lediglich die Begründung der Ablehnung nach § 270 Abs. 4 InsO kann zu mehr Transparenz führen.

Daneben wird § 270 InsO um den Absatz 3 erweitert. Danach ist vor der Entscheidung des Gerichts über den Antrag auf Anordnung der Eigenverwaltung dem vorläufigen Gläubigerausschuss Gelegenheit zur Stellungnahme zu geben, sofern dies nicht zu einer nachteiligen Veränderung der Vermögenslage führt. Wird der Antrag des Schuldners von einem einstimmigen Beschluss des vorläufigen Gläubigerausschusses unterstützt, so gilt die Anordnung nicht als nachteilig für die Gläubiger.[166]

Hat der Schuldner die Eigenverwaltung beantragt und sieht das Gericht die Voraussetzungen des § 270 Abs. 2 InsO als erfüllt an, ordnet es gemäß § 270 Abs. 1 InsO in dem Beschluss über die Eröffnung des Insolvenzverfahrens die Eigenverwaltung an. Dies berechtigt den Schuldner gemäß § 270 Abs. 1 S. 1 InsO unter Aufsicht eines Sachwalters die Insolvenzmasse zu verwalten und über sie zu verfügen.

163 *Willemsen/Rechel*, BB 2011, 834, 836.
164 So *Hölzle,* NZI 2011, 124, 130, Fn. 63.
165 So auch *Flöther,* ZIP 2012, 1833, 1838.
166 So auch *Römermann*, NJW 2012, 645, 649.

Um für den Schuldner Planungssicherheit zu schaffen, können die Gläubiger die Anordnung der Eigenverwaltung gemäß § 272 Abs. 1 Nr. 1 InsO nur dann aufheben, wenn dies die Gläubigerversammlung mit einer Summen- und eine Kopfmehrheit beschließt.[167] Ein individuelles Antragsrecht für Gläubiger auf Beendigung besteht gemäß § 272 Abs. 1 Nr. 2 InsO nur, wenn es sich um einen absonderungsberechtigten Gläubiger handelt, die Voraussetzung des § 270 Abs. 2 Nr. 2 InsO weggefallen ist und dem Antragsteller durch die Eigenverwaltung erhebliche Nachteile drohen. Damit hat der Gesetzgeber die Eigenverwaltung gestärkt, denn vormals reichte beispielsweise eine Summenmehrheit aus, um die Anordnung der Eigenverwaltung aufzuheben.[168]

Für größere Unternehmen stellt die Eigenverwaltung daher grundsätzlich einen Anreiz zur präventiven Unternehmenssanierung dar. Diese dürften auch die finanziellen Mittel haben, um das geforderte Sanierungsgutachten in Auftrag zu geben. Allerdings tauchen in letzter Zeit vermehrt Missbrauchsvorwürfe gegenüber der Eigenverwaltung des schulderischen Vermögens auf. So führt der Insolvenzverwalterverband VID in einer Pressemitteilung vom 31.10.2013 aus, dass das Institut der Eigenverwaltung zwar grundsätzlich eine gute Idee sei, aber immer häufiger missbraucht werde und damit wieder „der Bock zum Gärtner" gemacht werde.[169] Die Argumentation, dass 75% aller Insolvenzen auf Managementfehler zurückgehen, erscheint auf den ersten Blick durchaus beachtlich. Jedoch kann der Schuldner, bevor er die Anordnung der Eigenverwaltung beantragt hat, auch gezielt einen Sanierungsvorstand einsetzen und damit eben die Grundlage für eine Sanierung schaffen. Per se kann das Institut der Eigenverwaltung daher nicht verurteilt werden. Zudem dürften bei der negativen Einschätzung der Eigenverwaltung seitens der Insolvenzverwalter zu einem gewissen Anteil auch berufsständische Interessen eine Rolle spielen. Für kleinere und mittelständische Unternehmen wird die Eigenverwaltung sowieso aus den oben genannten Gründen eher nicht in Frage kommen. Damit ist die Entwicklung um die Eigenverwaltung nicht entscheidend vorangegangen. Vielmehr ist man zwar ein kleines Stück weiter, im Wesentlichen aber wieder an der Stelle, wo man vor dem ESUG auch schon war. Es herrscht Misstrauen gegenüber dieser Form der Vermögensverwaltung und für den Schuldner besteht keine Planungssicherheit und damit wenig Anreiz sich in ein Insolvenzverfahren zu begeben.

---

167 So auch *Hirte/Knof/Mock*, DB 2011, 693, 695.

168 *Landfermann*, WM 2012, 869, 872; *Hirte/Knof/Mock*, DB 2011, 693, 695.

169 http://www.handelsblatt.com/unternehmen/mittelstand/insolvenzverwalter-firmensanierung-in-eigenregie-wird-missbraucht/9015528.html.

3. Bewertung der Unternehmenssanierung im Regelverfahren

Für den Schuldner, der eine frühzeitige Sanierung des Unternehmens in einem Insolvenzverfahren anstrebt, ergeben sich sowohl verfahrensbedingte Vorteile als auch gravierende Nachteile. So können durch die dargestellten Regelungen das Betriebsgrundstück und das Betriebsvermögen effektiv vor dem Zugriff der Gläubiger geschützt und damit eine Betriebsfortführung gewährleistet werden. Personalüberhang kann im Insolvenzverfahren bei leistungswirtschaftlich notwendigen Betriebsänderungen leichter abgebaut werden als außerhalb des Insolvenzverfahrens.

Trotzdem birgt die Verfahrenseröffnung für den Schuldner auch große Risiken. Es besteht die Gefahr, dass er auf das Unternehmen keinen Einfluss mehr nehmen und auch nicht mehr absehen kann, wie sich das Verfahren entwickeln wird. Möglicherweise kommt es gar nicht zu einer Unternehmenssanierung, weil der (vorläufige) Insolvenzverwalter die Fortführungsprognose, unter Umständen auch durch die Haftungsrisiken bei einer Unternehmensfortführung beeinflusst, negativ beurteilt und die Gläubigerversammlung in der Folge nur noch die Liquidation des Unternehmens beschließen kann.

Zwar bietet das Insolvenzverfahren die Möglichkeit der (vorläufigen) Eigenverwaltung, die den Vorteil hat, dass der Schuldner unter Aufsicht eines Sachwalters die Insolvenzmasse verwalten und über diese verfügen kann. Allerdings ist die Anordnung der (vorläufigen) Eigenverwaltung weit weniger unproblematisch als der Gesetzgeber dies verstanden wissen will. Zudem besteht die Möglichkeit der Aufhebung auf Antrag der Gläubiger und auch vom Anwendungsbereich her ist diese eher für größere Unternehmen, die komplexere Unternehmensstrukturen aufweisen, geeignet als für kleinere und mittelständische Unternehmen. Für letztere bietet die Eigenverwaltung folglich keine Möglichkeit die Nachteile des Insolvenzverfahrens zu kompensieren.

Es besteht also das gravierende Problem, dass das Insolvenzverfahren aus Sicht des Schuldners in erheblichem Maße nicht kalkulierbar und vorhersehbar ist. Dies trägt natürlich nicht dazu bei, dass frühzeitig ein Eigenantrag zur Sanierung des Unternehmens unter dem „Schutz eines gerichtlichen Insolvenzverfahrens" gestellt wird.

III. Der Insolvenzplan als zentrales Sanierungsinstrument der Insolvenzordnung

1. Intention und Grundsätze des Insolvenzplanverfahrens

Das eigentliche Instrumentarium der InsO zur Sanierung eines Unternehmens stellt das Insolvenzplanverfahren dar. Auch das Schutzschirmverfahren nach § 270b InsO zielt darauf ab, dass letztlich ein Insolvenzplanverfahren durchgeführt wird. Während das Regelverfahren gemäß § 1 S. 1 InsO dazu dient, die Gläubiger eines Schuldners gemeinschaftlich zu befriedigen, indem das Vermögen des Schuldners verwertet und der Erlös verteilt wird, kann in einem Insolvenzplan eine davon abweichende Regelung insbesondere zum Erhalt des Unternehmens getroffen werden.

Der Gesetzgeber wollte mit dem Insolvenzplanverfahren eine marktkonforme Möglichkeit der Insolvenzbewältigung zur Sanierung von Unternehmen schaffen. Dabei sollte im Gegensatz zur lediglich vordergründigen finanziellen Sanierung des gerichtlichen Vergleichsverfahrens, eine leistungswirtschaftliche Sanierung des schuldnerischen Unternehmens erfolgen.[170] Angelehnt ist das Insolvenzplanverfahren an das US-amerikanische Chapter-11 Verfahren des Bankruptcy Code.[171] Dem amerikanischen Vorbild gemäß wurden Elemente wie z.B. die Gruppenbildung nach Gläubigerinteressen oder die Überwindung eines Gruppenvetos durch Gerichtsentscheidung (sog. Obstruktionsverbot) im Insolvenzplanverfahren übernommen.[172] Jedoch bestehen daneben zwischen dem Insolvenzplanverfahren und dessen amerikanischem Vorbild maßgebliche Unterschiede. Während das Chapter 11 Verfahren entsprechend dem amerikanischen Verständnis als Verfahren zum Schutz des Schuldners ausgestaltet ist, ordnet sich das Insolvenzplanverfahren hinsichtlich des Verfahrensziels der dem deutschen Insolvenzrecht immanenten Haftungsverwirklichung zugunsten der Gläubiger unter und

---

170 Allg. Begr. RegE, Abschnitt A. 3. a) in: Balz/Landfermann, Die neuen Insolvenzgesetze, S. 143; so auch *Braun* in: Gottwald (Hrsg.), Insolvenzrechtshandbuch, § 66 Rn. 2 ff.; *Maus* in: Karsten Schmidt/Uhlenbruck (Hrsg.), Die GmbH in Krise, Sanierung und Insolvenz, S. 870 Rz. 8.4.

171 *Uhlenbruck* in: Krystek/Moldenhauer (Hrsg.), Handbuch Krisen- und Restrukturierungsmanagement, D.3.4, S. 269, 270; *Maus* in: Karsten Schmidt/Uhlenbruck (Hrsg.), Die GmbH in Krise, Sanierung und Insolvenz, S. 870 Rz. 8.4; *Seagon* in: Buth/Hermanns, RSI, § 27 Rn. 88; *Kautzsch*, Unternehmenssanierung im Insolvenzverfahren, § 5 S. 172.

172 *Seagon* in: Buth/Hermanns, RSI, § 27 Rn. 88; *Kautzsch*, Unternehmenssanierung im Insolvenzverfahren, § 5 S. 172.

verwirklicht den Grundsatz der Gläubigerautonomie.[173] Daher ist nach deutschem Verständnis die Sanierung eines Unternehmens nur Maßnahme der Gesamtvollstreckung. Dabei soll im Gegensatz zur Einzelzwangsvollstreckung, die der Befriedigung einzelner Gläubiger dient, die Gesamtheit der Gläubiger aus der Insolvenzmasse im Rahmen eines Insolvenzverfahrens befriedigt werden. Mithin stellt die Sanierung eines Unternehmens keinen Selbstzweck, sondern nur eine Möglichkeit zur Befriedigung aller Gläubiger dar.[174] In logischer Konsequenz kann das Insolvenzplanverfahren zur Sanierung eines Unternehmens genutzt werden, muss aber nicht; auch wenn die Bedeutung des Insolvenzplanverfahrens in seiner Verwendung als Sanierungsinstrument liegt, kann auch die Liquidation oder übertragende Sanierung eines Unternehmens Gegenstand eines Insolvenzplans sein.[175] Die endgültige Entscheidung, ob mittels eines Insolvenzplans eine Unternehmenssanierung stattfinden soll oder nicht, treffen dabei allein die Gläubiger.[176]

Wenngleich das Insolvenzplanverfahren eine nachhaltige leistungswirtschaftliche Sanierung verfolgt, besteht daher für den Schuldner trotzdem eine sehr große Unsicherheit, ob sich die Gläubiger tatsächlich für eine Sanierung entscheiden.

2. Der Ablauf des Insolvenzplanverfahrens

Zunächst soll kurz auf den Ablauf des Insolvenzplanverfahrens eingegangen werden. Dieser ist insofern für die Tauglichkeit der Insolvenzordnung zur präventiven Unternehmenssanierung von Bedeutung, als er auch die Effizienz dieses Instruments ausmacht und damit mittelbar die Eignung des Insolvenzplanverfahrens zur Sanierung eines Unternehmens beeinflusst.

---

173 *Uhlenbruck* in: Krystek/Moldenhauer (Hrsg.), Handbuch Krisen- und Restrukturierungsmanagement, D.3.4, S. 269, 270; *Maus* in: Karsten Schmidt/Uhlenbruck (Hrsg.), Die GmbH in Krise, Sanierung und Insolvenz, S. 870 Rz. 8.4; *Seagon* in: Buth/Hermanns, RSI, § 27 Rn. 88; *Kautzsch*, Unternehmenssanierung im Insolvenzverfahren, § 5 S. 172.

174 *Kautzsch*, Unternehmenssanierung im Insolvenzverfahren, § 5 S. 172.

175 *Braun/Frank* in: Braun (Hrsg.), Insolvenzordnung (InsO) Kommentar, Vorb. Vor §§ 217 bis 269 Rn. 1; *Maus* in: Karsten Schmidt/Uhlenbruck (Hrsg.), Die GmbH in Krise, Sanierung und Insolvenz, S. 872 Rz. 8.8; *ders.* in: Kölner Schrift zur Insolvenzordnung, S. 931 ff.; *Uhlenbruck*, Das neue Insolvenzrecht, S. 102, 106; *Picot/Aleth*, Unternehmenskrise und Insolvenz, S. 254 f. Rn. 790 ff.; *Kautzsch*, Unternehmenssanierung im Insolvenzverfahren, § 5, S. 169 ff; *Beck* in: Beck/Depré, Praxis der Insolvenz, 2. Auflage 2010, § 1 Rn. 140; *Eidenmüller*, Finanzkrise, Wirtschaftskrise und das deutsche Insolvenzrecht, S. 35.

176 *Seagon* in: Buth/Hermanns, RSI, § 27, Rn. 11; *Maus*, DStR 2002, 1104; *Medla*, Präventive Unternehmenssanierung nach französischen und deutschen Insolvenzrecht, S. 282.

a) Das Planinitiativrecht

Vorlageberechtigt sind gemäß § 218 Abs. 1 S. 1 InsO der Schuldner und der Insolvenzverwalter und in mittelbarer Weise die Gläubigerversammlung gem. §§ 157 S. 2, 218 Abs. 2 InsO.[177] Erstellt der Verwalter einen Insolvenzplan, so sind gemäß § 218 Abs. 3 InsO die genannten Gremien und der Schuldner zur beratenden Mitwirkung berechtigt.[178] Gemäß § 218 Abs. 1 S. 3 InsO kann ein Plan bis zum Schlusstermin vorgelegt werden.

b) Inhalt und Bestandteile des Insolvenzplans

Die Insolvenzordnung beschreibt in § 217 InsO, welche inhaltlichen Möglichkeiten mittels eines Insolvenzplans zur Verfügung stehen. Danach sind die Beteiligten nicht an die gesetzlichen Regelungen der InsO gebunden und können abweichend von diesen flexible Regelungen über die Befriedigung der Gläubiger, die Verteilung der Insolvenzmasse und die Haftung des Schuldners nach Beendigung des Insolvenzverfahrens treffen.[179] Grundsätzlich sind alle Regelungen denkbar, die privatrechtlich vereinbart werden können und rechtsgeschäftlich zulässig sind.[180] Dies ermöglicht es, flexibel auf die Besonderheiten des jeweiligen Unternehmens zu reagieren, eine maßgeschneiderte Lösung zu entwickeln und damit effiziente Maßnahmen für eine Sanierung des Schuldners zu ergreifen.

Zwingender Natur ist jedoch die gesetzliche Vorgabe, den Plan gemäß § 219 ff. InsO in einen darstellenden und einen gestaltenden Teil zu gliedern und damit die Informationsebene von der Vollzugsebene zu trennen.[181]

---

177 So auch *Koch/de Bra* in: Gottwald (Hrsg.), Insolvenzrechtshandbuch, § 67 Rn. 14.

178 So auch *Braun/Frank* in: Braun (Hrsg.), Insolvenzordnung (InsO) Kommentar, § 218 Rn. 5.

179 *Uhlenbruck*, Die neuen Insolvenzgesetze, S. 104; *Medla*, Präventive Unternehmenssanierung nach französischen und deutschen Insolvenzrecht, S. 283; *Braun/Frank* in: Braun (Hrsg.), Insolvenzordnung (InsO) Kommentar, § 217 Rn. 1; *Seagon* in: Buth/Hermanns, RSI, § 27 Rn. 89.

180 *Medla*, Präventive Unternehmenssanierung nach französischen und deutschen Insolvenzrecht, S. 284.

181 So auch *Medla*, Präventive Unternehmenssanierung nach französischen und deutschen Insolvenzrecht, S. 285; *Braun/Frank* in: Braun (Hrsg.), Insolvenzordnung (InsO) Kommentar, § 229–221 Rn. 2.

aa) Der darstellende Teil des Insolvenzplans

Im darstellenden Teil soll gemäß § 220 I InsO beschrieben werden, welche Maßnahmen nach der Eröffnung des Insolvenzverfahrens getroffen worden sind oder noch getroffen werden sollen, um die Grundlagen für die geplante Gestaltung der Rechte der Beteiligten zu schaffen. Dabei soll wie auch im Chapter 11 Verfahren den Gläubigern die Möglichkeit geboten werden, durch Informationen dazu in die Lage versetzt zu werden über den Vorschlag des Planvorlegenden zu entscheiden.[182] Im Kern geht es um das Sanierungs- oder Fortführungskonzept des Unternehmens.[183] Inhaltlich wird das Plankonzept dadurch begrenzt, dass durch den Insolvenzplan kein Beteiligter gegen seinen Willen schlechter gestellt werden darf, als er voraussichtlich ohne einen Plan stünde. Niederschlag findet dieser Grundgedanke in den Vorschriften der §§ 245 Abs. 1 S. 1 InsO, 247 Abs. 2 S. 1 InsO, 251 Abs. 1 S. 2 InsO. Um dem gerecht werden zu können, muss das Insolvenzgericht das wirtschaftliche Ergebnis einer Verteilung nach dem Gesetz einerseits und nach dem Insolvenzplan andererseits nachvollziehen können bzw. es muss durch die Bereitstellung von Mitteln für den Fall, das ein Beteiligter eine Schlechterstellung nachweist, § 251 Abs. 3 InsO, sichergestellt sein, dass ein Schlechterstellung kompensiert wird.[184]

Um das wirtschaftliche Ergebnis einer Verteilung nach dem Gesetz einerseits und nach dem Insolvenzplan andererseits nachvollziehen können, sind gemäß §§ 220 II, 229, 230 InsO die notwendigen Anlagen und Übersichten wie Planbilanzen, Plan-Gewinn-und Verlustrechnung und Plan-Liquiditätsrechnungen beizulegen. Der Gesetzgeber hat erkannt, dass die Akzeptanz für ein alternatives Instrument zur Insolvenzbewältigung mittels Unternehmensfortführung nur durch entsprechende Transparenz gegenüber den Gläubigern geschaffen werden kann.[185]

---

182 *Uhlenbruck*, Die neuen Insolvenzgesetze, S. 104; *Braun/Frank* in: Braun (Hrsg.), Insolvenzordnung (InsO) Kommentar, § 229–221 Rn. 3.

183 So auch *Maus* in: Karsten Schmidt/Uhlenbruck (Hrsg.), Die GmbH in Krise, Sanierung und Insolvenz, S. 873 Rz. 8.12; *ders.* in: Kölner Schrift zur Insolvenzordnung, S. 943; *Pape* in: Pape/Uhlenbruck/Voigt-Salus, Insolvenzrecht, Kap. 38, Rn. 15; *Buth*, DStrR 1997, 1178, 1179; *Medla*, Präventive Unternehmenssanierung nach französischen und deutschen Insolvenzrecht, S. 284; *Picot/Aleth*, Unternehmenskrise und Insolvenz, S. 258 f. Rn. 806 ff.

184 *Maus* in: Karsten Schmidt/Uhlenbruck (Hrsg.), Die GmbH in Krise, Sanierung und Insolvenz, S. 873, Rz. 8.12.

185 *Braun* in: Gottwald (Hrsg.), Insolvenzrechtshandbuch, 4. Auflage 2010, § 67 Rn. 28.

Regelmäßig wird das Sanierungskonzept eine Analyse der Krisenursachen im leistungswirtschaftlichen und finanzwirtschaftlichen Bereich beinhalten müssen, und es bedarf einer Darstellung welche organisatorischen und personellen Maßnahmen zu treffen sind, um die Krise zu überwinden.[186] Optimaler Weise wird der darstellende Teil eine Vergleichsrechnung enthalten, wie die durch die Planrealisierung erzielbare Befriedigungsquote gegenüber dem durch Schätzung ermittelten voraussichtlichen Verwertungserlös ohne Planumsetzung ausfällt. Durch die umfangreichen Dokumentationspflichten im darstellenden Teil des Insolvenzplans lassen sich Informationsdefizite und -asymmetrien unter den Gläubigern beseitigen. Dies schafft Transparenz und ermöglicht es, eine ablehnende Grundhaltung der Gläubiger hinsichtlich des Sanierungskonzepts zu überwinden.[187] Folglich trägt das Erfordernis eines darstellenden Teils zur Sanierung eines Unternehmens bei.

bb) Der gestaltende Teil des Insolvenzplans

Der gestaltende Teil des Insolvenzplans stellt den Vollzugsteil des Insolvenzplans dar und legt gem. § 221 InsO fest, wie die Rechtsstellung der Beteiligten durch den Plan geändert werden soll.[188] Wie sich aus dem Zusammenhang der Vorschriften ergibt, sind Beteiligte i.d.S. die absonderungsberechtigten Gläubiger, die Insolvenzgläubiger, der Schuldner, und, wenn dieser keine natürliche Person ist, die am Schuldner beteiligten Personen, sofern gem. § 217 InsO die Haftung des Schuldners nach Beendigung des Insolvenzverfahrens in einem Insolvenzplan abweichend von Regelvorschriften geregelt wird.[189] In den §§ 223 bis 225 InsO

---

186 *Buth*, DStrR 1997, 1178, 1179; *Picot/Aleth*, Unternehmenskrise und Insolvenz, S. 258 f. Rn. 806 ff.

187 *Braun* in: Gottwald (Hrsg.), Insolvenzrechtshandbuch, 4. Auflage 2010, § 67 Rn. 28; *Madaus,* Der Insolvenzplan, A. Der Insolvenzplan aus betriebswirtschaftlicher Perspektive, S. 48; *Maus* in: Karsten Schmidt/Uhlenbruck (Hrsg.), Die GmbH in Krise, Sanierung und Insolvenz, S. 873 Rz. 8.12; *Buth*, DStrR 1997, 1178, 1179; *Picot/Aleth*, Unternehmenskrise und Insolvenz, S. 258 f. Rn. 806 ff.

188 *Buth*, DStrR 1997, 1178.

189 So auch *Maus* in: Kölner Schrift zur Insolvenzordnung, S. 946 Rn. 51; *Pape* in: Pape/Uhlenbruck/Voigt-Salus, Insolvenzrecht, Kap. 38 Rn. 18; undifferenzierend insoweit: *Maus* in: Karsten Schmidt/Uhlenbruck (Hrsg.), Die GmbH in Krise, Sanierung und Insolvenz, S. 874 Rz. 8.14; *Uhlenbruck*, Die neuen Insolvenzgesetze, S. 104; *Picot/Aleth*, Unternehmenskrise und Insolvenz, S. 260 Rn. 810; *Nerlich* in: Nerlich/Kreplin (Hrsg.), Sanierung und Insolvenz, § 21 Rn. 104.

erfolgt eine Darstellung der Eingriffsmöglichkeiten in die Rechte der einzelnen Beteiligten.[190]

Gemäß § 222 Abs. 1 S. 1 InsO sind bei der Festlegung der Rechte der Beteiligten im Insolvenzplan Gruppen zu bilden, soweit Beteiligte mit unterschiedlicher Rechtsstellung betroffen sind. Dabei sind gemäß § 222 Abs. 1 S. 2 InsO die genannten Pflichtgruppen zu bilden. Fakultativ können Gruppen gem. § 222 Abs. 3 für die Arbeitnehmer, wenn diese als Insolvenzgläubiger mit nicht unerheblichen Forderungen beteiligt sind, und für Kleingläubiger gebildet werden.[191] Neben den im Gesetz aufgeführten Gruppen, können, was in der Regel gemacht wird, auch zusätzliche Gruppen von Gläubigern mit gleicher Rechtsstellung und gleichartigen wirtschaftlichen Interessen gebildet werden, sofern eine sachgerechte Abgrenzung erfolgt.[192] Um Manipulationen vorzubeugen, sind die Kriterien für weitere Gruppen gem. § 222 Abs. 2 S. 3 InsO anzugeben. Diesbezüglich ist auch die gerichtliche Kontrolle der Gruppenabgrenzung von Bedeutung.[193]

Vor Inkrafttreten des ESUGs bestand ein Sanierungshindernis darin, dass ein Zugriff auf die wertlosen Gesellschaftsanteile der Altgesellschafter nur mit deren Zustimmung möglich war.[194] In der Regel werden Gläubiger zu Sanierungsbeiträgen aber nur bereit sein, wenn diese eine gesellschaftsrechtliche Beteiligung erhalten.[195] Das wichtigste finanzielle Sanierungsinstrumentarium dieser Gattung stellt die Umwandlung von Forderungen in Eigenkapital, sog. dept-equity swaps,[196] dar. Die fehlende Möglichkeit in die Gesellschafterrechte einzugreifen wurde vielfach in der Literatur kritisiert, so dass der Gesetzgeber im Rahmen des ESUG dem Ruf in der Literatur[197] gefolgt ist und das Insolvenzverfahren mit dem

190 So auch *Koch/de Bra* in: Gottwald (Hrsg.), Insolvenzrechtshandbuch, § 67 Rn. 29.

191 So auch *Pape* in: Pape/Uhlenbruck/Voigt-Salus, Insolvenzrecht, Kap. 38 Rn. 19.

192 So auch *Smid/Rattunde*, Der Insolvenzplan, S. 124 Rn. 438; *Nerlich* in: Nerlich/Kreplin (Hrsg.), Sanierung und Insolvenz, § 21 Rn. 113; *Braun/Frank* in: Braun (Hrsg.), Insolvenzordnung (InsO) Kommentar, § 222 Rn. 15; *Seagon* in: Buth/Hermanns, RSI, § 27 Rn. 98.

193 *Maus*, DStR 2002, 1104, 1106.

194 *Exner/Beck* in: Beck/Depré, Praxis der Insolvenz, § 43 Rn. 51; *Eidenmüller*, ZIP 2007, 1729, 1736.

195 *Exner/Beck* in: Beck/Depré, Praxis der Insolvenz, § 43 Rn. 51.

196 Näher dazu etwa *Braun/Uhlenbruck*, Unternehmensinsolvenz, S. 586; *Eidenmüller*, Finanzkrise, Wirtschaftskrise und das deutsche Insolvenzrecht, S. 35; *Vallender*, NZI 2007, 129, 132.

197 So z.B. *Bitter*, ZGR 2010, 147, 161 ff.; *Brinkmann*, WM 2011, 97 ff.; *Eidenmüller*, ZIP 2007, 1729 ff.; *ders.*, Finanzkrise, Wirtschaftskrise und das deutsche Insolvenzrecht, 2009, S. 19 f.; J. Schmidt, GWR 2010, 568.

Gesellschaftsrecht verknüpft hat. Dazu regeln die §§ 217 S. 2, 225a Abs. 2 InsO dass, soweit der Schuldner keine natürliche Person ist, auch die Anteils- und Mitgliedschaftsrechte der am Schuldner beteiligten Personen in den Plan einbezogen werden können. Während bisher die Umwandlung von Fremd- in Eigenkapital von der Zustimmung der Altgesellschafter abhing, kann nun gemäß § 225a Abs. 2 InsO auch ohne 100%ige Zustimmung im gestaltenden Teil des Plans vorgesehen werden, dass Forderungen von Gläubigern in Anteils- oder Mitgliedschaftsrechte am Schuldner umgewandelt werden. Technisch gesehen sind durch die Vorschrift des § 225a Abs. 2 InsO insbesondere die Umwandlung von Forderungen von Gläubigern in Anteils- oder Mitgliedschaftsrechte am Schuldner, eine Kapitalherabsetzung oder –erhöhung, die Leistung von Sacheinlagen, der Ausschluss von Bezugsrechten und die Zahlung von Abfindungen an ausscheidende Anteilsinhaber möglich, was in der Kombination einen dept-equity-swap beschreibt.[198] In Zukunft kann gemäß § 225a Abs. 3 InsO im Plan jede Regelung getroffen werden, die gesellschaftsrechtlich zulässig ist, insbesondere die Fortsetzung einer aufgelösten Gesellschaft oder die Übertragung von Anteils- oder Mitgliedschaftsrechten. Eine Umwandlung gegen den Willen der betroffenen Gläubiger ist jedoch ausgeschlossen.[199] In § 225a Abs. 4 InsO erklärt der Gesetzgeber sog. „change of control"- Klauseln, d.h. Klauseln, die dem Vertragspartner im Falle eines als maßgeblich definierten Gesellschafterwechsels ein Sonderkündigungsrecht einräumen, für unwirksam. Damit wurde noch auf Hinweise aus der Literatur[200] reagiert, solche Klauseln könnten zu einem Stolperstein des dept-equity-swaps werden.[201]

Innerhalb der Gruppen gilt der Gleichbehandlungsgrundsatz, § 226 InsO Abs. 1 InsO, eine Ungleichbehandlung ist jedoch mit Zustimmung der Betroffenen möglich, § 226 Abs. 2 InsO.[202]

---

198 *Hölzle*, NZI 2011, 124, 128; *Brinkmann*, WM 2011, 97, 99.

199 *Willemsen/Rechel*, BB 2011, 834, 839; *Fridgen*, GWR 2011, 535; *Dahl*, NJW-Spezial 2012, 21, 22; *Trams*, NJW-Spezial 2011, 149, 150; *Hirte/Knof/Mock*, DB 2011, 632, 639.

200 So beispielsweise *Hölzle*, NZI 2011, 124, 129; *Braun/Heinrich*, NZI 2011, 505, 508; *Brinkmann*, WM 2011, 97, 101 f.

201 So auch *Römermann*, NJW 2012, 645, 651; *Simon/Merkelbach*, NZG 2012, 121, 123.

202 So auch *Seagon* in: Buth/Hermanns, RSI, § 27 Rn. 98; *Pape* in: Pape/Uhlenbruck/Voigt-Salus, Insolvenzrecht, Kap. 38 Rn. 21; *Maus* in: Kölner Schrift zur Insolvenzordnung, S. 946 Rn. 64; *ders.* in: Karsten Schmidt/Uhlenbruck (Hrsg.), Die GmbH in Krise, Sanierung und Insolvenz, S. 876 Rz. 8.25; *Medla*, Präventive Unternehmenssanierung nach französischen und deutschen Insolvenzrecht, S. 285.

Die Gruppenbildung kann die wirtschaftlichen Unterschiede der verschiedenen Gläubiger berücksichtigen. Charakteristisch für eine Insolvenz sind nämlich die unterschiedlichen wirtschaftlichen Interessen der Gläubiger. Eine langfristige Verbesserung der Vermögenslage der Beteiligten gegenüber der Regelabwicklung der Zerschlagung eines Unternehmens wird nur dann gelingen können, wenn den unterschiedlichen Interessen der Beteiligten Rechnung getragen wird.[203] Diesen Ansatz verfolgt auch der gestaltende Teil des Insolvenzplans, der diese Tatsache berücksichtigen und die Gläubiger entsprechend ihrer unterschiedlichen Interessen auch unterschiedlich behandeln sollte.[204]

Zudem kann gemäß §§ 264, 265 InsO im gestaltenden Teil ein Kreditrahmen festgesetzt werden, der die Aufnahme von Neukrediten während der Zeit der Planüberwachung bzw. die Stundung von Massegläubigern in die Zeit der Überwachung hinein gewährleisten soll. Damit erhalten Sanierungskredite grundsätzlich einen Vorrang im Insolvenzverfahren, was wiederum eine Kreditvergabe erleichtern soll.[205] Insgesamt trägt daher die gesetzliche Konzeption des gestaltenden Teils des Insolvenzplans zu einer nachhaltigen Sanierung des Schuldners bei.

c) Das Verfahren der Prüfung, Annahme und Bestätigung des Insolvenzplans

Nach der Vorlage des Insolvenzplans geht es im Folgenden um die Verfahrensschritte der Prüfung, Annahme und Bestätigung des Insolvenzplans.[206]

Zunächst erfolgt eine (Vor-) Prüfung des Insolvenzplans seitens des Insolvenzgerichts.[207] Sinn und Zweck dieser Vorprüfung ist es, die Einhaltung der

---

203 Begr. RegE in: *Balz/Landfermann*, Die neuen Insolvenzgesetze, § 222 InsO S. 471.

204 *Koch/de Bra* in: Gottwald (Hrsg.), Insolvenzrechtshandbuch, § 67 Rn. 33; *Braun/Frank* in: Braun (Hrsg.), Insolvenzordnung (InsO) Kommentar, § 222 Rn. 1; *Pape* in: Pape/Uhlenbruck/Voigt-Salus, Insolvenzrecht, Kap. 38 Rn. 18; *Frege/Keller/Riedel*, Insolvenzrecht, Rn. 1943.

205 *Madaus*, Der Insolvenzplan, S. 48; *Braun/Frank* in: Braun (Hrsg.), Insolvenzordnung (InsO) Kommentar, § 264 Rn. 1.

206 So auch *Picot/Aleth*, Unternehmenskrise und Insolvenz, S. 263 Rn. 819.

207 *Koch/de Bra* in: Gottwald (Hrsg.), Insolvenzrechtshandbuch, § 68 Rn. 6; *Maus* in: Kölner Schrift zur Insolvenzordnung, S. 951 Rn. 74; *Uhlenbruck*, Das neue Insolvenzrecht, S. 103; *Kautzsch*, Unternehmenssanierung im Insolvenzverfahren, § 5 S. 211; *Medla*, Präventive Unternehmenssanierung nach französischen und deutschen Insolvenzrecht, S. 286; *Nerlich* in: Nerlich/Kreplin (Hrsg.), Sanierung und Insolvenz, § 21 Rn. 126; *Pape* in: Pape/Uhlenbruck/Voigt-Salus, Insolvenzrecht, Kap. 38 Rn. 24; *Picot/Aleth*, Unternehmenskrise und Insolvenz, S. 263 Rn. 819; *Smid*, Praxishandbuch

gesetzlichen Bestimmungen über das Vorlagerecht, den Inhalt des Plans und die Kriterien der Gruppenbildung sicherzustellen und damit eine Verzögerung des Verfahrens zu verhindern.[208] Unter den Voraussetzungen des § 231 Abs. 1, 2 InsO hat das Insolvenzgericht den Plan von Amts wegen zurückzuweisen.

Anderenfalls hat das Insolvenzgericht den Plan gemäß § 232 InsO dem Gläubigerausschuss, dem Betriebsrat und dem Sprecherausschuss der leitenden Angestellten, dem Schuldner falls der Insolvenzverwalter den Plan vorgelegt hat und dem Insolvenzverwalter, falls der Schuldner den Plan vorgelegt hat, zur Stellungnahme zuzuleiten und anschließend gemäß § 234 InsO mit seinen Anlagen und den eingegangenen Stellungnahmen in der Geschäftsstelle zur Einsicht für die Gläubiger und den Insolvenzschuldner niederzulegen.[209]

Nunmehr bestimmt das Insolvenzgericht gemäß § 235 Abs. 1, S. 1 InsO einen Termin, in dem der Insolvenzplan und das Stimmrecht der Gläubiger erörtert werden und anschließend über den Plan abgestimmt wird, den sog. Erörterungs- und Abstimmungstermin.[210]

Stimmberechtigt sind dabei nur diejenigen Gläubiger, deren Forderungen durch den Plan beeinträchtigt werden, §§ 237 Abs. 2, 238 Abs. 2 InsO. Wie oben gesehen bilden die Anteilseigner gemäß § 222 I 2 Nr. 4 InsO eine eigene Gruppe, wenn ihre Anteils- und Mitgliedschaftsrechte in den Plan einbezogen werden. Das

---

Insolvenzrecht, § 30 Rn. 9; *Vallender* in: Karsten Schmidt/Uhlenbruck (Hrsg.), Die GmbH in Krise, Sanierung und Insolvenz, S. 879 Rz. 8.33.

208 *Koch/de Bra* in: Gottwald (Hrsg.), Insolvenzrechtshandbuch, § 68 Rn. 13; *Medla*, Präventive Unternehmenssanierung nach französischen und deutschen Insolvenzrecht, S. 286; *Smid*, Praxishandbuch Insolvenzrecht, § 30 Rn. 9; *Vallender* in: Karsten Schmidt/Uhlenbruck (Hrsg.), Die GmbH in Krise, Sanierung und Insolvenz, S. 879 Rz. 8.33; wohl ebenso *Pape* in: Pape/Uhlenbruck/Voigt-Salus, Insolvenzrecht, Kap. 38 Rn. 24.

209 So auch *Koch/de Bra* in: Gottwald (Hrsg.), Insolvenzrechtshandbuch, § 68 Rn. 24; *Maus* in: Kölner Schrift zur Insolvenzordnung, S. 952 Rn. 79, 80; *Seagon* in: Buth/Hermanns, RSI, § 27 Rn. 103; *Smid*, Praxishandbuch Insolvenzrecht, § 30 Rn. 32; *Medla*, Präventive Unternehmenssanierung nach französischen und deutschen Insolvenzrecht, S. 286; *Pape* in: Pape/Uhlenbruck/Voigt-Salus, Insolvenzrecht, Kap. 38 Rn. 29; *Picot/Aleth*, Unternehmenskrise und Insolvenz, S. 263 Rn. 821.

210 So auch *Koch/de Bra* in: Gottwald (Hrsg.), Insolvenzrechtshandbuch, § 68 Rn. 28; *Maus* in: Kölner Schrift zur Insolvenzordnung, S. 953 Rn. 82; *ders.* in: Karsten Schmidt/Uhlenbruck (Hrsg.), Die GmbH in Krise, Sanierung und Insolvenz, S. 888 Rz. 8.53; *Kautzsch*, Unternehmenssanierung im Insolvenzverfahren, § 5 S. 212; *Medla*, Präventive Unternehmenssanierung nach französischen und deutschen Insolvenzrecht, S. 287; *Pape* in: Pape/Uhlenbruck/Voigt-Salus, Insolvenzrecht, Kap. 38 Rn. 30; *Picot/Aleth*, Unternehmenskrise und Insolvenz, S. 263 Rn. 822.

Stimmrecht der Anteilsinhaber bestimmt sich gemäß § 238a Abs. 1 InsO allein nach Maßgabe ihrer Beteiligung am gezeichneten Kapital.[211] § 245 Abs. 3 InsO normiert ein Obstruktionsverbot für die Altgesellschafter.[212] Nach der gerichtlichen Bestätigung des Plans kann der Schuldner gemäß § 254 Abs. 4 InsO keine Ansprüche wegen einer Überbewertung der Forderung im Plan gegen die bisherigen Gläubiger geltend machen.

Die Abstimmung über den Insolvenzplan erfolgt in Gruppen. Jede Gruppe stimmt gemäß § 243 InsO gesondert über den Insolvenzplan ab, wobei sich die Einteilung aus dem Insolvenzplan ergibt. Zur Annahme des Plans bedarf es innerhalb einer Gruppe der Kopf- und Summenmehrheit der abstimmenden Gläubiger. Danach ist gemäß § 244 InsO der Plan angenommen, wenn in jeder Gruppe die Mehrheit der abstimmenden Gläubiger dem Plan zustimmt und die Summe der Ansprüche der zustimmenden Gläubiger mehr als die Hälfte der Summe der Ansprüche der abstimmenden Gläubiger beträgt.[213]

Erhält der vorgelegte Planentwurf auch in nur einer der Gruppen nicht die erforderliche Mehrheit, so gilt dieser grundsätzlich als abgelehnt.[214] Diese Ablehnung kann jedoch mittels des sog. Obstruktionsverbotes unter Voraussetzungen des gem. §§ 245 Abs. 1 Nr. 1 bis 3, Abs. 2 Nr. 1 bis 3 InsO, 246 InsO überwunden werden.[215]

---

211 So auch *Römermann*, NJW 2012, 645, 651; *Hirte/Knof/Mock*, DB 2011, 632, 640.

212 *Römermann*, NJW 2012, 645, 651; *Meyer/Degener*, BB 2011, 846, 848; *Hölzle*, NZI 2011, 124, 128; *Richter/Pernegger*, BB 2011, 876, 879.

213 *Koch/de Bra* in: Gottwald (Hrsg.), Insolvenzrechtshandbuch, § 68 Rn. 46; *Maus* in: Kölner Schrift zur Insolvenzordnung, S. 954 Rn. 84; *ders.* in: Karsten Schmidt/Uhlenbruck (Hrsg.), Die GmbH in Krise, Sanierung und Insolvenz, S. 889 Rz. 8.55; *Kautzsch*, Unternehmenssanierung im Insolvenzverfahren, § 5, S. 212; *Medla*, Präventive Unternehmenssanierung nach französischen und deutschen Insolvenzrecht, S. 287; *Pape* in: Pape/Uhlenbruck/Voigt-Salus, Insolvenzrecht, Kap. 38 Rn. 32; *Picot/Aleth*, Unternehmenskrise und Insolvenz, S. 263 Rn. 824; *Uhlenbruck*, Die neuen Insolvenzgesetze, S. 107; *Klöker*, sj 04/08, 43, 46.

214 *Koch/de Bra* in: Gottwald (Hrsg.), Insolvenzrechtshandbuch, § 68 Rn. 48; *Medla*, Präventive Unternehmenssanierung nach französischen und deutschen Insolvenzrecht, S. 287.

215 *Koch/de Bra* in: Gottwald (Hrsg.), Insolvenzrechtshandbuch, § 68 Rn. 58; *Exner/Beck* in: Beck/Depré, Praxis der Insolvenz, 2. Auflage 2010, § 43 Rn. 82; *Maus* in: Kölner Schrift zur Insolvenzordnung, S. 954 Rn. 87; *Pape* in: Pape/Uhlenbruck/Voigt-Salus, Insolvenzrecht, Kap. 38 Rn. 3; *Picot/Aleth*, Unternehmenskrise und Insolvenz, S. 263 Rn. 825; *Uhlenbruck*, Die neuen Insolvenzgesetze, S. 107; *Klöker*, sj 04/08, 43, 46.

Sinn und Zweck des Obstruktionsverbotes, das auf das „cram-down"-Verfahren des Reorganisationsverfahrens nach Chapter 11 zurückgeht, ist es, die missbräuchliche Verweigerung der Zustimmung einzelner Gläubiger zu dem Insolvenzplan zu verhindern und somit die Marktkonformität des Planverfahrens zu wahren.[216] Anderenfalls, d.h. wenn die Zustimmung zu dem Insolvenzplanentwurf zur Erreichung von Sondervorteilen versagt wird, obwohl diese Gruppe von Gläubigern durch den Plan nicht schlechtergestellt wird, als sie im Falle einer Regelverwertung stehen würde, wäre bei einer inhomogenen Gläubigerschaft, bei der unterschiedliche Interessen vorhanden sind, die Gefahr des Missbrauchs gegeben.[217] Das Obstruktionsverbot ermöglicht es daher, Akkordstörer auch gegen ihren Willen an das Sanierungskonzept zu binden und so können die entscheidenden Nachteile der außergerichtlichen Sanierung überwunden werden.[218]

Ob die Voraussetzungen des § 245 InsO vorliegen, kann das Gericht nur anhand einer Prognoseentscheidung beurteilen.[219] Der Frage, inwieweit die Einholung von Sachverständigengutachten durch die Gerichte, ob die Voraussetzungen des Obstruktionsverbotes vorliegen, das Insolvenzplanverfahren behindert, soll unten noch nachgegangen werden.[220]

Ist der Schuldner mit dem Insolvenzplan nicht einverstanden, so muss er diesem spätestens im Abstimmungstermin widersprechen; anderenfalls gilt dessen

---

216 Begr. RegE zu § 290 in: *Balz/Landfermann*, Die neuen Insolvenzgesetze, S. 499; *Maus* in: Kölner Schrift zur Insolvenzordnung, S. 954, Rn. 86; *Kautzsch*, Unternehmenssanierung im Insolvenzverfahren, § 5, S. 221; *Medla*, Präventive Unternehmenssanierung nach französischen und deutschen Insolvenzrecht, S. 288; *Picot/Aleth*, Unternehmenskrise und Insolvenz, S. 263 Rn. 825; *Smid*, Praxishandbuch Insolvenzrecht, § 31 Rn. 15; *Uhlenbruck*, Die neuen Insolvenzgesetze, S. 107; *Klöker*, sj 04/08, 43, 46.

217 *Braun/Uhlenbruck*, Unternehmensinsolvenz, S. 610; *Maus* in: Karsten Schmidt/Uhlenbruck (Hrsg.), Die GmbH in Krise, Sanierung und Insolvenz, S. 889, 890 Rz. 8.57; *Kautzsch*, Unternehmenssanierung im Insolvenzverfahren, § 5, S. 221.

218 *Madaus*, Der Insolvenzplan, A. Der Insolvenzplan aus betriebswirtschaftlicher Perspektive, S. 48.

219 *Medla*, Präventive Unternehmenssanierung nach französischen und deutschen Insolvenzrecht, S. 288.

220 Zu dieser Problematik: *Koch/de Bra* in: Gottwald (Hrsg.), Insolvenzrechtshandbuch, § 68 Rn. 63 ff.; *Exner/Beck* in: Beck/Depré, Praxis der Insolvenz, § 43 Rn. 83; *Kautzsch*, Unternehmenssanierung im Insolvenzverfahren, § 5, S. 223; *Maus* in: Kölner Schrift zur Insolvenzordnung, S. 957 Rn. 96 ff.; *Pape* in: Pape/Uhlenbruck/Voigt-Salus, Insolvenzrecht, Kap. 38 Rn. 40; *Seagon* in: Buth/Hermanns, Restrukturierung, Sanierung, Insolvenz, § 27 Rn. 106; *Uhlenbruck*, Die neuen Insolvenzgesetze, S. 109; *Smid*, Praxishandbuch Insolvenzrecht, § 31 Rn. 20; wohl auch *Vallender* in: Karsten Schmidt/Uhlenbruck (Hrsg.), Die GmbH in Krise, Sanierung und Insolvenz, S. 892, Rz. 8.68.

Zustimmung als erteilt, § 247 Abs. 1 InsO. Unbeachtlich ist ein Widerspruch des Schuldners, wenn dieser durch den Insolvenzplan voraussichtlich nicht schlechter gestellt wird als er ohne einen Plan stünde, und kein Gläubiger einen wirtschaftlichen Wert erhält, der den vollen Betrag seines Anspruchs übersteigt, § 247 Abs. 2 InsO.[221] Anschließend bedarf es noch der Bestätigung des Insolvenzplans seitens des Insolvenzgerichts, § 248 InsO. Dabei prüft das Insolvenzgericht von Amts wegen, ob ein nicht behebbarer Verstoß gegen die Verfahrensvorschriften vorliegt oder die Annahme des Plans in unlauterer Art und Weise zustande kam, § 250 InsO.

Daneben muss das Insolvenzgericht im Rahmen der Bestätigung des Insolvenzplans den Minderheitenschutz des § 251 InsO zu beachten. Danach hat das Insolvenzgericht auf Antrag eines Gläubigers die Bestätigung des Insolvenzplans zu versagen, wenn dieser durch den Plan voraussichtlich schlechter gestellt wird, als er ohne den Plan stünde. Dies trägt dem Umstand Rechnung, dass die Gruppenbildung nicht die unterschiedlichen wirtschaftlichen Interessen aller einzelnen Gläubiger berücksichtigen kann. Jedoch könnte dadurch auch der Insolvenzplan „in letzter Sekunde" am Widerstand eines einzelnen Gläubigers scheitern, sofern diesem die Glaubhaftmachung gelingt.[222] Der Gesetzgeber hat das Problem gesehen und in § 251 Abs. 3 InsO normiert, dass der Antrag auf Versagung der Planbestätigung abzuweisen ist, wenn im gestaltenden Teil des Insolvenzplans Mittel für den Fall, dass ein Beteiligter eine Schlechterstellung nachweist, bereitgestellt werden.

Allerdings vermochten bis zum In-Kraft-Treten des ESUG die Rechtsmittel der sofortigen Beschwerde, die ihrerseits wiederum mit der sofortigen Rechtsbeschwerde zum BGH angefochten werden können, §§ 6,7, 253 InsO, die Rechtskräftigkeit des Insolvenzplans um Monate, in Extremfällen sogar Jahre, zu verzögern.[223]

---

221 So auch *Maus* in: Kölner Schrift zur Insolvenzordnung, S. 961 Rn. 105; *Medla*, Präventive Unternehmenssanierung nach französischen und deutschen Insolvenzrecht, S. 288; *Kautzsch*, Unternehmenssanierung im Insolvenzverfahren, § 5, S. 237; *Klöker*, sj 04/08, 43, 46.

222 So auch *Koch/de Bra* in: Gottwald (Hrsg.), Insolvenzrechtshandbuch, § 68, Rn. 110; *Exner/Beck* in: Beck/Depré, Praxis der Insolvenz, § 43 Rn. 86; Maus in: Kölner Schrift zur Insolvenzordnung, S. 961 Rn. 107; *ders.* in: Karsten Schmidt/Uhlenbruck (Hrsg.), Die GmbH in Krise, Sanierung und Insolvenz, S. 894 Rz. 8.75; *Medla*, Präventive Unternehmenssanierung nach französischen und deutschen Insolvenzrecht, S. 289; *Pape* in: Pape/Uhlenbruck/Voigt-Salus, Insolvenzrecht, Kap. 38 Rn. 43; *Picot/Aleth*, Unternehmenskrise und Insolvenz, S. 265 Rn. 826; *Seagon* in: Buth/Hermanns, Restrukturierung, Sanierung, Insolvenz, § 27 Rn. 107; *Klöker*, sj 04/08, 43, 46.

223 *Madaus*, NZI 2012, 597, 598; *Eidenmüller*, Finanzkrise, Wirtschaftskrise und das deutsche Insolvenzrecht, S. 39; Beispiele finden sich bei *Madaus*, NZI 2010, 430, 431.

Mit dem ESUG hat der Gesetzgeber nun einige Änderungen am Rechtsbehelfssystem vorgenommen, um das Verfahren zu beschleunigen. Zunächst hat er die Zulässigkeitsvoraussetzungen durch § 253 Abs. 2 InsO verschärft. Danach ist die sofortige Beschwerde gegen die Bestätigung nur zulässig, wenn der Beschwerdeführer die verfahrensmäßigen Rechte des Widerspruchs, der spätestens im Abstimmungstermin schriftlich oder zu Protokoll zu erfolgen hat, § 253 Abs. 2 Nr. 1 InsO, und der Abstimmung gegen den Plan, § 253 Abs. 2 Nr. 2 InsO, ausgeschöpft hat und gemäß § 253 Abs. 2 Nr. 3 InsO glaubhaft macht, dass er durch den Plan wesentlich schlechter gestellt wird, als er ohne einen Plan stünde, und dass dieser Nachteil nicht durch eine Zahlung aus den in § 251 Abs. 3 InsO genannten Mitteln ausgeglichen werden kann.[224] Wie oben kurz besprochen regelt § 251 Abs. 3 InsO die Möglichkeit, Mittel im Plan für den Fall bereitzustellen, dass ein Beteiligter eine Schlechterstellung durch den Plan nachweist. Als Rechtsfolge ist eine Geltendmachung seiner Interessen mittels Rechtsbehelfs ausgeschlossen. Die Frage, ob ihm ein Ausgleich aus diesen Mitteln zusteht, ist außerhalb des Insolvenzverfahrens zu klären.

Zudem wurde mit § 253 Abs. 4 InsO ein Freigabeverfahren nach dem Vorbild des § 246a AktG übernommen.[225] Danach weist das LG die sofortige Beschwerde auf Antrag des Insolvenzverwalters unverzüglich zurück, wenn das alsbaldige Wirksamwerden des Insolvenzplans vorrangig erscheint, weil die Nachteile einer Verzögerung des Planvollzugs nach freier Überzeugung des Gerichts die Nachteile für den Beschwerdeführer überwiegen. Lediglich das Vorliegen eines besonders schweren Rechtsverstoßes kann gemäß § 253 Abs. 4 S. 2 InsO der sofortigen Beschwerde ihren Suspensiveffekt verleihen. Weist das Gericht die Beschwerde nach § 253 Abs. 4 S. 1 InsO zurück, ist dem Beschwerdeführer aus der Masse der Schaden zu ersetzen, der ihm durch den Planvollzug entsteht, wobei die Rückgängigmachung der Wirkungen des Insolvenzplans nicht als Schadensersatz verlangt werden kann.[226] So begrüßenswert der Gedanke des § 254 Abs. 4 InsO ist, ganz zu Ende gedacht ist das Rechtsschutzsystem noch nicht. Zu Recht wird in der Literatur[227] darauf hingewiesen, dass eine Verzahnung mit § 251 Abs. 3 InsO fehle. Wird nämlich der Antrag auf Minderheitenschutz abgewiesen, weil im gestaltenden Teil des Plans Mittel für den Fall bereitgestellt werden, dass ein

---

224 So auch *Madaus*, NZI 2012, 597, 598.

225 So auch *Madaus*, NZI 2012, 597, 598; *Römermann*, NJW 2012, 645, 651; *Fridgen*, GWR 2011, 535; *Trams*, NJW-Spezial 2011, 149, 150.

226 So auch *Madaus*, NZI 2012, 597, 598.

227 *Madaus*, NZI 2012, 597, 598 ff.

Beteiligter eine Schlechterstellung nachweist, ergeben sich für den Betroffenen zwei Möglichkeiten:

Zum einen kann er Klage auf Zahlung eines Ausgleichs aus den Planrücklagen erheben, zum anderen kann er auch die sofortige Beschwerde gegen die Planbestätigung einlegen, § 253 Abs. 1 InsO. Sofern der Antrag auf Minderheitenschutz lediglich gemäß § 251 Abs. 3 InsO und nicht gemäß § 251 Abs. 1, 2 InsO abgelehnt wurde, muss der Betroffene anschließend „nur" noch gemäß § 253 Abs. 2 Nr. 3 InsO glaubhaft machen, dass er durch den Plan wesentlich schlechtergestellt wird, als er ohne einen Plan stünde, und dass dieser Nachteil nicht durch eine Zahlung aus den in § 251 Abs. 3 InsO genannten Mitteln ausgeglichen werden kann. Gerade bei Sanierungen werden die Rücklagen, die im Plan für Ausgleichszahlungen vorgesehen werden, nicht allzu umfangreich ausfallen, da diese Reserve nur zu Lasten der Befriedigungsquote der anderen Gläubiger entstehen kann. Folglich kann bei einem Großgläubiger schnell eine Summe erreicht sein, die diese Rücklage sprengt. Das bedeutet jedoch, dass die Regelung des § 253 Abs. 2 Nr. 3 InsO dann keine wirkliche Rechtsmittelbeschränkung mehr darstellt und der Suspensiveffekt grundsätzlich weiter eintritt.[228] Im Folgenden kann nach dem Wortlaut des Gesetzes lediglich der Insolvenzverwalter das Freigabeverfahren nach § 253 Abs. 4 InsO beschreiten, um eine Verzögerung der planmäßigen Sanierung zu verhindern. Dies ist insbesondere dann suboptimal, wenn im Verfahren nach § 270b InsO die Eigenverwaltung angeordnet ist und in der Eigenverwaltung ein Insolvenzplanverfahren durchgeführt wird.[229] Zum einen gibt es bei Anordnung der Eigenverwaltung keinen Insolvenzverwalter, sondern nur einen Sachwalter und zum anderen wird im Verfahren über den Insolvenzplan des Schuldners auch letzterer ein berechtigtes Interesse am alsbaldigen Wirksamwerden des Insolvenzplanes haben. Insofern überzeugt die Entscheidung, dem Schuldner für diesen Fall kein Antragsrecht gemäß § 253 Abs. 4 InsO zuzugestehen, nur wenig.[230]

Insgesamt ist das Verfahren also recht langwierig. Während die gerichtliche Vorprüfung, die Erörterung und Abstimmung über den Plan und schließlich dessen Bestätigung schon für sich genommen einen Zeitraum über mehrere Monate in Anspruch nehmen können, kann der Abschluss des Verfahrens durch Rechtsmittel nochmal verzögert werden. Dass mit zunehmender Verzögerung auch die Sanierungschancen schwinden, dürfte offensichtlich sein.

---

228 *Madaus*, NZI 2012, 597, 599.

229 *Madaus*, NZI 2012, 597, 599.

230 Zutreffend *Madaus*, NZI 2012, 597, 599.

3. Die Wirkungen und die Ausführung des bestätigten Insolvenzplans

Die Wirkungen des Insolvenzplans bestimmen sich nach § 254 InsO. Danach treten gemäß § 254 Abs. 1, S. 1 InsO mit der Rechtskraft der Bestätigung des Insolvenzplans die im gestaltenden Teil festgelegten Wirkungen für und gegen alle Beteiligten ein. Soweit Rechte an Gegenständen begründet, geändert, übertragen oder aufgehoben werden sollen, gelten gemäß § 254 Abs. 1, S. 2 InsO die in den Plan aufgenommenen Willenserklärungen der Beteiligten als in der vorgeschriebenen Form abgegeben. Entsprechendes gilt für die Verpflichtungserklärungen. Dies gilt auch gegenüber Insolvenzgläubigern, die ihre Forderungen nicht angemeldet hatten und solchen Beteiligten, die dem Plan widersprochen haben, § 254 Abs. 1 S. 3 InsO.[231]

Erwächst die Bestätigung des Insolvenzplans in Rechtskraft, so beschließt das Insolvenzgericht gemäß § 258 Abs. 1 InsO die Aufhebung des Insolvenzverfahrens, sofern im gestaltenden Teil des Insolvenzplans nicht vorgesehen ist, dass die Erfüllung des Plans überwacht wird, § 260 Abs. 1 InsO. Mit der Aufhebung des Insolvenzverfahrens erlöschen gemäß § 259 Abs. 1 S. 1 InsO die Ämter des Insolvenzverwalters und der Mitglieder des Gläubigerausschusses und der Schuldner erhält seine Verwaltungs- und Verfügungsbefugnis über sein Vermögen zurück, § 259 Abs. 1, S. 2 InsO.[232]

Die genannten Vorschriften deuten schon an, dass die Ausführung des Insolvenzplans nach dessen gerichtlicher Bestätigung wieder im Zuständigkeitsbereich des Schuldners liegt.[233] Damit endet auch das Vollstreckungsverbot und daher erscheint es nur konsequent, dass die Insolvenzgläubiger, wenn der Schuldner seinen Pflichten nicht nachkommt, gemäß § 257 Abs. 1 InsO auf Grundlage des Insolvenzplans, und in Verbindung mit der Eintragung in die Tabelle, gegen

---

231 So auch *Exner/Beck* in: Beck/Depré, Praxis der Insolvenz, § 43 Rn. 88 ff.; *Maus*, in: Kölner Schrift zur Insolvenzordnung, S. 962 Rn. 111; *Medla*, Präventive Unternehmenssanierung nach französischen und deutschen Insolvenzrecht, S. 289, 290; *Pape* in: Pape/Uhlenbruck/Voigt-Salus, Insolvenzrecht, Kap. 38 Rn. 46 ff.; *Picot/Aleth*, Unternehmenskrise und Insolvenz, S. 265 f. Rn. 828; *Vallender* in: Karsten Schmidt/Uhlenbruck (Hrsg.), Die GmbH in Krise, Sanierung und Insolvenz, S. 900 Rz. 8.89 f.

232 So auch *Koch/de Bra* in: Gottwald (Hrsg.), Insolvenzrechtshandbuch, § 68 Rn. 124; *Maus* in: Kölner Schrift zur Insolvenzordnung, S. 963 Rn. 114; *Vallender* in: Karsten Schmidt/Uhlenbruck (Hrsg.), Die GmbH in Krise, Sanierung und Insolvenz, S. 901 Rz. 8.92.

233 *Medla*, Präventive Unternehmenssanierung nach französischen und deutschen Insolvenzrecht, S. 291.

den Schuldner die Zwangsvollstreckung wie aus einem vollstreckbaren Urteil betreiben können.[234] Hat ein Insolvenzgläubiger aufgrund des gestaltenden Teils des Insolvenzplans Forderungen gestundet oder teilweise erlassen, so wird diese Stundung oder der Erlass gemäß § 255 Abs. 1, S. 1 InsO hinfällig, wenn der Schuldner mit der Erfüllung des Plans erheblich in Rückstand gerät. Die Voraussetzungen des erheblichen Rückstandes sind dabei in § 255 Abs. 1, S. 2 InsO legal definiert.[235]

Ist im gestaltenden Teil des Insolvenzplans gemäß § 260 Abs. 1 InsO die Überwachung der Erfüllung des Plans vorgesehen, so wird gemäß § 260 Abs. 2 InsO nach der Aufhebung des Insolvenzverfahrens die Erfüllung der Ansprüche, die den Gläubigern nach dem gestaltenden Teil gegen den Schuldner zustehen, überwacht. Im Fall der Überwachung bestehen gemäß § 261 Abs. 1, S. 2 InsO die Ämter des Insolvenzverwalters und der Mitglieder des Gläubigerausschusses und die Aufsicht des Insolvenzgerichts fort, wobei die Überwachung gemäß § 261 Abs. 1, S. 1 InsO Aufgabe des Insolvenzverwalters ist.[236] Dabei erschöpfen sich die Befugnisse des Insolvenzverwalters in einer rein beobachtenden Kontrolle mit den Befugnissen aus § 262 InsO.[237] Die Planüberwachung endet gemäß § 268 Abs. 1 Nr. 1 InsO, wenn die zu überwachenden Ansprüche erfüllt sind oder die Erfüllung dieser Ansprüche gewährleistet ist oder gemäß § 268 Abs. 1 Nr. 2 InsO, wenn seit

234 So auch *Koch/de Bra* in: Gottwald (Hrsg.), Insolvenzrechtshandbuch, § 69 Rn. 23; *Exner/Beck* in: Beck/Depré, Praxis der Insolvenz, § 43 Rn. 88 ff.; *Medla*, Präventive Unternehmenssanierung nach französischen und deutschen Insolvenzrecht, S. 290, 291; *Pape* in: Pape/Uhlenbruck/Voigt-Salus, Insolvenzrecht, Kap. 38 Rn. 49 f., 51; *Picot/Aleth*, Unternehmenskrise und Insolvenz, S. 265 f. Rn. 828, 831; *Klöker*, sj 04/08, 43, 47.

235 So auch *Koch/de Bra* in: Gottwald (Hrsg.), Insolvenzrechtshandbuch, § 69 Rn. 8; *Exner/Beck* in: Beck/Depré, Praxis der Insolvenz, § 43 Rn. 99; *Medla*, Präventive Unternehmenssanierung nach französischen und deutschen Insolvenzrecht, S. 291; *Pape* in: Pape/Uhlenbruck/Voigt-Salus, Insolvenzrecht, Kap. 38 Rn. 48; *Picot/Aleth*, Unternehmenskrise und Insolvenz, S. 266 Rn. 830.

236 *Exner/Beck* in: Beck/Depré, Praxis der Insolvenz, § 43 Rn. 104; *Maus* in: Kölner Schrift zur Insolvenzordnung, S. 963 f. Rn. 115; 117; *Medla*, Präventive Unternehmenssanierung nach französischen und deutschen Insolvenzrecht, S. 292; *Pape* in: Pape/Uhlenbruck/Voigt-Salus, Insolvenzrecht, Kap. 38 Rn. 53, 55; *Picot/Aleth*, Unternehmenskrise und Insolvenz, S. 266 Rn. 832 f.; *Klöker*, sj 04/08, 43, 47.

237 *Exner/Beck* in: Beck/Depré, Praxis der Insolvenz, § 43 Rn. 104; *Bork*, Insolvenzrecht, Rn. 351.

der Aufhebung des Insolvenzverfahrens drei Jahre verstrichen sind und kein Antrag auf Eröffnung eines neuen Insolvenzverfahrens vorliegt.[238]

4. Tauglichkeit des Insolvenzplanverfahrens zur präventiven Unternehmenssanierung

Nach dem oben Gesagten fällt die Bewertung des Insolvenzplanverfahrens zwiespältig aus. Einerseits weist das Insolvenzplanverfahren viele Vorteile auf, die es als Instrument zu Unternehmenssanierung attraktiv machen. Genannt sei an dieser Stelle die leistungswirtschaftliche Sanierung des Unternehmensträgers, die es ermöglicht, auch unübertragbare Vermögenswerte wie Lizenzen zu verwerten.[239] Die Transparenz des darstellenden Teils des Insolvenzplans ermöglicht es bei den Gläubigern eine Vertrauensbasis für das Sanierungskonzept zu schaffen und die Einteilung in Gläubigergruppen im gestaltenden Teil trägt der Tatsache Rechnung, dass man eine effiziente Sanierung nur dann durchführen kann, wenn unterschiedliche Rechtsstellungen auch unterschiedlich behandelt werden.

Allerdings weist das Insolvenzplanverfahren auch einige Defizite auf:

Im Grunde genommen ist das Insolvenzplanverfahren nur als Konsensverfahren möglich, denn wie oben gesehen, kann später bei der Planabstimmung die Versagung der Zustimmung durch einzelne Akkordstörer erhebliche Verfahrensverzögerungen nach sich ziehen, die u.U. eine Sanierung scheitern lassen.[240]

Die Insolvenzverwalter favorisieren oft eine übertragende Sanierung oder scheuen die Haftungsrisiken, die mit einer Sanierung verbunden sind und im Vergleich zur Liquidation eines Unternehmens erhöht sind.[241] Aber auch auf Seiten des Schuldners und dessen Beratern besteht Aufklärungsbedarf. Als weiteres Hemmnis der Sanierungstauglichkeit kann in der Langwierigkeit des Verfahrens gesehen werden. Während die gerichtliche Vorprüfung, die Erörterung und Abstimmung über den Plan und schließlich dessen Bestätigung schon für sich genommen einen Zeitraum über mehrere Monate in Anspruch nehmen können, können die Rechtsmittel der sofortigen Beschwerde, gerade auch wegen der fehlenden Verknüpfung mit § 251 Abs. 3 InsO den Abschluss des Verfahrens weiter verzögern.

---

238 So auch *Exner/Beck* in: Beck/Depré, Praxis der Insolvenz, § 43 Rn. 106 ff.; *Pape* in: Pape/Uhlenbruck/Voigt-Salus, Insolvenzrecht, Kap. 38 Rn. 58; *Smid*, Praxishandbuch Insolvenzrecht, § 32 Rn. 12; *Uhlenbruck* in: Karsten Schmidt/Uhlenbruck (Hrsg.), Die GmbH in Krise, Sanierung und Insolvenz, S. 917 Rz. 8.133.

239 So auch *Madaus*, Der Insolvenzplan, S. 48.

240 Siehe oben C. III. 2. c).

241 *Spies*, ZInsO 2005, 1254, 1255; *Hingerl*, ZInsO 2008, 404, 408.

Aus Sicht der Gesellschafter besteht nun noch die Gefahr durch den dept-equity-swap die Gesellschaftsanteile zu verlieren. Das trägt natürlich nicht zu einer großen Motivation, frühzeitig einen Insolvenzantrag zu stellen bei, um sich im Insolvenzplanverfahren sanieren zu können. Das Hauptmanko des Insolvenzplanverfahrens stellt jedoch die mangelnde Planbarkeit des Insolvenzverfahrens dar. Die maßgebliche Entscheidung, Sanierung oder Liquidation, treffen nach wie vor die Gläubiger und für den Schuldner ist nicht abzusehen, ob er ein ausgearbeitetes Sanierungskonzept umsetzen kann. Hinzukommt die negative Außenwirkung, denn auch beim Insolvenzplanverfahren handelt es sich schlicht um ein Insolvenzverfahren. Das Wort Insolvenz ist in Deutschland jedoch mit einem regelrechten Stigma verbunden. Das negative Signal, das das Wort Insolvenz an den Markt aussendet, ist dabei nicht zu unterschätzen.[242]

Es sind also immer wieder die gleichen Sanierungshindernisse, die bei den Sanierungsmöglichkeiten der Insolvenzordnung auftreten. Mangelnde Planbarkeit, drohender Verlust der Kontrolle über das Unternehmen, Langwierigkeit des Verfahrens und das Stigma der Insolvenz.

IV. Die Chancen einer geplanten Insolvenz

1. Die Einreichung eines prepacked plans gemäß § 218 I 2 mit dem Antrag auf Eröffnung des Insolvenzverfahrens wegen drohender Zahlungsunfähigkeit (§ 18 InsO)

Die Insolvenzordnung bietet dem Schuldner gem. § 218 Abs. 1 S. 2 InsO die Möglichkeit bereits den Antrag auf Eröffnung des Insolvenzverfahrens mit der Vorlage eines bereits fertig ausgearbeiteten Insolvenzplan, einen sog. „prepackaged plans" verbinden. Wird der Antrag bei drohender Zahlungsunfähigkeit nach § 18 InsO gestellt, befindet sich das Unternehmen regelmäßig in einem Stadium, in dem eine Sanierung möglich ist.

Zusätzlich kann der Schuldner die Vorlage des Plans bei Antragstellung mit einem Antrag auf Anordnung der vorläufigen Eigenverwaltung nach § 270a InsO verbinden, so dass keine Gefahr besteht, dass der Schuldner die Verwaltungs- und Verfügungsbefugnis über die Insolvenzmasse verliert. Trotzdem besteht für den Schuldner die Möglichkeit, dass das Gericht von Amts wegen oder auf seinen Antrag hin u.a. Maßnahmen der Zwangsvollstreckung zu untersagen oder einstweilen einstellen, soweit nicht unbewegliche Gegenstände betroffen sind, § 21 Abs. 2 Nr. 3 InsO.

242 siehe hierzu etwa: http://www.faz.net/aktuell/beruf-chance/arbeitswelt/wenn-unternehmer-pleite-gehen-das-stigma-des-scheiterns-1638565.html

Mit Eröffnung des Insolvenzverfahrens kommt der Insolvenzmasse der Schutz der §§ 87, 89 InsO zugute.

Der Vorteil eines im Vorfeld der Insolvenz ausgearbeiteten Plans liegt vor allem darin, dass dieser mit genügend Zeitvorlauf unter Berücksichtigung der entsprechenden juristischen und betriebswirtschaftlichen Erfordernisse erarbeitet werden kann. Somit kann der langwierige Prozess der Planerstellung vorgezogen werden, was wiederum das Unternehmen im Insolvenzverfahren zeitlich und damit kostenmäßig entlastet, so dass in diesem Fall auf Grund des strategischen Zeitvorteils gegenüber einer Planerstellung im Insolvenzverfahren die Weichen von Anfang an in Richtung Sanierung gestellt werden können.

Beispielsweise konnte im Fall Herlitz ein Großkonzern mittels mehrerer Insolvenzpläne, die die 100% -ige Zustimmung der Gläubigergruppen bekamen, unter Erhaltung fast aller Arbeitsplätze innerhalb von nur fünf Wochen vom Zeitpunkt der Verfahrenseröffnung bis zur Gläubigerversammlung saniert werden.[243]

Man sieht, das Instrumentarium des Insolvenzplans kann sich bei strategischer Vorbereitung durchaus zur präventiven Sanierung von Unternehmen eignen.

2. Das sog. Schutzschirmverfahren nach § 270b InsO

Kann der Zeitraum vor Eröffnung des Insolvenzverfahrens nicht mehr für eine Erstellung eines Insolvenzplans genutzt werden, bietet das im Rahmen des ESUG eingeführte und in § 270b InsO geregelte Schutzschirmverfahren die Möglichkeit, dass der Schuldner im Zeitraum zwischen Eröffnungsantrag und Eröffnung in einer vorläufigen Eigenverwaltung, unter Überwachung eines von ihm vorgeschlagenen und vom Gericht eingesetzten vorläufigen Sachwalters, einen Insolvenzplan zur Sanierung vorbereiten kann.[244] Wegen seiner thematischen Nähe zu einem vorinsolvenzlichen Sanierungsverfahren soll das Schutzschirmverfahren nach § 270b InsO hier genauer betrachtet werden.

a) Voraussetzungen des Schutzschirmverfahrens

aa) (Dreifacher) Antrag des Schuldners

Zunächst muss der Schuldner gemäß § 270b Abs. 1 InsO neben dem Antrag auf Eröffnung des Insolvenzverfahrens und dem Antrag auf Eigenverwaltung zusätzlich einen Antrag zur Bestimmung einer Frist stellen, innerhalb derer er einen

---

243 *Rattunde*, ZIP 2003, 596, 598.

244 So auch *Desch*, DB 2011, 841; *Hirte/Knof/Mock*, DB 2011, 693, 695.

Insolvenzplan vorgelegt werden kann.[245] Die vom Gericht festlegte Frist darf dabei maximal drei Monate betragen.

bb) Bescheinigung

Weiterhin hat der Schuldner gemäß § 270b Abs. 1 InsO dem Antrag eine mit Gründen versehene Bescheinigung eines in Insolvenzsachen erfahrenen Steuerberaters, Wirtschaftsprüfers oder Rechtsanwalts oder einer Person mit vergleichbarer Qualifikation vorzulegen, aus der sich ergibt, dass drohende Zahlungsunfähigkeit oder Überschuldung, aber keine Zahlungsunfähigkeit vorliegt und die angestrebte Sanierung nicht offensichtlich aussichtslos ist. Gemäß der Begründung des Regierungsentwurfes muss die Bescheinigung mit Gründen versehen sein. Jedoch ist kein umfassendes Sanierungsgutachten entsprechend bestimmten formalisierten Standards zu verlangen, weil hiermit erhebliche Kosten verbunden sind und damit insbesondere kleineren und mittleren Unternehmen der Zugang zu dem Verfahren nach § 270b InsO erheblich erschwert wäre.[246]

cc) Drohende Zahlungsunfähigkeit oder Überschuldung

In materieller Hinsicht darf die angestrebte Sanierung nicht offenkundig aussichtslos sein; es darf „lediglich" der Insolvenzgrund der drohenden Zahlungsunfähigkeit oder Überschuldung vorliegen. Meist wird, wie die Praxis zeigt, sowieso bei einem Antrag nach § 18 InsO Überschuldung vorliegen.[247] Jedenfalls darf keine Zahlungsunfähigkeit vorliegen.

Allerdings limitiert das Erfordernis eines Insolvenzgrundes den Anwendungsbereich des Schutzschirmverfahrens stark, denn für ein Unternehmen in der Krise, das sanierungsbedürftig ist, steht das Verfahren nicht zur Verfügung. Dass für eine frühzeitige Sanierung durchaus ein Erfordernis besteht, zeigt die praktische Erfahrung, wonach die erfolgreichsten Sanierungen möglichst frühzeitig eingeleitet werden.[248] Insofern besteht trotz des ESUG vom zeitlichen Anwendungsbereich her ein Bedürfnis für ein vorinsolvenzliches Verfahren.

---

245 So auch *Desch*, DB 2011, 841; *Hirte*, ZInsO 2011, 401; *Braun/Heinrich*, NZI 2011, 505, 512.

246 Siehe Begr. Reg-E ESUG, S. 62, abrufbar unter: http://www.bmj.de/SharedDocs/Downloads/DE/pdfs/RegE_ESUG_23022011.pdf?__blob=publicationFile

247 *Desch*, BB 2011, 841; *Hirte*, ZInsO 2011, 401, 402; *Braun/Heinrich*, NZI 2011, 505, 512.

248 So auch *Hirte/Knof/Mock*, DB 2011, 693, 695.

b) *Ablauf des Schutzschirmverfahrens*

Liegen die Voraussetzungen vor, so bestimmt das Insolvenzgericht gemäß § 270b Abs. 1 InsO eine maximal dreimonatige Frist zur Vorlage eines Insolvenzplans. Die Länge der Frist sollte der Struktur des Unternehmens und der Gläubigerschaft Rechnung tragen.[249] Zusätzlich bestellt das Gericht gemäß § 270b Abs. 2 InsO einen vorläufigen Sachwalter nach § 270a Abs. 1 InsO. Bezüglich der Person des Sachwalters hat der Schuldner ein Vorschlagsrecht. Das Gericht gemäß § 270b Abs. 2 S. 2 1. HS nur bei offensichtlicher Nichteignung des vorgeschlagenen Sachwalters von dem Vorschlag des Schuldners abweichen kann. Dadurch besteht für den Schuldner die Möglichkeit, sowohl die Geschäftsführungsbefugnis als auch die Verfügungs- und Verwaltungsbefugnis zu behalten. Dass allein der Vorschlag des Schuldners bei der Auswahl des vorläufigen Sachwalters maßgeblich ist, verstärkt den positiven Anreiz für das Verfahren.[250]

Der Schutzschirm des Verfahrens nach § 270b InsO ergibt sich zum einen aus der Zeitspanne von maximal drei Monaten, innerhalb derer Schuldner ein Sanierungskonzept erstellen kann ohne wie im normalen vorläufigen Verfahren befürchten zu müssen, ihm werde die Zustimmung zur Bezahlung der Kosten für die Planerstellung nicht erteilt. Der Schuldner behält also hier seine Verwaltungs- und Verfügungsbefugnis.[251] Dies signalisiert von Anfang an, dass der eingeschlagene Kurs in Richtung Sanierung geht und schafft mit Sicherheit ein positives Klima.[252] Zum anderen hat das Gericht auf Antrag des Schuldners Zwangsvollstreckungsmaßnahmen von Gläubigern zu untersagen oder einzustellen und die Verwertung von Sicherungsgut nach § 166 InsO zu untersagen, § 270b Abs. 2 S. 3 i.V.m. § 21 Abs. 2 Nr. 3 u. 5 InsO.[253]

Allerdings scheint der im Schutzschirmverfahren zur Verfügung gestellte Zeitraum von drei Monaten sehr kurz bemessen. Ein Insolvenzplan, der die wirtschaftlichen Interessen der Beteiligten berücksichtigt und der später im Abstimmungsverfahren angenommen werden soll, erfordert die Erfassung und Darstellung aller für das Unternehmen wesentlicher Daten, also insbesondere der rechtlichen, finanzwirtschaftlichen und betriebswirtschaftlichen Bereiche und

---

249 *Hirte/Knof/Mock*, DB 2011, 693, 695.

250 *Hirte*, ZInsO 2011, 401, 404.

251 *Desch*, BB 2011, 841, 842.

252 *Braun/Heinrich*, NZI 2011, 505, 512.

253 *Desch*, BB 2011, 841, 843; *Römermann*, GWR 2011, 375; *Fridgen*, GWR 2011, 535.

eine Unternehmensbewertung. Dies kann schnell mehrere Wochen in Anspruch nehmen.[254]

Das Insolvenzgericht kann gemäß § 270b Abs. 2 S. 3 InsO im Schutzschirmverfahren vorläufige Maßnahmen nach §§ 21 Abs. 1, 2 Nr. 1a, 4 InsO anordnen. Die Anordnung einer vorläufigen Postsperre gemäß § 21 Abs. 1, 2 Nr. 4 InsO kann gerade unter dem Zweck des Schutzschirmverfahrens nicht zugestimmt werden, möglicherweise hat der Gesetzgeber dies so nicht gesehen.

Durch die Bestellung eines vorläufigen Sachwalters oder die Anordnung vorläufiger Maßnahmen, wird es sich auch nicht vermeiden lassen, dass andere Gläubiger von der Krise des Gläubigers „Wind bekommen". Fraglich ist, ob sich aus Gleichbehandlungsgesichtspunkten das Ermessen des Insolvenzgerichts soweit reduziert, dass dieses gehalten sein wird, den Beschluss über die Anordnung des Schutzschirmverfahrens öffentlich bekanntzumachen, wenngleich sich diese Pflicht nicht aus dem Gesetz ergibt.[255]

Eine mögliche öffentliche Bekanntmachung ist gerade unter dem Gesichtspunkt der stillen Sanierung und im Hinblick auf die Folgewirkungen – wie etwa der Erhöhung des Liquiditätsbedarfs – aufgrund der Reaktionen der Gläubiger nicht unproblematisch, denn dadurch würde der Verfahrenszweck nachhaltig gefährdet.[256] Der Gesetzgeber hat es versäumt, zu diesem Fall Stellung zu beziehen und obwohl das Problem bereits im Gesetzgebungsverfahren erkannt wurde[257], sagt auch die Begründung des Regierungsentwurfs zu § 270b InsO hierzu nichts. Mittlerweile existieren in der Rechtsprechung und Literatur im Wesentlichen drei verschiedene Ansätze: Einigkeit besteht insofern, dass eine direkte Anwendung des § 9 InsO mangels eindeutiger Verweisung auf Normen, die eine öffentliche Bekanntmachung anordnen, ausscheidet.[258] Jedoch werden aus diesem Umstand unterschiedliche Konsequenzen gezogen.

Einerseits wird vertreten, dass aufgrund der verfahrensrechtlichen und materiellrechtlichen Funktion der öffentlichen Bekanntmachung die Aufzählung der Veröffentlichungstatbestände im Gesetz abschließend sei.[259] Daher komme dem Insolvenzgericht kein Ermessensspielraum bei der öffentlichen Bekanntmachung

---

254 So auch *Spies*, ZInsO 2005, 1254, 1256.

255 *Desch*, BB 2011, 841, 842; *Braun/Heinrich*, NZI 2011, 505, 512, ablehnend demgegenüber *Hirte/Knof/Mock*, DB 2011, 693, 695.

256 *Hirte*, ZInsO 2011, 401, 404.

257 Hierzu *Hirte*, ZInsO 2011, 401, 404.

258 *Frind*, ZIP 2012, 1591, 1592; *Buchalik*, ZInsO 2012, 349, 354; *Keller*, ZIP 2012, 1895, 1896.

259 *Keller*, ZIP 1895, 1898.

der Anordnung der vorläufigen Sachwaltung im Schutzschirmverfahren zu. Eine Analogie zu § 23 Abs. 1 InsO scheide aus, weil im Rahmen der vorläufigen Sachwaltung keine Verfügungsbeschränkung des Schuldners angeordnet wird. Zudem überwiege das Interesse des Schuldners an einer effektiven Sanierung das Informationsinteresse der Gläubiger.[260]

Andererseits wird eine analoge Anwendung des § 9 InsO aus Erfordernissen der Gesamtrechtsordnung diskutiert und entweder bejaht[261] bzw. dem Gericht ein Ermessensspielraum eingeräumt[262] oder mangels Erforderlichkeit für unzulässig erachtet.[263]

Das AG Göttingen vertritt die Ansicht, dass mangels Verweises auf § 21 Abs. 2 Nr. 2 InsO oder § 23 Abs. 1 S. 1 Anordnungen im Schutzschirmverfahren gem. § 270b, § 23 InsO nicht veröffentlicht werden müssen, sondern dem Gericht insofern ein Ermessensspielraum zukomme.[264] So sei von einer Veröffentlichung abzusehen, wenn die Einleitung eines Insolvenzverfahrens einen Vertrauensverlust der Kunden/Auftraggeber bewirkt und dadurch die Fortführungsmöglichkeit beeinträchtigt wird. Insbesondere bei drohender Zahlungsunfähigkeit gemäß § 18 InsO, könne von einer Veröffentlichung abgesehen werden, da keine Insolvenzantragspflicht gegeben ist.[265]

Insgesamt sprechen die gewichtigeren Argumente wohl für eine öffentliche Bekanntmachung, denn ansonsten würde eine Ungleichbehandlung der Gläubiger des Schuldners eintreten. Der vorläufige Sachwalter hat nämlich anstelle der nach § 274 Abs. 3 S. 2 InsO zu unterrichtenden Insolvenzgläubiger, die Forderungen angemeldet haben, die ihm zu diesem Zeitpunkt bereits bekannten Gläubiger zu unterrichten, während Neugläubiger, mit denen der Schuldner erst noch kontrahiert, nichts von der Anordnung eines vorläufigen Sachwalters erfahren würden.[266]

Allerdings besteht mit der öffentlichen Bekanntmachung wiederum die Gefahr, dass Gläubiger negativ darauf reagieren und beispielsweise Kreditinstitute die Kredite kündigen oder Lieferanten nur noch gegen Vorauszahlung liefern.

---

260 *Keller*, ZIP 1895, 1898 f.

261 *Frind*, ZIP 2012, 1591, 1595; *Richter/Pluta*, BB 2012, 1591, 1593.

262 *Buchalik*, ZInsO 2012, 349, 354; *Vallender*, GmbHR 2012, 450, 451; *Landfermann*, WM 2012, 869, 873.

263 *Horstkotte*, ZInsO 2012, 1161, 1163.

264 *AG Göttingen*, NZI 2012, 1008 f.

265 *AG Göttingen*, NZI 2012, 1008 f.

266 *Frind*, ZIP 2012, 1591 unter Hinweis auf den RegE ESUG, BT-Drucks. 17/5712, S. 39.

Dadurch kann sich schließlich die angespannte Liquidität des Schuldners zusätzlich verschlechtern, was den Verfahrenszweck wiederum torpedieren würde.[267]

aa) Vorzeitige Beendigung des Schutzschirmes

Gemäß § 270b Abs. 4 InsO hebt das Gericht die Anordnung des Schutzschirmverfahrens vor Ablauf der Frist auf, wenn die angestrebte Sanierung aussichtslos geworden ist, § 270b Abs. 4 Nr. 1 InsO, der vorläufige Gläubigerausschuss die Aufhebung beantragt, § 270b Abs. 4 Nr. 2 InsO, oder ein absonderungsberechtigter Gläubiger oder ein Insolvenzgläubiger die Aufhebung beantragt und Umstände bekannt werden, dass die Anordnung zu Nachteilen für die Gläubiger führen wird, wobei der Antrag nur zulässig ist, wenn kein vorläufiger Gläubigerausschuss bestellt ist und die Umstände vom Antragsteller glaubhaft gemacht werden, § 270b Abs. 4 Nr. 3 InsO.

Auf Empfehlung des Bundestages und nach Hinweisen aus der Literatur[268] hat der Gesetzgeber letztlich die ursprüngliche Regelung des Nr. 1, wonach das Verfahren bei Eintritt der Zahlungsunfähigkeit vom Gericht aufzuheben gewesen wäre, gestrichen. Nach der Begründung des RegE ist die Sanierung dann aussichtslos, wenn beispielsweise die Bank, mit der der Schuldner über eine weitere Finanzierung verhandelt hat, die Verhandlungen endgültig abbricht und damit für ihn keine Möglichkeit mehr besteht, an neues Kapital zu gelangen.[269]

Wurde ein vorläufiger Gläubigerausschuss bestellt und beantragt dieser die Aufhebung des Verfahrens, hat das Gericht gemäß § 270b Abs. 4 Nr. 2 InsO dem Antrag ohne weitere eigene Prüfung zu folgen.[270] Zu einem Einstimmigkeitserfordernis äußert sich weder das Gesetz noch der Regierungsentwurf, so dass insofern eine Kopfmehrheit genügt.[271]

Wurde kein vorläufiger Gläubigerausschuss bestellt, hat das Gericht gemäß § 270b Abs. 4 Nr. 3 InsO auf Antrag eines Insolvenzgläubigers oder absonderungsberechtigten Gläubigers die Aufhebung nur anzuordnen, wenn nachträglich Umstände bekannt werden, die erwarten lassen, dass die Anordnung des Schutzschirms zu Nachteilen für die Gläubiger führen. Der antragstellende Gläubiger hat dabei die Umstände glaubhaft zu machen.[272] Die Möglichkeiten zur Aufhebung des Verfahrens stellen jedoch für den Schuldner einen großen Unsicherheitsfaktor

267 So auch *Keller*, ZIP 2012, 1895, 1900; *Hirte*, ZInsO 2011, 401, 404.

268 beispielsweise *Desch*, BB 2011, 841, 843; *Braun/Heinrich*, NZI 2011, 505, 512.

269 So Begr. RegE, S. 63 (Fn. 240).

270 So Begr. RegE, S. 63 (Fn. 240).

271 *Desch*, BB 2011, 841, 844.

272 Begr. RegE, S. 63 (Fn. 240).

dar, der wie ein Schatten über dem Verfahren liegen und dazu führen wird, dass sich der Schuldner letztlich mit möglichen Ausschussmitgliedern abstimmen muss, wenn er das Risiko der Aufhebung vermeiden will. Dies wird auch eine gewisse Ausstrahlwirkung auf die Auswahl des vorläufigen Sachwalters haben, so dass der Schuldner in seiner Auswahl letztlich doch nicht so frei ist, wie vom Sinn und Zweck des Verfahrens ursprünglich angedacht.[273]

Durch die oben angesprochene Bekanntmachung der Anordnung des Schutzschirmverfahrens werden die Gläubiger Kenntnis von der Krise des Unternehmens erlangen. Oftmals werden dann Verträge gekündigt oder Forderungen fällig gestellt.[274] Dies führt zu einem weiteren Liquiditätsengpass, der selbst gesunden Unternehmen zu schaffen machen würde. Das Verfahren nach § 270b InsO bietet hiervor keinen Schutz durch ein Moratorium.

Der Gesetzgeber ist laut der Begründung des Regierungsentwurfs der Ansicht, dass das Verfahren vor allem für solche Schuldner gedacht ist, die sich in Abstimmung und mit Unterstützung ihrer zentralen Gläubiger in einem Insolvenzverfahren sanieren wollen. Der Schuldner könne durch vor der Antragstellung getroffene Absprachen mit den Hauptgläubigern verhindern, dass diese, veranlasst durch die Antragstellung, Kredite kündigen und fällig stellen und somit letztlich Zahlungsunfähigkeit eintritt. Könne ein solcher Konsens mit den Gläubigern nicht gefunden werden, so sei der Schuldner auch nicht für eine Sanierung im Rahmen des Verfahrens nach § 270b InsO geeignet.[275] De facto bedeutet das Abstimmungserfordernis mit den wichtigsten Gläubigern auch, dass das Schutzschirmverfahren für Unternehmen ausscheidet, die sich keine teure Sanierungsberatung leisten können. Denn eine Abstimmung mit den Hauptgläubigern wie Banken wird nur gelingen, wenn ein ausgearbeitetes Sanierungskonzept vorgelegt wird.[276] Ein solches Sanierungskonzept wird wiederum recht kostenintensiv sein. Die hohen Kosten für eine Sanierungsberatung, insbesondere für die Bescheinigung nach § 270b Abs. 1 S. 3 InsO stellen für kleine und mittelständische Unternehmen jedoch oftmals eine unüberwindbare finanzielle Hürde dar, weshalb sich das vielfach angepriesene Schutzschirmverfahren eher für Großverfahren eignen wird.[277] Das bedeutet, dass es gerade für kleine und mittelständische Unternehmen an einer Alternative mangelt.

---

273 *Desch*, BB 2011, 841, 844.

274 So auch *Desch*, BB 2011, 841, 843; *Braun/Heinrich*, NZI 2011, 505, 512.

275 Begr. RegE ESUG, BT-Drucks. 17/5712, S. 40; so auch *Schelo*, ZIP 2012, 712, 713.

276 *Flöther*, ZIP 2012, 1832, 1840.

277 *Buchalik/Haase*, ZInsO 2012, 1832 f.; *Flöther*, ZIP 2012, 1833, 1838.

In der Praxis besteht zwar quasi ein „faktisches Moratorium", denn das Schutzschirmverfahren kann auch nach Eintritt der Zahlungsunfähigkeit fortgeführt werden und es ergeben sich keine unmittelbaren Konsequenzen für den Schuldner.[278] Jedoch besteht trotzdem die Gefahr, dass das Insolvenzgericht nach der Anzeige der Zahlungsunfähigkeit, die gemäß § 270b Abs. 4 S. 2 InsO bei Eintritt der Zahlungsunfähigkeit unverzüglich gegenüber dem Gericht zu erfolgen hat, die Anordnung nach § 270b Abs. 1 InsO vor Ablauf der Frist aufhebt, weil es dies dahingehend wertet, dass gemäß § 270b Abs. 4 S. 1 Nr. 1 InsO die angestrebte Sanierung aussichtslos geworden ist.[279] Insgesamt ist das Verfahren also ziemlich zerbrechlich.

bb) Rechtsfolgen der Aufhebung des Schutzschirmverfahrens und des Ablaufs der Frist zu Ausarbeitung des Insolvenzplans

Nach der Aufhebung des Schutzschirmverfahrens gemäß § 270b Abs. 4 S. 1 InsO und nach Ablauf der Frist zur Ausarbeitung eines Insolvenzplans, hat das Insolvenzgericht gemäß § 270b Abs. 4 S. 3 InsO über die Eröffnung des Insolvenzverfahrens zu entscheiden. Folglich wird nicht automatisch das „normale" Insolvenzverfahren eröffnet, sondern das Gericht hat darüber zu entscheiden.[280] Nach der Regierungsbegründung habe der Schuldner, wenn es ihm gelungen sein sollte innerhalb der Frist einen Insolvenzplan auszuarbeiten, diesen dem Gericht vorzulegen. Über den Plan würde dann im eröffneten Insolvenzverfahren nach den allgemeinen Vorschriften über den Insolvenzplan entschieden werden.[281] Damit besteht jedoch für den Schuldner nach wie vor das Risiko, dass sich die Gläubigerversammlung gemäß § 157 InsO im Berichtstermin dazu entschließt, das Unternehmen, beispielsweise aufgrund eines alternativen Plankonzepts, stillzulegen und zu liquidieren, obwohl ein im Vorfeld der Antragstellung sorgfältig ausgearbeiteter „prepacked plan" vorgelegt wurde.[282]

Über den vom Schuldner vorgeschlagenen vorläufigen Sachwalter schweigt das Gesetz an dieser Stelle. Die Regierungsbegründung geht jedoch insoweit davon aus, dass dieser bei einem Verfahren in Eigenverwaltung nicht zwangsläufig zum

278 *Schelo*, ZIP 2012, 712 f.

279 *Schelo*, ZIP 2012, 712, 714.

280 So auch *Desch*, BB 2011, 841, 844.

281 Begr. RegE, S. 63 (Fn. 240).

282 *Uhlenbruck* in: Karsten Schmidt/Uhlenbruck, Die GmbH in Krise, Sanierung und Insolvenz, S. 428 Rz. 5.51; *Vuia* in: Gottwald (Hrsg.), Insolvenzrechtshandbuch, § 4 Rn. 23; zum Insolvenzplanverfahren siehe unten 3. Der Insolvenzplan als zentrales Sanierungsinstrument der Insolvenzordnung, S. 47 ff.

Sachwalter bestellt werde. Insoweit sei nach den allgemeinen Vorschriften der vorläufige Gläubigerausschuss zu hören.[283] Das bedeutet, das Insolvenzverfahren ist in entscheidenden Punkten schon im Eröffnungs- bzw. Schutzschirmverfahren für den Schuldner völlig unkalkulierbar.

3. Bewertung des prepacked plans und des Schutzschirmverfahrens

Die obigen Ausführungen zeigen, dass Sanierungen mittels eines vorbereiteten Insolvenzplans gelingen können. Gerade die Möglichkeiten, die das ESUG mit dem Schutzschirmverfahren nach § 270b InsO eröffnet hat, konnten die Akzeptanz des Insolvenzplanverfahrens steigern. Mittlerweile erkennt die Praxis, welche Gestaltungsmöglichkeiten das Verfahren bietet. Trotzdem weist das Schutzschirmverfahren auch Schwächen auf, die zu den vorhandenen Mängeln des Insolvenzplanverfahrens hinzukommen:

Zum einen bietet die Ausarbeitung eines Sanierungsplans im Vorfeld der Insolvenz keine Gewähr, dass dieser im Insolvenzverfahren umgesetzt wird. Im Insolvenzverfahren entscheiden immer noch allein die Gläubiger (§ 157 InsO) über den Fortgang des Verfahrens, d.h. ob das Unternehmen fortgeführt oder saniert werden soll. Eine Bestätigung eines mehrheitlich außergerichtlich (vorinsolvenzlich) angenommenen Sanierungsplans als Insolvenzplan gibt es jedoch de lege lata nicht.[284]

Zudem soll das Schutzschirmverfahren für den Schuldner die Möglichkeit bieten, in Ruhe eine Sanierung unter dem Schutzschirm vorzubereiten. Allerdings limitiert schon die Anknüpfung an den Insolvenzgrund der drohenden Zahlungsunfähigkeit den Anwendungsbereich. Außerdem ist der Zeitraum von drei Monaten sehr kurz bemessen, wenn man bedenkt, dass die Ausarbeitung eines Insolvenzplans schnell mehrere Monate in Anspruch nehmen kann.

Aus Gläubigergleichbehandlungsgesichtspunkten hat das Insolvenzgericht wohl die Einsetzung eines vorläufigen Sachwalters öffentlich bekannt zu machen. Damit besteht aber für den Schuldner wiederum die Gefahr, dass sich aufgrund der Reaktion des Marktes seine Liquidität zusätzlich verschlechtert und letztlich Zahlungsunfähigkeit eintritt. Dies kann wiederum dazu führen, dass das Gericht die Anordnung des Schutzschirmverfahrens nach § 270b Abs. 1 InsO aufhebt. Vermeiden lassen wird sich das nur, wenn sich der Schuldner bereits im Vorfeld der Antragstellung mit seinen Gläubigern abstimmt, was jedoch nur dann

283 Begr. RegE, S. 63 (Fn. 240).

284 Dafür plädiert jedoch *Madaus*, Der Insolvenzplan, S. 559 ff.

möglich sein wird, wenn entsprechende finanzielle Mittel für eine Sanierungsberatung vorhanden sein wird.

Interessanterweise ist die vorläufige Eigenverwaltung im Eröffnungsverfahren weniger fragil als das Schutzschirmverfahren nach § 270b InsO, denn § 270a InsO regelt keine Aufhebungsmöglichkeit der vorläufigen Eigenverwaltung im Gegensatz zu § 270b InsO, der eine solche auf Antrag des vorläufigen Gläubigerausschusses bei Vorliegen einer Kopfmehrheit ohne weitere Voraussetzungen vorsieht, § 270b Abs. 4 Nr. 2 InsO. Eine Anwendung des § 272 InsO auf die vorläufige Eigenverwaltung, wonach das Insolvenzgericht die Eigenverwaltung aufhebt, wenn dies von der Gläubigerversammlung mit Summen- und Kopfmehrheit beantragt wird, § 272 Abs. 1 Nr. 1 InsO, oder wenn dies ein absonderungsberechtigter Gläubiger oder Insolvenzgläubiger beantragt, die Voraussetzungen für die Anordnung der Eigenverwaltung weggefallen sind und dem Antragsteller durch die Eigenverwaltung erhebliche Nachteile drohen, § 272 Abs. 1 Nr. 2 InsO, scheidet aufgrund des eindeutigen Wortlauts aus. § 272 InsO bezieht sich nämlich auf die angeordnete Eigenverwaltung, während § 270a InsO lediglich die Rechtsstellung des Schuldners im Eröffnungsverfahren regelt. Dabei ist die Eigenverwaltung jedoch noch nicht angeordnet.[285] Damit dürfte die vorläufige Eigenverwaltung im direkten Vergleich mit dem Schutzschirmverfahren für den Schuldner sogar den besseren Verfahrensweg für eine Sanierung darstellen und bietet, bezogen auf das Eröffnungsverfahren, auch einen Anreiz, sich in das Insolvenzverfahren zu begeben.[286]

Allerdings kommt die Eigenverwaltung nur bei komplizierten Unternehmensstrukturen, wenn es eines Rückgriffs auf das Wissen einer erfahrenen Mannschaft bedarf, in Frage.[287] Bei mittelständischen und kleinen Unternehmen ist dies jedoch nicht der Fall, so dass bei diesen die Anordnung der Eigenverwaltung nicht in Frage kommen dürfte. Scheidet bei mittelständischen und kleineren Unternehmen aber schon die Eigenverwaltung aus, ergibt das Schutzschirmverfahren erst recht keinen Sinn. Damit dürfte auch das Schutzschirmverfahren für diese Unternehmen ausgeschlossen sein.

Zudem stellt sich sowohl beim prepacked plan als auch im Rahmen des Schutzschirmverfahrens die Frage, warum sich denn der Schuldner, wenn er sich sowieso im Vorfeld mit den Hauptgläubigern abstimmen muss, in ein öffentliches Insolvenzverfahren begeben soll. Gäbe es hierzu Alternativen, z.B. ein vorinsolvenzliches Sanierungsverfahren, könnte sich der Schuldner dieses zu Nutze

285 So auch *Schelo*, ZIP 2012, 712, 715.
286 So auch *Schelo*, ZIP 2012, 712, 715.
287 So auch *Flöther*, ZIP 1833, 1841.

machen, ohne die negative Außendarstellung aufgrund des Insolvenzantrags in Kauf nehmen zu müssen. Der Gang ins Insolvenzverfahren stünde dann später immer noch zur Verfügung.

Das Entscheidende ist, dass eine geplante Insolvenz, sei es mittels prepacked plan oder im Schutzschirmverfahren, dem Schuldner zwar positive Anreize bietet, aber trotzdem die Möglichkeit der präventiven Unternehmenssanierung im Insolvenzverfahren zu wenig planbar ist und die Sanierung damit auf zu wackligen Beinen steht.

V. Zusammenfassende Bewertung der Sanierungschancen im Insolvenzverfahren

1. Chancen des Eigenantrags wegen drohender Zahlungsunfähigkeit

Der Antrag wegen drohender Zahlungsunfähigkeit bietet dem Unternehmen in der Krise die Möglichkeit, Vermögenswerte durch die frühe Antragstellung zu erhalten, indem zeitig im Insolvenzverfahren eine Zerschlagung durch Einzelzwangsvollstreckungen der Gläubiger verhindert wird und dadurch Sanierungschancen auf noch fruchtbaren Boden stehen.

Dazu kann das Gericht bereits im Eröffnungsverfahren nach § 21 Abs. 2 Nr. 3 InsO Maßnahmen der Zwangsvollstreckung untersagen bzw. einstweilen einstellen oder ein Verwertungs- oder Einziehungsverbot von Gegenständen anordnen, an denen ein Ab- oder Aussonderungerecht besteht, und damit die Nutzung der besicherten Betriebsmittel und Vermögensgegenstände im Rahmen zur Betriebsfortführung sichern.[288] Mit Verfahrenseröffnung hindern die §§ 87, 89 InsO die Gläubiger daran, in das Schuldnervermögen zu vollstrecken.[289] Weiterhin kann dem Unternehmen das Betriebsgrundstück durch einstweilige Einstellung der Zwangsvollstreckung erhalten werden, § 30d Abs. 1 Nr. 2, Abs. 4 ZVG.

Besonders aussichtsreich erscheint es für den Schuldner, wenn dieser selbst ein Sanierungskonzept beispielsweise in Form eines „prepackaged plan" vorlegen kann.[290] Sollte keine Planerstellung vor dem Antrag auf Eröffnung des Insolvenzverfahrens möglich sein, bietet sich für den Schuldner das sog. Schutzschirmverfahren nach § 270b InsO an, das frühzeitig die Eigenverwaltung mit der Möglichkeit einen

---

288 *Madaus*, Der Insolvenzplan, S. 47; *Sietz* in: Pape/Uhlenbruck/Voigt-Salus, Insolvenzrecht, Kapitel 17 Rn. 18.

289 So wohl auch *Vuia* in: Gottwald (Hrsg.), Insolvenzrechtshandbuch, § 4 Rn. 22; *Maus*, DStR 2002, 1059, 1062.

290 *Sietz* in: Pape/Uhlenbruck/Voigt-Salus, Insolvenzrecht, Kapitel 17 Rn. 18; *Gundlach* in: Gottwald (Hrsg.), Insolvenzrechtshandbuch, § 6 Rn. 17.

Insolvenzplan unter einem dreimonatigen Schutzschirm auszuarbeiten kombiniert. Dies signalisiert von Anfang an, dass der eingeschlagene Kurs in Richtung Sanierung geht und schafft mit Sicherheit ein positives Klima.[291] Dass allein der Vorschlag des Schuldners bei der Auswahl des vorläufigen Sachwalters maßgeblich ist, verstärkt den positiven Anreiz für das Verfahren.[292]

Auch im Rahmen des Schutzschirmverfahrens kann das Gericht von Amts wegen oder auf Antrag des Schuldners u.a. Maßnahmen der Zwangsvollstreckung gegen den Schuldner untersagen oder einstweilen einstellen, soweit nicht unbewegliche Gegenstände betroffen sind, § 21 Abs. 2 Nr. 3 InsO.

Wird im Insolvenzverfahren ein Insolvenzplan entworfen, so können Sanierungen mit Hilfe des Obstruktionsverbotes, § 245 InsO, auch gegen den Willen und Widerstand einzelner Akkordstörer durchgesetzt werden.[293]

Zusätzlich wollte der Gesetzgeber mit dem ESUG vor allem im Bereich der Eigenverwaltung wesentlich mehr Planungssicherheit für den Schuldner schaffen, um diesem einen Anreiz zu bieten, sich frühzeitig in das Insolvenzverfahren zu begeben.

Wie oben gesehen ist dies vordergründig auch geglückt, es müssen jedoch auch die Risiken der Sanierung im Insolvenzverfahren gesehen werden.

2. Risiken des Eigenantrags wegen drohender Zahlungsunfähigkeit[294]

Die vom Gesetzgeber beabsichtigte Planbarkeit ist zwar in einigen Teilen des Insolvenzverfahrens gegeben, betrifft aber nicht das gesamte Verfahren.

So sind sowohl sämtliche Verfügungsbeschränkungen im Eröffnungsverfahren als auch die Eröffnung des Insolvenzverfahrens selbst gemäß §§ 23 Abs. 1, 30 Abs. 1 InsO öffentlich bekannt zu machen. Diese Publizität wirkt sich jedoch negativ auf die bestehenden und zur Sanierung notwendigen Geschäftsbeziehungen des Unternehmens aus. Diese sog. indirekten Insolvenzkosten betragen in Deutschland ca. 10% des Marktwertes des Unternehmens.[295]

Zudem besteht für den Schuldner die Gefahr, dass er aufgrund der Einsetzung eines (vorläufigen) Insolvenzverwalters auf das Unternehmen gar keinen Einfluss

291 *Braun/Heinrich*, NZI 2011, 505, 512.

292 *Hirte*, ZInsO 2011, 401, 404.

293 *Sietz* in: Pape/Uhlenbruck/Voigt-Salus, Insolvenzrecht, Kapitel 17 Rn. 18; Gundlach in: Gottwald (Hrsg.), Insolvenzrechtshandbuch, § 6 Rn. 17.

294 So auch *Uhlenbruck* in: Karsten Schmidt/Uhlenbruck, Die GmbH in Krise, Sanierung und Insolvenz, S. 428 Rz. 5.49.

295 m. w. N. *Madaus*, Der Insolvenzplan, S. 49 Fn. 176.

mehr nehmen und auch nicht mehr absehen kann, wie sich das Verfahren entwickeln wird. Möglicherweise beurteilt der vorläufige Insolvenzverwalter aufgrund der Haftungsrisiken die Fortführungsprognose negativ und der Gläubigerversammlung bleibt in der Folge nichts anderes übrig, als die Liquidation des Unternehmens zu beschließen.

Das im Rahmen des ESUG eingeführte Schutzschirmverfahren ist für den Schuldner im Ergebnis jedoch auch zu fragil. Eine Aufhebung des Verfahrens auf Antrag des vorläufigen Gläubigerausschusses kann der Schuldner nur dann ausschließen, wenn er sich im Vorfeld mit den Gläubigern abstimmt, was jedoch wegen der dazu notwendigen Sanierungsberatung wiederum sehr kostspielig ist und damit für kleinere und mittelständische Unternehmen ausscheidet. Auch ergibt das Schutzschirmverfahren wohl schon keinen Sinn, wenn die Eigenverwaltung von vornherein ausscheidet. Diese kommt jedoch nur bei größeren Unternehmen mit komplexen Unternehmensstrukturen in Betracht, denn dann lohnt es sich, auf das Fachwissen einer erfahrenen Mannschaft zurückzugreifen. Zudem muss genügend Liquidität vorhanden sein, um die Nachweise nach § 270 Abs. 2 Nr. 2 InsO zu erbringen. Und selbst dann kann es sein, dass das Insolvenzgericht der Anordnung der Eigenverwaltung ablehnend gegenübersteht, weil die Gefahr bestehe, man mache damit „den Bock zum Gärtner".

Legt der Schuldner einen im Vorfeld der Antragstellung sorgfältig vorbereiteten „prepackaged plan" vor, kann es passieren, dass das Insolvenzverfahren eine Eigendynamik entwickelt und dann in eine ganz andere Richtung läuft, als es der Schuldner mit dem Eigenantrag beabsichtigte.[296] So kann sich die Gläubigerversammlung, etwa aufgrund neuer Unternehmenszahlen oder eines alternativen Plankonzepts, gemäß § 157 InsO im Berichtstermin dazu entschließen, das Unternehmen stillzulegen und zu liquidieren.[297] Das bedeutet, das Insolvenzverfahren ist in den entscheidenden Punkten für den Schuldner völlig unkalkulierbar.

Zusätzlich besteht für die Gesellschafter nun noch neben den Anfechtungsrisiken, dem insolvenzrechtlichen Nachrang von Forderungen oder der eigenkapitalersetzenden Nutzungsüberlassung die Gefahr, in der Insolvenz mittels dept-equity-swap ihre Gesellschaftsanteile zu verlieren.[298]

---

296 *Uhlenbruck* in: Karsten Schmidt/Uhlenbruck, Die GmbH in Krise, Sanierung und Insolvenz, S. 428 Rz. 5.51; *Vuia* in: Gottwald (Hrsg.), Insolvenzrechtshandbuch, § 4 Rn. 23.

297 *Uhlenbruck* in: Karsten Schmidt/Uhlenbruck, Die GmbH in Krise, Sanierung und Insolvenz, S. 428 Rz. 5.51; *Vuia* in: Gottwald (Hrsg.), Insolvenzrechtshandbuch, § 4 Rn. 23.

298 *Desch*, BB 2011, 841, 845; *Beissenhirtz*, ZInsO 2011, 57 f.

Und selbst, wenn ein Schuldner die Risiken der fehlenden Vorhersehbarkeit des Verfahrens akzeptiert und trotz des Stigmas der Insolvenz eine Sanierung im Insolvenzplanverfahren gelingt, läuft der Schuldner zusätzlich Gefahr Ermittlungen der Staatsanwaltschaft wegen nachlässiger Führung der Handelsbücher, § 283 Abs. 1 Nr. 5 StGB, unübersichtlicher oder verspäteter Bilanzaufstellung, § 283 Abs. 1 Nr. 7 StGB, oder wegen einer Verringerung seines Vermögensstandes unter grobem Verstoß gegen die Anforderungen einer ordnungsgemäßen Wirtschaft, § 283 Abs. 1 Nr. 8 StGB, ausgesetzt zu sein.[299]

3. Praktische Erfahrungen mit den Instrumenten der Insolvenzordnung zur präventiven Unternehmenssanierung

Wie oben gesehen, wurde vor Inkrafttreten des ESUG zwischen 1999–2007 nur in 9,6 ‰ (!) der Insolvenzverfahren eine Eigenverwaltung genehmigt.[300] Zudem wurden gemessen an den gesamten Unternehmensinsolvenzen nur 1 bis 2% der Unternehmen im Planverfahren saniert.[301]

Möglicherweise hat jedoch die jüngste Reform der Insolvenzordnung durch das ESUG wirklich einen Mentalitätswechsel und eine neue Insolvenzkultur eingeleitet.[302]

Wenngleich der Beobachtungszeitraum erst ein Jahr beträgt, kann ein Anstieg der Eigenverwaltungs- und Schutzschirmverfahren nachgewiesen werden.[303] Während die deutschen Insolvenzgerichte im Jahr 2011 lediglich 11 Anträge auf Eigenverwaltung verzeichneten, wurden im Zeitraum März–Oktober 2012 170 Anträge nach §§ 270a, 270b InsO gestellt, davon 82 Anträge für ein Verfahren unter dem Schutzschirm und 88 Anträge für ein Verfahren in Eigenverwaltung.[304] Von den beantragten Schutzschirmverfahren wurden 40% in Eigenverwaltung eröffnet, 22% wurden in die Regelinsolvenz überführt. In ca. 25% der 82 beantragten

---

299 *Sietz* in: Pape/Uhlenbruck/Voigt-Salus, Insolvenzrecht, Kapitel 17, Rn. 20; *Vuia* in: Gottwald (Hrsg.), Insolvenzrechtshandbuch, § 6 Rn. 17; *Karsten Schmidt* in: Karsten Schmidt/Uhlenbruck, Die GmbH in Krise, Sanierung und Insolvenz, S. 428 Rz. 5.52.

300 *Kranzusch*, ZInsO 2008, 1346 f.

301 Siehe Fn. 3.

302 So Pressemitteilung der Bundesjustizministerin zum Inkrafttreten des ESUG v. 29.02.2012, abrufbar unter http://www.bmj.de/SharedDocs/Pressemitteilungen/DE/2012/20120229_Verbesserte_Chancen_fuer_Unternehmenssanierungen.html

303 *Haarmeyer/Buchalik/Haase*, ZInsO 2012, 26, 27; *Buchalik/Haase*, ZInsO 2012, 1832, 1833.

304 *Haarmeyer/Buchalik/Haase*, ZInsO 2012, 26, 27.

Schutzschirmverfahren wurde ein Insolvenzplan vorgelegt und 17% der beantragten Verfahren wurden beendet.[305]

Interessant ist der Schluss, der aus diesen Ergebnissen gezogen wird. Einerseits wird dies dahingehend gewertet, dass das Ziel des Gesetzgebers, Unternehmen zu einer früheren Antragstellung zu bewegen, bereits erfüllt sei.[306] Demgegenüber waren bei einer Befragung von Gläubigern, Insolvenzverwaltern, Beratern, Richtern und Investoren nur knapp ein Drittel der Befragten der Meinung, dass durch das ESUG die Bereitschaft bei Unternehmen steigt, früher Insolvenz anzumelden.[307]

Weiterhin erscheint es problematisch, dass das Schutzschirmverfahren entweder die falschen Anreize bietet oder von Geschäftsführern bzw. Vorständen falsch verstanden wird. Oftmals ist den Vertretungsorganen nicht bewusst, dass die Zeit drängt und auch das Schutzschirmverfahren in ein Insolvenzverfahren mündet. Vielmehr sehen diese das Schutzschirmverfahren als Allheilmittel, verkennen aber, dass sich die Verfahrensart weder auf die betriebswirtschaftliche Leistungsfähigkeit noch auf die Bilanz auswirkt.[308]

4. Schlussfolgerung in Bezug auf die Notwendigkeit eines vorinsolvenzlichen Sanierungsgesetzes

Die vorliegende Untersuchung kommt zu dem Ergebnis, dass eine Sanierung im Insolvenzverfahren für den Schuldner nur schwer planbar ist. Selbst wenn diese gut vorbereitet ist, kann der Verfahrensverlauf an neuralgischen Punkten nicht vorhergesehen werden. Daher kann eine Sanierung wegen der Gläubigerautonomie nicht aktiv zielgerichtet betrieben werden. Hinzu kommt das Stigma der Insolvenz. Dieses sendet ein so fatales Signal an den Markt, dass es die Geschäftsführung um jeden Preis verhindert, sich in dieses Verfahren zu begeben. Daran können auch das ESUG mit seinen neu geschaffenen Sanierungsinstrumenten nichts ändern.

Ein Alternativverfahren steht derzeit jedoch nicht zur Verfügung. Gerade für Unternehmen die „schlicht" überschuldet sind und lediglich eine finanzwirtschaftliche Sanierung anstreben, steht kein alternativer Verfahrensweg offen, sondern diese müssen sich ebenso in das Insolvenzverfahren begeben und laufen Gefahr, dass ihnen die Reaktion des Marktes zum Verhängnis wird. Gerade für diesen Fall ist jedoch eine planbarere und diskretere Sanierungsmöglichkeit notwendig, die nicht von den negativen Nebenwirkungen des Insolvenzverfahrens begleitet wird.

---

305 *Haarmeyer/Buchalik/Haase*, ZInsO 2012, 26, 27.

306 *Haarmeyer/Buchalik/Haase*, ZInsO 2012, 26 f.

307 *Buchalik/Haase*, ZInsO 2012, 1832 f.

308 *Flöther*, ZIP 2012, 1832, 1839.

E. Effizienz und Hindernisse außergerichtlicher Sanierungen

Derzeit gibt es in Deutschland kein eigenständiges gesetzliches Insolvenzvermeidungsverfahren, das nicht an einen Insolvenzgrund anknüpft.[309] Vorherrschend ist vielmehr die „freie" außergerichtliche Sanierung. Einzige Ausnahme bilden die vorinsolvenzlichen Sanierungsverfahren des Gesetzes zur Reorganisation von Kreditinstituten (KredReorgG)[310] und des Schuldverschreibungsgesetzes[311]. Im Hinblick auf die vorliegende Untersuchung muss dies jedoch nicht nachteilig sein, sofern die außergerichtliche Sanierung die Defizite des Insolvenzverfahrens zu kompensieren vermag.

I. Begriffliches

Im Rahmen der freien Sanierung unterscheidet man gewöhnlich zwischen interner und externer Sanierung.[312] Die interne Sanierung bezeichnet eine Sanierung aus eigener Kraft ohne Einbeziehung außenstehender Beteiligter. Bei der externen Sanierung werden demgegenüber Außenstehende, meist Gläubiger, in den Sanierungsprozess einbezogen, so dass es sich um eine Sanierung mit fremder Hilfe handelt.[313] Im Folgenden soll es ausschließlich um die externe Sanierung gehen.

---

309 So auch *Medla*, Präventive Unternehmenssanierung im deutschen und im französischen Recht, S. 304.

310 Gesetz zur Reorganisation von Kreditinstituten (Kreditinstitute-Reorganisationsgesetz - KredReorgG) vom 9. Dezember 2010, BGBl. I S. 1900, siehe dazu unten E. IV. 2.

311 In Kraft getreten am 05.08.2009 als Art. 1 des Gesetzes zur Neuregelung der Rechtsverhältnisse bei Schuldverschreibungen aus Gesamtemissionen und zur verbesserten Durchsetzbarkeit von Ansprüchen von Anlegern aus Falschberatung, BGBl I, 2512, siehe dazu unten E. IV. 1.

312 *Uhlenbruck*, BB 2001, 1641, 1643; *ders.* in: Knops/Bamberger/Maier-Reimer, Recht der Sanierungsfinanzierung, § 5 Rz. 2.

313 *Uhlenbruck*, BB 2001, 1641, 1643; *ders.* in: Knops/Bamberger/Maier-Reimer, Recht der Sanierungsfinanzierung, § 5 Rz. 2.

II. Effizienz bzw. Vorteile der außergerichtlichen Sanierung

Freien außergerichtlichen Sanierungen werden folgende Vorteile zugeschrieben, wobei als Maßstab die Sanierung in einem Insolvenzverfahren herangezogen wird:[314]

1. Kostenvorteile

Ein Insolvenzverfahren ist typischerweise mit hohen Kosten verbunden. Dies sind zum einen direkte Insolvenzkosten, d.h. Kosten, die die Verfahrensabwicklung betreffen, und zum anderen indirekte Insolvenzkosten, d.h. Reaktionen des Marktes auf den Insolvenzantrag, wie beispielsweise das Fälligstellen von Verbindlichkeiten und die Kündigung von Verträgen oder Schwierigkeiten Verträge zu üblichen Bedingungen abzuschließen.[315]

Diese Kosten entstehen bei einer außergerichtlichen Sanierung in dieser Form nicht.[316] Grundsätzlich fallen keine Verfahrenskosten, wie Gerichtskosten oder die Vergütung des Insolvenzverwalters oder der Mitglieder des Gläubigerausschusses an.[317] Zugegebenermaßen entstehen auch bei der außergerichtlichen Sanierung Kosten für die Sanierungsberatung oder Gutachten, so dass der Kostenvorteil bezüglich der direkten Kosten eher gering ausfallen dürfte.[318] Aber außergerichtliche Sanierungen können lautloser ablaufen, so dass die negative Publizitätswirkung des Insolvenzverfahrens ausbleibt und somit keine indirekten Insolvenzkosten anfallen.[319] Das sog. Stigma der Insolvenz sendet ein fatales Signal an den Markt, das Verunsicherung und Misstrauen bei potentiellen Kunden und Lieferanten auslöst. So wenden sich Kunden, die um eine Nichterfüllung ihrer Garantieansprüche fürchten, anderen Anbietern zu. Fachkräfte suchen sich

---

314 *Drukarzyk/Schöntag* in: Gottwald (Hrsg.), Insolvenzrechtshandbuch, § 3 Rn. 1.

315 *Eidenmüller*, Unternehmenssanierung zwischen Markt und Gesetz, S. 331; *Drukarzyk/Schöntag* in: Gottwald (Hrsg.), Insolvenzrechtshandbuch, § 3 Rn. 1; *Uhlenbruck* in: Karsten Schmidt/Uhlenbruck, Die GmbH in Krise, Sanierung und Insolvenz, S. 143 Rz. 2.1; *ders*, BB 2001, 1641, 1643 f.; *ders* in: Knops/Bamberger/Maier-Reimer, Recht der Sanierungsfinanzierung, § 5 Rz. 11 ff; *Medla*, Präventive Unternehmenssanierung im französischen und deutschen Insolvenzrecht, S. 307.

316 *Maus*, DStR 2002, 1059, 1062.

317 *Medla*, Präventive Unternehmenssanierung im französischen und deutschen Insolvenzrecht, S. 307.

318 *Madaus*, Der Insolvenzplan, S. 38.

319 *Drukarzyk/Schöntag* in: Gottwald (Hrsg.), Insolvenzrechtshandbuch, § 3 Rn. 1; *Bornheimer* in: Nerlich/Kreplin, MAH Sanierung und Insolvenz, § 7 Rn. 21.

einen anderen Arbeitgeber. Lieferanten machen die Weiterbelieferung von Barzahlungen abhängig und Banken kündigen ihre Kreditlinien auf.[320]

Gerade diese indirekten Kosten können zu einem erheblichen Wertverlust des Unternehmens führen.

Wenn es gelingt, nur die entscheidenden Gläubiger in den Sanierungsprozess einzubinden und die Sanierungsmaßnahmen ansonsten so weit wie möglich außerhalb der Öffentlichkeit ablaufen zu lassen, können diese indirekten Insolvenzkosten vermieden werden.[321]

2. Flexibilität des Verfahrens

Neben den geringeren Kosten wird ein weiterer Vorteil in der Flexibilität des Verfahrens gesehen. Dies meint zum einen, dass ein gerichtliches Verfahren durch die formellen Anforderungen und den Verfahrensablauf meist relativ starr ist. Dieses Regelungsgefüge schafft zwar einerseits für alle Beteiligten Rechtssicherheit und Transparenz, jedoch geht dies zu Lasten der Schnelligkeit und Anpassungsfähigkeit der Sanierungsmaßnahmen an die jeweiligen Besonderheiten des Falles oder die Marktpositionierung des Unternehmens. Gerade starre Stellungnahme- oder Ladefristen können in diesem Zusammenhang eher hinderlich sein.[322] Zudem kann es auch angezeigt sein, die verschiedenen Gläubiger unterschiedlich zu behandeln. Im Insolvenzverfahren ist dies, mit Ausnahme des § 226 Abs. 2 InsO, grundsätzlich nicht möglich, wohingegen im außergerichtlichen Sanierungsverfahren aufgrund der Privatautonomie eine offene Ungleichbehandlung unter strengen Voraussetzungen möglich ist.[323]

---

320 So auch *Madaus*, Der Insolvenzplan, S. 38.

321 *Madaus*, Der Insolvenzplan, S. 38; *Uhlenbruck* in: Knops/Bamberger/Maier-Reimer (Hrsg.), Recht der Sanierungsfinanzierung, § 5 Rn. 12.

322 *Eidenmüller*, Unternehmenssanierung zwischen Markt und Gesetz, S. 338; *Uhlenbruck* in: Karsten Schmidt/Uhlenbruck, Die GmbH in Krise, Sanierung und Insolvenz, S. 143, Rz. 2.1; *ders*, BB 2001, 1641, 1643 f.; *ders* in: Knops/Bamberger/Maier-Reimer, Recht der Sanierungsfinanzierung, § 5 Rz. 11 ff.; *Bornheimer* in: Nerlich/Kreplin, MAH Sanierung und Insolvenz, § 7 Rn. 22; *Madaus*, Der Insolvenzplan, S. 38; *Medla*, Präventive Unternehmenssanierung im französischen und deutschen Insolvenzrecht, S. 306.

323 allerdings gilt auch bei außergerichtlichen Sanierungen der sog. modifizierte Grundsatz der Gläubigergleichbehandlung, das heißt eine verdeckte Bevorzugung einzelner Gläubiger ist unzulässig. Vgl. hierzu *Madaus*, Der Insolvenzplan, S. 38 f.; *Picot/Aleth*, Unternehmenskrise und Insolvenz, S. 167 f. Rn. 512; *Uhlenbruck* in: K. Schmidt/Uhlenbruck (Hrsg.), Die GmbH in Krise, Sanierung und Insolvenz, 3. Auflage 2003,

Des Weiteren ist im Insolvenzverfahren das Schicksal des Unternehmens sehr stark mit der Person des Insolvenzverwalters verknüpft. Legt dieser im Eröffnungsverfahren nicht bereits den Grundstein für eine Sanierung, kann das Unternehmen später nur sehr schwer, wenn überhaupt noch gerettet werden.

Im Rahmen von außergerichtlichen Verfahren kann dagegen auf all diese neuralgischen Punkte flexibel reagiert werden. Grundsätzlich ist gar keine externe Person notwendig. Sollte doch ein Sanierungsberater herangezogen werden, kann dieser zunächst frei gewählt werden und in jedem Zeitpunkt ein- und ausgewechselt werden. Auch was die Sanierungsinstrumente betrifft ist es möglich, sehr effiziente Lösungen zu erarbeiten, indem der Ablauf und die zu ergreifenden Maßnahmen mit den Beteiligten genau abgestimmt werden.[324]

3. Größere Akzeptanz

Zudem sind außergerichtliche Sanierungen immer privatautonome Sanierungen. Das Ergebnis, das gefunden wird, wird den Beteiligten nicht aufgedrängt, sondern beruht auf den gemeinsam erarbeiteten und gefundenen Lösungen der Beteiligten. Das wesentliche Rechtsinstrument ist daher der Vertrag. Zwischen den Vertragsparteien entwickelt sich immer ein konsensuales Ergebnis. Wer dieses nicht mittragen möchte, wird nicht dazu gezwungen.

Mit der privatautonomen Erarbeitung und Ausgestaltung einer Lösung, geht es einher, dass die Beteiligten sich und ihr Fachwissen aktiv in einem außergerichtlichen Verfahren einbringen. Sie fühlen sich nicht bevormundet. Dies führt im Ergebnis unter den Beteiligten zu einer großen Akzeptanz der gefundenen Lösung und schafft damit die notwendigen Voraussetzungen für eine erfolgreiche und nachhaltige Sanierung.[325]

Als Nebeneffekt ergibt sich daraus auch eine Planungssicherheit für die Beteiligten und eine Kontinuität hinsichtlich der Unternehmensleitung.[326] Es besteht kein Bedürfnis, einen einmal gemeinsam gefundenen externen Sanierungsberater

---

Rn. 437 ff.; *ders* in: Knops/Bamberger/Maier-Reimer, Recht der Sanierungsfinanzierung, § 5 Rz. 20.

324 *Maus*, DStR 2002, 1059, 1062.

325 *Eidenmüller*, Unternehmenssanierung zwischen Markt und Gesetz, S. 341; *Medla*, Präventive Unternehmenssanierung im französischen und deutschen Insolvenzrecht, S. 305.

326 *Uhlenbruck* in: Karsten Schmidt/Uhlenbruck, Die GmbH in Krise, Sanierung und Insolvenz, S. 143 Rz. 2.1; *ders.*, BB 2001, 1641, 1643f.; *ders.* in: Knops/Bamberger/Maier-Reimer, Recht der Sanierungsfinanzierung, § 5 Rz. 11; *Medla*, Präventive Unternehmenssanierung im französischen und deutschen Insolvenzrecht, S. 305.

abzusetzen, und der Schuldner läuft nicht Gefahr, dass das Verfahren, wie beispielsweise im Schutzschirmverfahren nach § 270b InsO, aufgehoben wird.[327]

4. Vorteile für die Gläubiger

Aber nicht nur für den Schuldner bietet die außergerichtliche Sanierung beträchtliche Vorteile. Auch für die Gläubiger ist es von Vorteil, dass die außergerichtliche Sanierung meist schneller und effizienter abläuft als ein Insolvenzverfahren. Dadurch ist die außergerichtliche Sanierung kostengünstiger und für die Gläubiger ergeben sich letztlich höhere Befriedigungsquoten.[328] Zudem stellen sich nicht die Probleme der Insolvenzanfechtung und der Rückschlagsperre, wenn die Sanierung gelingt. Während das Insolvenzverfahren, mit Ausnahme der Eigenverwaltung, unter dem Einfluss des Insolvenzverwalters steht, können gerade Großgläubiger in außergerichtlichen Sanierungsverfahren den Verfahrensablauf maßgeblich beeinflussen und damit liegt die Steuerung des Verfahrens auch mit in ihren Händen.[329]

Allerdings hat eine außergerichtliche Sanierung auch beträchtliche Nachteile. Gerade einige der aufgeführten Vorteile können sozusagen Fluch und Segen gleichzeitig sein.

III. Hindernisse der außergerichtlichen Sanierung

1. Das Einstimmigkeitserfordernis

Das wahrscheinlich größte Problem an freien Sanierungen ist, dass nach dem derzeitigen Rechtsrahmen außergerichtliche Sanierungen immer nur als Konsens-Sanierungen möglich sind.

Der BGH hat in seiner sog. „Akkordstörer-Entscheidung“[330] festgestellt: „Nach geltendem Recht entfaltet ein außergerichtlicher Sanierungsvergleich eine

---

327 *Uhlenbruck* in: Karsten Schmidt/Uhlenbruck, Die GmbH in Krise, Sanierung und Insolvenz, S. 143 Rz. 2.1; *ders.*, BB 2001, 1641, 1643f.; *ders.* in: Knops/Bamberger/Maier-Reimer, Recht der Sanierungsfinanzierung, § 5 Rz. 11.

328 *Uhlenbruck* in: Karsten Schmidt/Uhlenbruck, Die GmbH in Krise, Sanierung und Insolvenz, S. 143 Rz. 2.1; *ders.*, BB 2001, 1641, 1643f.; *ders.* in: Knops/Bamberger/Maier-Reimer, Recht der Sanierungsfinanzierung, § 5 Rz. 11 ff.

329 *Uhlenbruck* in: Karsten Schmidt/Uhlenbruck, Die GmbH in Krise, Sanierung und Insolvenz, S. 143, Rz. 2.1; *ders.*, BB 2001, 1641, 1643f.; *ders.* in: Knops/Bamberger/Maier-Reimer, Recht der Sanierungsfinanzierung, § 5 Rz. 11 ff.

330 BGH IX ZR 178/91; BGHZ 116, 319; BGH NJW 1992, 967 ff.; so auch *Bamberger* in: Knops/Bamberger/Maier-Reimer (Hrsg.), Recht der Sanierungsfinanzierung, § 16 Rz. 32; *Westpfahl*, ZGR 2010, 385, 395; *Eidenmüller*, Finanzkrise, Wirtschaftskrise

Bindungswirkung nur für diejenigen Gläubiger, die ihn geschlossen haben. Sogenannte Akkordstörer sind grundsätzlich auch dann nicht gehindert, ihre Ansprüche gegen den Schuldner uneingeschränkt durchzusetzen, wenn eine ganz überwiegende Mehrheit der Gläubiger einen derartigen Vergleich befürwortet." Im Klartext: Es besteht keine Möglichkeit eine Minderheit durch Mehrheitsbeschlüsse zu binden; soll ein Sanierungskonzept gelingen, müssen entweder alle Gläubiger mit gewichtigen Forderungen dem Sanierungskonzept zustimmen oder ausbezahlt werden.[331]

Hintergrund dieser Rechtsprechung ist das Recht eines Gläubigers einem Sanierungsvorhaben nicht zuzustimmen, das wiederum auf dem in Art. 2 Abs. 1 GG verfassungsrechtlich geschützten Grundsatz der Privatautonomie beruht. Die Privatautonomie als zivilrechtliche Entsprechung der allgemeinen Handlungsfreiheit garantiert dem Einzelnen als „homo oeconomicus" seine Rechtsverhältnisse nach seinem Willen selbst und eigenverantwortlich zu gestalten. Während diese einerseits die Flexibilität des Verfahrens ausmacht, kann sie sich hier als Sanierungshindernis auswirken, denn diese Möglichkeit lädt sog. Trittbrettfahrer dazu ein, eigene Sanierungsbeiträge wie Zahlungen oder Stundungen zu verweigern und die Zustimmung zum jeweiligen Reorganisationsvorhaben von Sondervorteilen im Vergleich zu den übrigen Gläubigern abhängig zu machen.[332] Damit kann ein ganzes Sanierungsvorhaben scheitern, wenn nicht die Zustimmung sämtlicher Gläubiger zu erreichen ist.

2. Verfahrenshindernisse

Ein Nachteil außergerichtlicher Sanierungen sind die verschiedenen, diametral auseinanderliegenden Motivationen und Interessen des Schuldners und der Gläubiger.[333] So fehlt es in Deutschland immer noch an einer Vergleichskultur, die sich durch eine Kooperation aller Beteiligten im Hinblick auf das Verfahrensziel, die Minimierung der möglichen Verluste, auszeichnet.[334] Stattdessen erschwert

und das deutsche Insolvenzrecht, S. 23 f.; *ders.*, Unternehmenssanierung zwischen Markt und Gesetz, S. 345; *Uhlenbruck* in: Knops/Bamberger/Maier-Reimer (Hrsg.), Recht der Sanierungsfinanzierung, § 5 Rz. 17 ff.; *Madaus*, Der Insolvenzplan, S. 38 f.

331 So auch *Drukarzyk/Schöntag* in: Gottwald (Hrsg.), Insolvenzrechtshandbuch, § 3 Rn. 3; *Westpfahl*, ZGR 2010, 385, 395 f.; *Bornheimer* in: Nerlich/Kreplin, MAH Sanierung und Insolvenz, § 7 Rn. 22.

332 So auch *Eidenmüller*, Unternehmenssanierung zwischen Markt und Gesetz, S. 346 f.

333 *Eidenmüller*, Unternehmenssanierung zwischen Markt und Gesetz, S. 19 ff., 356 ff.; so auch *Hölzle*, NZI 2010, 207 f.

334 *Eidenmüller*, Unternehmenssanierung zwischen Markt und Gesetz, S. 363.

oftmals das strategische Verhalten der Beteiligten außergerichtliche Sanierungen. Jeder der Beteiligten möchte seine eigenen Verluste möglichst gering halten und den Gewinn, der durch die Fortführung des Unternehmens im Vergleich zu dessen Liquidation entsteht, maximieren. Dies kann natürlich die Verhandlungen über die einzelnen Sanierungsbeiträge beträchtlich erschweren oder gänzlich scheitern lassen.[335]

Zudem kommt es häufig zu dem Phänomen der sog. reaktiven Abwertung und zu Akzeptanzproblemen bezüglich der Verfahrensergebnisse.[336] Darunter versteht man, dass ein Vorschlag, je nachdem, ob er von einem neutralen Dritten oder von dem Verhandlungspartner unterbreitet wird, jeweils anders bewertet wird.[337] Hierbei wirkt sich das fehlende Regelungsgefüge des außergerichtlichen Verfahrens negativ auf Bereitschaft der Beteiligten, das Verhandlungsergebnis anzunehmen, aus. Die fehlende Transparenz im Vergleich zu einem gerichtlichen Verfahren löst bei den Gläubigern Unbehagen aus und es entsteht der Eindruck es gäbe unter den Beteiligten Informationsunterschiede.[338] So kann möglichweise bei den Beteiligten die Sensibilität für die wirklich notwendigen Verzichte fehlen und es entsteht der Eindruck, der Schuldner wolle sich auf Kosten der Gläubiger sanieren.[339] Unter Umständen kann dieses Klima des Misstrauens dann ein Restrukturierungsvorhaben scheitern lassen.[340]

Dazu wird manchem Gläubiger erst durch die Sanierungsverhandlungen die schwierige finanzielle Situation des Unternehmens bewusst. Gerade für gesicherte Gläubiger besteht jedoch keinerlei Anreiz für kooperierendes Verhalten, denn diese sind nicht gehindert ihre Sicherungen zu verwerten. Oftmals beginnen diese mit der Sicherheitenverwertung, z.B. der Zwangsversteigerung des Firmengrundstücks und torpedieren dadurch die Grundlage für eine Fortführung des Unternehmens.

Auch das Verhalten der Kreditinstitute erweist sich für Unternehmen in der Krise als problematisch. In der Regel stellen diese ihre Kredite fällig und verweigern zusätzlich einen Kreditrahmen für den in der Krise vorhandenen Liquiditätsbedarf

---

335 *Eidenmüller*, Unternehmenssanierung zwischen Markt und Gesetz, S. 357.

336 *Eidenmüller*, Unternehmenssanierung zwischen Markt und Gesetz, S. 361; *Westpfahl*, ZGR 2010, 385, 395.

337 *Eidenmüller*, Unternehmenssanierung zwischen Markt und Gesetz, S. 361.

338 *Eidenmüller*, Unternehmenssanierung zwischen Markt und Gesetz, S. 362.

339 *Eidenmüller*, Unternehmenssanierung zwischen Markt und Gesetz, S. 362; so auch *Hölzle*, NZI 2010, 207f.

340 *Eidenmüller*, Unternehmenssanierung zwischen Markt und Gesetz, S. 363.

zur Prüfung der Sanierungstauglichkeit und Vorbereitung eines Sanierungsvorschlages.[341]

Diesen Verhaltensweisen, die die Erfolgsaussichten einer Sanierung schnell zu Fall bringen können, ist im Grunde nur durch einen Verwertungsstopp zu begegnen. Allerdings bedarf dieser, damit er verbindlich werden würde, der Zustimmung sämtlicher Gläubiger. Dies gelingt aber oftmals nicht, weil von Gläubigerseite daran gar kein Interesse besteht, wenn die Unternehmensfortführung im Vergleich zur schnellen Anspruchsbefriedigung keinerlei Vorteile bietet.[342]

Es gibt zwar Ansätze in der Literatur, die Stillhaltepflichten aus ergänzender Vertragsauslegung bzw. dem Grundsatz von Treu und Glauben herleiten wollen[343], jedoch sind die Voraussetzungen dieser Stillhaltepflichten noch nicht hinreichend geklärt, so dass sich diesbezüglich keine Rechtssicherheit ergibt.[344]

3. Insolvenzantragspflicht gemäß § 15a InsO

Ein weiteres großes Problem außergerichtlicher Sanierungen ist das relativ kleine Zeitfenster, das den organschaftlichen Vertretern bleibt. Vor der materiellen Insolvenz bestehen keine Pflichten, beispielsweise aufgrund der allgemeinen Geschäftsleiterpflichten der §§ 43 GmbHG, 93 AktG, zu einem früheren Zeitpunkt außergerichtliche Sanierungsbemühungen einzuleiten. Zwar besteht gemäß § 49 Abs. 3 GmbHG die Pflicht des Geschäftsführers, bei Verlust der Hälfte des Stammkapitals die Gesellschafterversammlung einzuberufen, jedoch sind Sanierungsentscheidungen von den Gesellschaftern zu treffen. Zudem ist eine etwaige Haftung des Geschäftsführers wegen Sanierungsverschleppung eine reine Binnenhaftung und keine Haftung gegenüber den Gläubigern.[345] In der Praxis werden Sanierungsbemühungen und Verhandlungen oftmals erst bei Vorliegen eines zwingenden Insolvenzgrundes aufgenommen, wobei dann jedoch häufig die weiterlaufende Frist des § 15a InsO übersehen wird.[346]

---

341 *Madaus*, Der Insolvenzplan, S. 41.

342 *Bork* in: FS Hopt, 1629, 1630.

343 So etwa *Eidenmüller*, Unternehmenssanierung zwischen Markt und Gesetz, S. 731 ff., 760 ff., 862 ff., 886 ff.; *Canaris*, ZHR 143 (1979) 113, 133; *Bamberger* in: Knops/Bamberger/Maier-Reimer (Hrsg.), Handbuch der Sanierungsfinanzierung, § 16 Rz. 74 ff.

344 *Bork* in: FS Hopt, S. 1629, Fn. 2; ablehnend ggü. Stillhaltepflichten aus Treu und Glauben auch *Madaus*, Der Insolvenzplan, S. 41, 42.

345 *Veil*, ZGR 2006, 374, 375, 379, 380.

346 *Eidenmüller*, Finanzkrise, Wirtschaftskrise und das deutsche Insolvenzrecht, S. 22; *Westpfahl*, ZGR 2010, 385, 399; *Uhlenbruck* in: Karsten Schmidt/Uhlenbruck, Die

Diese stellt eine Höchstfrist dar. Sollte schon vor Ablauf der Frist absehbar sein, dass eine fristgerechte Sanierung nicht erfolgen kann, so ist schon vor Ablauf der drei Wochen Insolvenzantrag zu stellen.[347] Möglicherweise lässt sich dann zwar eine etwaige Zahlungsunfähigkeit innerhalb der Frist beseitigen, jedoch nicht eine Überschuldung.[348]

In der Folge werden Stillhalteabkommen oder Rangrücktrittsvereinbarungen unter großem Zeitdruck hektisch abgeschlossen oder die organschaftlichen Vertreter gehen das Risiko ein, sich der Insolvenzverschleppung strafbar zu machen, um einen erhofften Sanierungsvergleich zu schließen.[349]

Insgesamt werden Sanierungsbemühungen zu spät eingeleitet und dann steht ein zu kleines Zeitfenster zur Verfügung.[350]

4. Straf-, haftungs- und anfechtungsrechtliche Risiken

Neben den oben aufgeführten Nachteilen bestehen im Rahmen der außergerichtlichen Sanierung zusätzlich sowohl straf-, haftungs- und anfechtungsrechtliche Risiken. Diese ergeben sich einerseits für die organschaftlichen Vertreter des krisenbetroffenen Unternehmens, aber auch für den Sanierungsberater und für die Kreditinstitute des zu sanierenden Unternehmens.

a) Strafrechtliche Risiken

aa) Strafrechtliche Risiken der organschaftlichen Vertreter

In der Krise des Unternehmens und im Vorfeld der Insolvenz sind die organschaftlichen Vertreter eines Unternehmens und ihre Sanierungsberater oft strafrechtlichen Risiken ausgesetzt. Die Sanierungsbemühungen stellen meist eine Gratwanderung zwischen unternehmerischen Entscheidungen und den strafbaren Bankrottdelikten der §§ 283–283d StGB dar, zumal die Vorschriften Bestimmungen für zahlreiche Verhaltensweisen in der Krise eines Unternehmens enthalten.[351] Zudem dehnen die Bankrottdelikte in manchen Vorschriften,

---

GmbH in Krise, Sanierung und Insolvenz, S. 143, Rz. 2.2; *ders.*, BB 2001, 1641, 1644; *Bornheimer* in: Nerlich/Kreplin, MAH Sanierung und Insolvenz, § 7 Rn. 19.

347 Vgl. insoweit den Wortlaut „ohne schuldhaftes Zögern“, *Uhlenbruck*, BB 2001, 1641, 1645.

348 *Eidenmüller*, Finanzkrise, Wirtschaftskrise und das deutsche Insolvenzrecht, S. 22.

349 *Westpfahl*, ZGR 2010, 385, 399.

350 *Eidenmüller*, Finanzkrise, Wirtschaftskrise und das deutsche Insolvenzrecht, S. 22.

351 *Picot/Aleth* in: Picot, Unternehmenskauf und Restrukturierung, VIII, S. 1206 Rn. 130; *Frege*, NZI 2006, 545, 548.

etwa § 283 Abs. 1 InsO, die Krise des Unternehmens auf die drohende Zahlungsunfähigkeit aus.[352]

Dadurch wird sich der Schuldner frühzeitig sehr genau überlegen müssen, ob er sich nicht freiwillig im Rahmen des Insolvenzverfahrens sanieren will und auf eine außergerichtliche Sanierung verzichtet.[353] Dies hat dann wiederum den Preis, dass er sich im Insolvenzverfahren nicht sicher sein kann, ob die Gläubigerversammlung einer Sanierung des Unternehmens positiv gegenübersteht.

Nicht im StGB geregelt und trotzdem strafbewehrt ist die Insolvenzverschleppung gemäß § 15a Abs. 4 InsO. Oftmals wird von den zuständigen Staatsanwaltschaften auch pauschal wegen Eingehungsbetruges gem. § 263 StGB ermittelt, weil das Schuldnerunternehmen bei Lieferanten Bestellungen aufgegeben haben, obwohl sie nicht sicher sein konnten, dass sie später in der Lage sein würden, die Lieferung bei Fälligkeit zu begleichen.[354] Man kann sich an dieser Stelle fragen, welches Unternehmen in der Krise überhaupt zu 100% sicher sein kann, jede Verbindlichkeit später erfüllen zu können. Auf der einen Seite soll das Unternehmen saniert werden, wozu die Aufrechterhaltung des Geschäftsbetriebes notwendig ist, andererseits drohen Ermittlungen seitens der Staatsanwaltschaft. Dass damit kein sanierungsfreundliches Klima geschaffen wird dürfte einleuchten.

bb) Strafrechtliche Risiken der Sanierungsberatung

Neben den organschaftlichen Vertretern sind aber auch die beratenden Berufe von strafrechtlichen Risiken betroffen. Letztlich kommt auch hier das ganze Spektrum der Bankrottdelikte in Frage, wenngleich sich Sanierungsberater weniger als Täter, sondern eher der psychischen Beihilfe zu den Bankrottdelikten strafbar machen.[355] Der BGH grenzt den Beihilfevorsatz eines Sanierungsberaters von allgemeinen berufstypischen Handlungen dadurch ab, dass darauf abstellt, ob die Handlung des Haupttäters darauf abzielt, eine strafbare Handlung zu begehen und der Hilfeleistende dies weiß.[356] Weiß der Berater dagegen nicht, wie seine Informationen verwendet werden und hält er es lediglich für möglich, dass seine Hilfe zur Begehung einer Straftat dient, liegt noch keine strafbare

352 *Gundlach* in: Gottwald (Hrsg.), Insolvenzrechtshandbuch, § 7 Rn. 51.
353 So auch *Gundlach* in: Gottwald (Hrsg.), Insolvenzrechtshandbuch, § 7 Rn. 51.
354 So auch *Gundlach* in: Gottwald (Hrsg.), Insolvenzrechtshandbuch, § 7 Rn. 49.
355 *Uhlenbruck* in: Karsten Schmidt/Uhlenbruck, Die GmbH in Krise, Sanierung und Insolvenz, S. 1009; *Ehlers*, NZI 2008, 211, 216; *Smid*, WM 2007, 1589, 1595.
356 *Ehlers*, NZI 2008, 211, 216; *Frege*, NZI 2006, 545, 551 mit Hinweis auf die Rechtsprechung des BGH.

Beihilfe vor.[357] Gefährlich wird es für den Berater in diesem Zusammenhang, wenn die Ansprüche der Gläubiger ausgeglichen werden sollen und keine gleichen Quoten zu erreichen sind, denn hier droht die Beihilfe zur Gläubigerbegünstigung gemäß § 283c StGB.[358]

Zusätzlich müssen auch die Haftungsrisiken gemäß § 830 BGB, die mit der Strafbarkeit einhergehen, bedacht werden.[359]

cc) Strafrechtliche Risiken der finanzierenden Kreditinstitute

In der akuten Krise des Unternehmens steigt oftmals der Liquiditätsbedarf des zu sanierenden Unternehmens. Meist kann dieser nur über einen Sanierungskredit, d.h. durch die Bereitstellung weiterer Mittel, die das Unternehmen vor dem Zusammenbruch bewahren sollen, gedeckt werden.[360] Problematisch daran ist, dass sich das Kreditinstitut der Insolvenzverschleppung strafbar machen kann und in der Folge den Gläubigern aus § 826 BGB haftet und Ansprüchen des Insolvenzverwalters auf Rückgewähr der in diesem Zusammenhang gestellten Sicherheiten ausgesetzt ist.[361]

Kern des Problems um die Strafbarkeit wegen Insolvenzverschleppung ist die Frage, ob der Sanierungskredit dazu dient dem angeschlagenen Unternehmen wieder auf die Beine zu helfen oder von der Überlegung getragen wird, durch die Gewährung Zeit zu gewinnen und so noch Altkredite zurückführen zu können, wenngleich die Täuschung Dritter über die mangelnde Liquidität des Schuldners damit billigend in Kauf genommen wird.[362] Es geht um die Frage, ob die Gewährung eigennützig[363] oder uneigennützig ist. Die Brisanz dieser Problematik zeigt sich, wenn man weiß, dass in der Praxis in den meisten Fällen die Befürchtung im Vordergrund steht, dass ohne weitere Mittel die früher gewährten Kredite ausfallgefährdet sind.[364] Dies ist in jedem Fall eigennützig.[365]

---

357 *Frege*, NZI 2006, 545, 551.

358 *Frege*, NZI 2006, 545, 552.

359 *Ehlers*, NZI 2008, 211, 216.

360 *Theewen*, BKR 2003, 141, 143; anders *Eidenmüller*, Unternehmenssanierung zwischen Markt und Gesetz, S. 371, 376, der nach dem Zweck des Kredits und dem Zeitpunkt der Gewährung des Kredits zwischen Überbrückungs- und Sanierungskredit unterscheidet.

361 *Theewen*, BKR 2003, 141, 144.

362 *Theewen*, BKR 2003, 141, 144.

363 zur Eigennützigkeit RGZ 136, 247, 253; BGHZ 10, 228 ff.

364 *Theewen*, BKR 2003, 141, 144.

365 *Theewen*, BKR 2003, 141, 143.

Die Intention der Rechtsprechung zu diesem Problemkreis ist nachvollziehbar: Es geht darum, die Vorspiegelung einer Bonität zu sanktionieren, die ausschließlich zu dem Zweck erfolgt ist, über die Leistungen von Geschäftspartnern des Unternehmens, die im Vertrauen auf die (vorgespiegelte) Bonität die Geschäftsverbindung aufrecht erhalten haben, die Tilgung von Altkrediten vorzunehmen.[366] Des Weiteren wird durch die 100% Besicherung die Haftungsmasse der übrigen Gläubiger beschränkt.[367]

Allerdings kann eine Besicherung von Krediten, die in der Krise ausgegeben werden, nicht deshalb als eigennützig qualifiziert werden, weil die vorherigen Kredite unbesichert gewährt wurden.[368] Es erscheint nicht sachgerecht, pauschal von der Besicherung auf das Inkaufnehmen von Nachteilen für die übrigen Gläubiger zu schließen. Zumindest wenn sich der Sicherungszweck auf den Neukredit beschränkt und nicht auf die Altkredite ausgedehnt wird, kann die Besicherung nicht als Gläubigerbenachteiligung gewertet werden, denn unterm Strich gewinnen und verlieren die Gläubiger nichts. Das Unternehmen erhält ja im Gegenzug liquide Mittel, die dem Wert der Besicherung entsprechen.[369]

Das Beispiel macht deutlich, welche Probleme durch die unterschiedlichen Interessenlagen entstehen und welche Auswirkungen diese auf ein späteres Insolvenzverfahren haben können. Schnell kann für ein Kreditinstitut ein Spannungsverhältnis zwischen eigenem Sicherungsinteresse und strafrechtlicher bzw. zivilrechtlicher Haftung entstehen, was natürlich auch dazu führen kann, dass aus Vorsichtsmaßnahmen Sanierungskrediten nicht gewährt werden.

b) *Zivilrechtliche Haftungsrisiken*

Neben dem Risiko sich strafbar zu machen, laufen die Beteiligten eines vorinsolvenzlichen Sanierungsprozesses Gefahr, sich verschiedenen Haftungsrisiken ausgesetzt zu sehen.

So ergeben sich für die organschaftlichen Vertreter vor allem Risiken wegen Verletzung der Antragspflicht nach § 15a InsO und aufgrund „verbotener Zahlungen“ nach § 64 GmbHG bzw. § 130a HGB. Neben den organschaftlichen Vertretern droht jedoch auch den Sanierungsberatern die Haftung. Zunächst besteht für den Sanierungsberater die Gefahr, dass falls die Sanierung scheitert und in der Folge das Insolvenzverfahren eröffnet wird, der Insolvenzverwalter die

---

366 *Theewen*, BKR 2003, 141, 143.

367 *Eidenmüller*, Unternehmenssanierung zwischen Markt und Gesetz, S. 372.

368 So aber mit Beispielen aus der Rechtsprechung *Theewen*, BKR 2003, 141, 144.

369 *Eidenmüller*, Unternehmenssanierung zwischen Markt und Gesetz, S. 373.

Zahlung des Honorars anficht.[370] Vor allem aber trifft nach der Rechtsprechung des BGH den Berater eines schuldnerischen Unternehmens eine persönliche Haftung wegen der Schädigung von Gläubigern nach Beginn seiner Beratungstätigkeit durch Fortsetzung des Geschäftsbetriebes, sofern er die Organe der Schuldnerin nicht zur Stellung eines Eigenantrags auffordert und sie über die haftungsrechtlichen Folgen der Unterlassung der Stellung dieses Eigenantrags belehrt.[371] Nach dem derzeitigen Rechtsrahmen muss dieser Hinweis und die Empfehlung einen Insolvenzantrag zu stellen erfolgen. Andere Alternativen lässt die Rechtslage derzeit einfach nicht zu. Trotzdem, obwohl die eben aufgeführten Regelungen vom Grundgedanken her durchaus sachgerecht erscheinen, wird doch der Handlungsspielraum für die Beteiligten zu sehr eingeschränkt, als dass vorinsolvenzliche Sanierungen damit gefördert würden.

Aber auch Gläubigerbanken sehen sich bei der Unterstützung einer Sanierung Haftungsrisiken ausgesetzt. Entschließt sich die Bank lediglich die dem Unternehmen gewährte Kreditlinie aufrecht zu erhalten und so auf die Ausübung ihres Kündigungsrechts aus §§ 490 Abs. 1 bzw. 314 BGB i.V.m. Nr. 19 AGB Banken bzw. Nr. 26 AGB Sparkassen zu verzichten, kann die Bank damit zumindest die Liquiditätslage des Unternehmens stabilisieren. Greift die Bank darüber hinaus nicht aktiv in den Sanierungsprozess ein, drohen ihr kein Haftungsrisiko.[372] Möchte die Gläubigerbank jedoch Sanierungskredite vergeben, um den Sanierungsprozess zu unterstützen, droht der Bank neben den oben angesprochenen strafrechtlichen Konsequenzen eine Nichtigkeit der entsprechenden Rechtsgeschäfte gemäß § 138 BGB als auch eine Haftung gemäß § 826 BGB für Schädigung des Kreditnehmers oder Dritter, wenn sich die Kreditgewährung der Bank als eigennützig erweisen sollte.[373] Diese Eigennützigkeit wird von der Rechtsprechung bereits dann vermutet, wenn im Zeitpunkt der Kreditvergabe ernsthafte Zweifel am Gelingen des Sanierungsversuchs bestanden und damit der Sanierungskredit dazu diente Zeit zu gewinnen, um Altkredite noch zurückführen zu können, wobei die Täuschung Dritter über die mangelnde Liquidität des Schuldners damit billigend in Kauf genommen wird.[374] Damit bestehen, wenn die Sanierung letztlich scheitert, selbst bei einem überzeugenden Sanierungskonzept Haftungsrisiken, die die Kooperationsbereitschaft der wichtigen Gläubiger bei außergerichtlichen Sanierungen einschränken.

370 *Smid*, WM 2007, 1589, 1590.

371 Mit Hinweisen auf die Rspr.: *Smid*, WM 2007, 1589, 1590.

372 *Madaus*, Der Insolvenzplan, S. 42.

373 *Eidenmüller*, Unternehmenssanierung zwischen Markt und Gesetz, S. 371.

374 RGZ 136, 247, 253; BGHZ 10, 228 ff.

c) *Anfechtungsrechtliche Risiken einer Sanierung*

Neben diesen strafrechtlichen und haftungsrechtlichen Risiken, behindern derzeit vor allem anfechtungsrechtliche Risiken außergerichtliche Sanierungen. Gewährt ein Gläubiger dem Schuldner in der Krise frisches Kapital und lässt sich dafür eine Sicherheit einräumen, muss er damit rechnen, dass der Insolvenzverwalter bei Scheitern der außergerichtlichen Sanierung in einem späteren Insolvenzverfahren die Einräumung einer Sicherheit anficht und die eingeräumten Sicherheiten herausverlangt. Diese Gefahr reduziert die Bereitschaft der Kreditinstitute oder anderer Gläubiger sich an einem Sanierungsvergleich zu beteiligen und die Fortführung des Unternehmens durch die Zurverfügungstellung von liquiden Mitteln zu unterstützen.[375]

IV. Die vorinsolvenzlichen Sanierungsverfahren des Schuldverschreibungsgesetzes und des KredReorgG

Der Gesetzgeber hat für begrenzte Anwendungsbereiche mit dem Sanierungs- und Reorganisationsverfahren im KredReorG und das Schuldverschreibungsgesetz bereits vorinsolvenzliche Verfahren geschaffen. Beide sollen nunmehr kurz dargestellt werden.

1. Das Reorganisationsverfahren des Schuldverschreibungsgesetzes

Schuldverschreibungen sind Instrumente zur Fremdfinanzierung, bei denen sich der Schuldner wegen eines Darlehens nicht wie im klassischen Sinn an ein Kreditinstitut, sondern an den Kapitalmarkt wendet.[376] Eine Schuldverschreibung stellt dabei ein verbrieftes Darlehen dar, d.h. die Schuldverschreibung verbrieft die Forderung des jeweiligen Inhabers des Papiers gegen den Aussteller auf Rückzahlung und Verzinsung des zur Verfügung gestellten Kapitals. Das Rechtsverhältnis, das zwischen dem Anleiheschuldner, dem Emittenten oder Aussteller, und dem Inhaber der Anleihe, dem Anleihegläubiger, besteht, ist dabei in den Anleihebedingungen geregelt.[377]

Gerät der Schuldner in eine wirtschaftliche Krise, kann es angezeigt sein, diese Anleihebedingungen zu ändern. Eine Änderung erfolgt mittels eines Änderungsvertrages zwischen Gläubiger und Schuldner und bedarf der Zustimmung jedes Inhabers der Anleihe. Problematisch daran ist, dass Schuldverschreibungen

375 So auch *Hölzle*, NZI 2010, 207, 212.

376 *Leuering*, NZI 2009, 638, 639.

377 *Leuering*, NZI 2009, 638, 640.

regelmäßig darauf ausgelegt sind, einen größeren Kapitalbetrag zu generieren und regelmäßig ein großes Anlagepublikum vorhanden ist. Damit stellt sich das Problem, dass eine Einstimmigkeit kaum zu realisieren ist.[378]

Aufgrund des Regelungsbedarfs gab es bereits früh das Schuldverschreibungsgesetz vom 4.12.1899 (SchVG 1899). Es regelte, wie die Rechte der Gläubiger einer Anleihe durch Mehrheitsbeschluss nachträglich beschränkt werden können und zwar allein zum Zweck der Abwendung der Zahlungseinstellung oder des Insolvenzverfahrens über das Vermögen des Anleiheschuldners.[379] Dies schränkte den Anwendungsbereich aus heutiger Sicht zu sehr ein, denn für eine Sanierung des Schuldners war es dann häufig bereits zu spät.[380] Zudem waren die Möglichkeiten die Rechte der Gläubiger einzuschränken sehr begrenzt, es kam nur eine auf drei Jahre befristete Ermäßigung der Zinsen und eine Stundung der Hauptforderung in Betracht; Mehrheitsbeschlüsse der Gläubiger, um auf die Hauptforderung zu verzichten oder eine Verbindlichkeit in Eigenkapital umzuwandeln waren demgegenüber ausgeschlossen.[381]

Der Gesetzgeber hat den Reformbedarf erkannt und den bis dahin geltenden Rechtsrahmen mit dem Gesetz über Schuldverschreibungen aus Gesamtemissionen (Schuldverschreibungsgesetz – SchVG) reformiert.[382]

Die Zielvorgabe für das SchVG lautete, es den Gläubigern zu ermöglichen, einen Beitrag zur Sanierung des Schuldners leisten zu können. Damit soll die außergerichtliche Sanierung gestärkt werden, denn die gerichtliche Sanierung obliegt der Insolvenzordnung, § 18 SchVG.[383]

Dazu ermöglicht der Gesetzgeber der Gläubigerversammlung nunmehr auch massive Eingriffe in die Forderungsrechte jedes einzelnen Gläubigers mittels Mehrheitsbeschluss. Grundsätzlich können die Anleihegläubiger jeglicher Änderung der Anleihebedingungen mit qualifizierter Mehrheit zustimmen, insbesondere der Veränderung der Fälligkeit oder der Verringerung der Hauptforderung und der Zinsen, einer Rangänderung bezüglich der Forderungen aus den Schuldverschreibungen

378 *Leuering*, NZI 2009, 638, 640.

379 *Cranshaw*, BRK 2008, 504.

380 *Leuering*, NZI 2009, 638, 640.

381 *Leuering*, NZI 2009, 638, 640.

382 In Kraft getreten am 05.08.2009 als Art. 1 des Gesetzes zur Neuregelung der Rechtsverhältnisse bei Schuldverschreibungen aus Gesamtemissionen und zur verbesserten Durchsetzbarkeit von Ansprüchen von Anlegern aus Falschberatung, BGBl I, 2512.

383 M. w. N. *Cranshaw*, BRK 2008, 504, 505.

im Insolvenzverfahren des Schuldners und der Umwandlung oder dem Umtausch der Schuldverschreibungen in Gesellschaftsanteile.[384]

2. Das Sanierungs- und Reorganisationsverfahren des KredReorgG

In der Finanz- und Bankenkrise hat sich gezeigt, dass die gesetzlichen Instrumente nicht ausreichten, um auf die Krise einer Großbank, deren Insolvenz eine ganze Volkswirtschaft in Bedrängnis bringen kann, zu reagieren. Daher hat der Gesetzgeber mit dem „Gesetz zur Reorganisation von Kreditinstituten (Kreditinstitute-Reorganisationsgesetz – KredReorgG)"[385] ein zweigleisiges Modell eingeführt.[386] Auf der ersten Stufe des KredReorgG steht ein Sanierungsverfahren, das Eingriffe in Drittrechte nicht zulässt und weder ein Moratorium, noch Vollstreckungsverbote oder Mehrheitsentscheidungen vorsieht. Die zweite Stufe bildet ein Reorganisationsverfahren, das sowohl Eingriffe in Rechte der Gläubiger als auch der Anteilseigner ermöglicht.[387]

Das Sanierungsverfahren nach den §§ 2–6 KredReorgG wird durch das Kreditinstitut mittels einer Anzeige der „Sanierungsbedürftigkeit" bei der Bundesanstalt für Finanzdienstleistungsaufsicht (BaFin) eingeleitet werden, § 2 Abs. 1 KredReorgG. Der Begriff der Sanierungsbedürftigkeit ist ein neuartiger Rechtsbegriff, der im Vorfeld der Insolvenz anzusiedeln ist.[388] Wann Sanierungsbedürftigkeit vorliegt, wird über die Verweisung in § 2 Abs. 1 S. 2 KredReorgG auf § 45 Abs. 1 S. 1, 2 KWG definiert. Die dort genannten Regelbeispiele lassen erkennen, dass Sanierungsbedürftigkeit vorliegt, wenn das Kreditinstitut nicht den Anforderungen des KWG[389] an ausreichend Eigenmittel und ausreichend Liquidität genügen kann.[390]

Mit dem Antrag hat das Kreditinstitut gleichzeitig einen Sanierungsplan vorzulegen und einen Sanierungsberater vorzuschlagen, § 2 Abs. 2 KredReorgG. Dabei genügt das Kreditinstitut gleichzeitig seiner Pflicht zur Mitteilung der Zahlungsunfähigkeit oder Verschuldung gem. § 46b Abs. 1 KWG.

---

384 *Leuering*, NZI 2009, 638, 640.

385 Verkündet am 09.12.2010 als Art. 1 des Gesetzes zur Restrukturierung und geordneten Abwicklung von Kreditinstituten, zur Errichtung eines Restrukturierungsfonds für Kreditinstitute und zur Verlängerung der Verjährungsfrist der aktienrechtlichen Organhaftung, BGBl I 2010, 1900.

386 *Schelo*, NJW 2011, 186; *Wolfers/Voland*, WM 2011, 1159; *Bormann*, NZI 2011, 892.

387 *Schelo*, NJW 2011, 186, 188.

388 *Bork*, Sanierungsrecht in Deutschland und England, Rn. 8.15.

389 Kreditwesengesetz, vom 9. September 1998, BGBl. I S. 2776.

390 *Schelo*, NJW 2011, 186, 187.

Das Sanierungsverfahren des KredReorgG ist grundsätzlich nicht öffentlich. Zentrale Figur des Verfahrens ist der Sanierungsberater, der gemäß § 4 Abs. 2 KredReorgG unter der Aufsicht des OLG steht und dem mehr beratende als verwaltende Funktion zukommt.[391] Er setzt schließlich den Sanierungsplan um, § 6 Abs. 1 KredReorgG, wobei er im Einvernehmen mit der Bundesanstalt und dem Oberlandesgericht Änderungen des Sanierungsplans vornehmen kann, sofern diese nicht eine Regelung nach § 2 Abs. 2 S. 3 KredReorgG betrifft, § 6 Abs. 1 S. 2 KredReorgG.

Der Sanierungsplan im KredReorgG kann alle Maßnahmen enthalten, die für eine Sanierung des Kreditinstituts geeignet sind, ohne in Drittrechte einzugreifen, § 2 Abs. 2 S. 2 KredReorgG. Zudem können auch Gläubiger mit Forderungen aus Darlehen und sonstigen Krediten, die das Kreditinstitut in Umsetzung des Sanierungsplans aufnimmt, gegenüber Insolvenzgläubigern in einem anschließenden Insolvenzverfahren, das innerhalb von drei Jahren nach Anordnung der Durchführung eröffnet wird, privilegiert werden, § 2 Abs. 2 S. 3 KredReorgG. Gleiches ist auch für Gesellschafterdarlehen und gleichgestellte Forderungen möglich, § 2 Abs. 2 S. 6 KredReorgG, wie aus dem fehlenden Verweis auf § 264 Abs. 2 InsO zu schließen ist. Wird von einer solchen Regelung Gebrauch gemacht, ist ein Kreditrahmen für derartige Kredite im Sanierungsplan festzulegen, § 2 Abs. 2 S. 4 KredReorgG, wobei der Gesamtbetrag für solche bevorzugt zu behandelnden Darlehen insgesamt 10% der Eigenmittel i.S.d. KWG nicht übersteigen darf, § 2 Abs. 2 S. 5 KredReorgG.[392]

Beendet wird das Sanierungsverfahren durch den Aufhebungsbeschluss des OLG, § 6 Abs. 3 S. 2 KredReorgG, der sich an die Anzeige des Sanierungsberaters über die Beendigung des Sanierungsverfahrens, § 6 Abs. 3 S. 1 KredReorgG, anschließt. Sofern ein Sanierungsverfahren in ein Reorganisationsverfahren übergeleitet werden soll, verbindet das OLG gemäß § 6 Abs. 3 S. 3 KredReorgG die Aufhebung des Sanierungsverfahrens mit der Entscheidung über den Antrag auf Durchführung des Reorganisationsverfahrens. Eine solche Verfahrensoption könnte auch im Rahmen des vorinsolvenzlichen Verfahrens zur Verfügung gestellt werden. Gerade diese „schrittweisen Eskalation“[393] bietet die Möglichkeit auf das zweite Verfahren zu verweisen, in dem schließlich Eingriffe in die Gläubigerrechte möglich sind, und damit noch einmal Druck zu erzeugen, um zu einer einvernehmlichen Lösung zu kommen.

391 *Schelo*, NJW 2011, 186, 187.
392 So auch *Schelo*, NJW 2011, 186, 187.
393 So *Schelo*, NJW 2011, 186, 187.

Das Reorganisationsverfahren kann auf zwei Arten eingeleitet werden. Zum einen gemäß § 7 Abs. 1 S. 1 KredReorgG durch Anzeige gegenüber der Bundesanstalt unter Vorlage eines Reorganisationsplans, sofern das Kreditinstitut ein Sanierungsverfahren für aussichtslos hält. Zum anderen, sofern ein Reorganisationsverfahren nach Scheitern eines Sanierungsverfahrens durchgeführt werden soll, mittels Anzeige durch den Sanierungsberater mit Zustimmung des Kreditinstituts bei der Bundesanstalt unter Vorlage eines Reorganisationsplans, § 7 Abs. 1 S. 2 KredReorgG. Das Reorganisationsverfahren läuft sofern keine speziellen Regelungen eingreifen, nach den für das Sanierungsverfahren geltenden Regelungen ab, § 7 Abs. 5 S. 1 KredReorgG.

Die Voraussetzungen für die Einleitung des Reorganisationsverfahrens gestalten sich jedoch strenger, da das Reorganisationsverfahren Eingriffe in die Rechte der Gläubiger und Anteilsinhaber vorsieht.[394] Es müssen die Voraussetzungen für eine Abwicklungsanordnung im Sinne des § 77 des Sanierungs- und Abwicklungsgesetzes[395] (SAG) vorzuliegen, § 7 Abs. 2 KredReorgG.

Mit dem Antrag auf Durchführung legt der Sanierungsberater einen Reorganisationsplan vor, der stark an den Insolvenzplan im Insolvenzplanverfahren angelehnt ist, sich in einen darstellenden und gestaltenden Teil gliedert und die Erhaltung oder Liquidation des Kreditinstituts vorsehen kann, § 8 Abs. 1 S. 1, 2, 3, 4 KredReorgG. Dieser kann nicht nur in die Rechte der Gläubiger, § 13 KredReorgG, sondern auch in die der Anteilseigner eingreifen, § 9 KredReorgG.

Die Annahme des Reorganisationsplans erfolgt durch eine Abstimmung in Gruppen. Für die Zustimmung ist innerhalb jeder Gruppe eine Mehrheit nach Köpfen und Forderungen notwendig, § 19 Abs. 1 Nr. 2, 3 KredReorgG. Ähnlich dem Insolvenzplanverfahren gibt es auch hier ein an § 245 InsO angelehntes Obstruktionsverbot, mit dem die Zustimmung einer Gruppe fingiert werden kann, § 19 Abs. 2 KredReorgG.

Zuletzt ist der Reorganisationsplan durch das Oberlandesgericht zu bestätigen, § 20 Abs. 1 KredReorgG. Die Gläubiger können unter bestimmten Voraussetzungen, § 20 Abs. 3, 4 KredReorG, die Versagung der Bestätigung des Plans beantragen.[396]

394 *Schelo*, NJW 2011, 186, 188.

395 Gesetz zur Sanierung und Abwicklung von Instituten und Finanzgruppen (Sanierungs- und Abwicklungsgesetz – SAG) vom 10.12.2014, BGBl. I S. 2091.

396 *Schelo*, NJW 2011, 186, 189.

Der Gesetzgeber hat also in engen Teilbereichen den vorinsolvenzlichen Sanierungsgedanken gestärkt und erkannt, dass dies nur durch die Zulassung von Mehrheitsentscheidungen in effizienter Art und Weise möglich ist.

V. Ergebnis

Nach dem oben gesagten erscheint die Bewertung der außergerichtlichen Sanierung zwiespältig.

Einerseits verfügt diese gegenüber dem Insolvenzverfahren über gewichtige Vorteile, wie etwa niedrigere Kosten oder eine höhere Flexibilität.

Andererseits weist die außergerichtliche Sanierung auch gravierende Nachteile auf. So bedarf es der freiwilligen Mitwirkung aller Gläubiger, weil Mehrheitsentscheidungen aufgrund der Privatautonomie nicht möglich sind. Zudem steht aufgrund der Insolvenzantragspflichten nur ein sehr enger zeitlicher Rahmen zur Verfügung. Des Weiteren werden Sanierungsbemühungen durch die straf- und haftungsrechtlichen Risiken der Beteiligten eingeschränkt. Es entsteht vielmehr ein angespanntes Klima, das dazu führt, dass Gläubiger davon absehen die Sanierungsbemühungen zu unterstützen. Auch die organschaftlichen Vertreter und Gesellschafter sehen sich sowohl straf- und haftungsrechtlichen Risiken ausgesetzt was wiederum aussichtsreiche Sanierungsbemühungen nicht fördern dürfte.

Daher muss man insgesamt sagen, dass die außergerichtliche Sanierung zwar funktionieren kann, jedoch immer dem Risiko des Scheiterns aufgrund der Blockadehaltung einzelner Gläubiger ausgesetzt ist und somit ihr Potential, eine Sanierung frühzeitig einzuleiten, nicht auszuschöpfen vermag. Der Schuldner in der Krise, der eine Sanierung anstrebt, hat daher bei der Frage nach der richtigen Sanierungsmethode nur einen eingeschränkten Entscheidungsspielraum zur Verfügung. Entweder eine Sanierung gelingt mit Zustimmung aller Beteiligten oder er muss versuchen sein Sanierungskonzept in einem Insolvenzverfahren umzusetzen. Dann jedoch mit den oben aufgezeigten Risiken, dass die Gläubiger eine andere Verwertungsart bevorzugen. Es existieren zwar vielfältige Sanierungsinstrumente wie beispielsweise Forderungsverzicht oder Stillhalteabkommen, in der Praxis scheitern diese jedoch an der Mitwirkung einzelner Gläubiger, die sich zu Lasten anderer Vorteile verschaffen wollen und ihr Erpressungspotential ausspielen.[397] Eine Alternative gibt es in Deutschland de lege lata nicht.

---

397 *Reuter*, INDAT 06/2013, 8, 10, abrufbar unter: http://www.hww.eu/sites/default/files/130905_INDAT_Report_0613_Vorinsolvenzliches_Sanierungsverfahren.pdf

Dabei stellt der Gesetzgeber für Teilbereiche auch jetzt schon vorinsolvenzliche Verfahren zur Verfügung, in denen Blockadepositionen mittels Mehrheitsentscheidungen überwunden werden können. Diese stehen jedoch nur systemrelevanten Großbanken und für Schuldner von Schuldverschreibungsinhabern zur Verfügung. Für die vorliegende Untersuchung stellt sich somit die Frage, ob man eine solche Verfahrenskonzeption, insbesondere Mehrheitsentscheidungen, auch im Übrigen im vorinsolvenzlichen Bereich umsetzen könnte. Dies soll im Folgenden untersucht werden.

F. Das vorinsolvenzliche Sanierungsverfahren

Die bisherige Untersuchung hat gezeigt, welche Sanierungshindernisse das derzeitige Sanierungsrecht in Deutschland aufweist. Benötigt wird ein vorinsolvenzlicher Verfahrensweg, der es dem Schuldner in der Krise ermöglicht, ohne Kontrollverlust ein Sanierungskonzept zu verhandeln und, falls lediglich eine mehrheitliche Unterstützung für das Sanierungskonzept vorhanden ist, dieses unter Vollstreckungsschutz für alle Gläubiger gerichtlich verbindlich zu machen.[398]

Damit könnte man die Nachteile des Insolvenzverfahrens und der außergerichtlichen Sanierung beseitigen und gleichzeitig die Effizienzvorteile der außergerichtlichen Sanierung bewahren. Inwieweit dies rechtlich umsetzbar ist, soll im Folgenden untersucht werden.

I. Die Kompensation der Nachteile außergerichtlicher Sanierungen

Ein Hauptproblem außergerichtlicher Sanierungen ist, dass diese immer nur Konsensentscheidungen darstellen können und somit für die Umsetzung eines Sanierungskonzepts die Zustimmung aller Gläubiger notwendig ist. Ein vorinsolvenzliches Sanierungsverfahren wäre folglich nur dann gerechtfertigt, wenn man bereits im vorinsolvenzlichen Bereich entweder eine Zustimmungspflicht sämtlicher Gläubiger zu einem Sanierungsvorhaben begründen könnte oder ein Einstimmigkeitserfordernis etwa durch die Zulassung von Mehrheitsentscheidungen, im Rahmen eines solchen Verfahrens nicht notwendig wäre. Damit könnte einer der Hauptnachteile außergerichtlicher Sanierungen in einem vorinsolvenzlichen Verfahren beseitigt werden. Beides ist hier zu untersuchen.

1. Zustimmungspflichten zu einem Sanierungsvergleich

Eine Zustimmungspflicht zu einem Sanierungsvergleich könnte sich bereits im Vorfeld der Insolvenz, in der Krise, aus Treuepflichten zwischen den Gläubigern ergeben. Bekannt ist dieser Ansatz von Treuepflichten bei den Gesellschaftern gegenüber der Gesellschaft und den Mitgesellschaftern. Dabei wird im Hinblick auf den gemeinsam verfolgten Zweck eine Zustimmungspflicht zu einem

398 So auch *Madaus,* NZI 2011, 622, 625.

Sanierungskonzept entwickelt.[399] Grundlage dieser Zustimmungspflicht ist jedoch die Gesellschaft und der Gesellschaftsvertrag zwischen den Gesellschaftern, sie betrifft also das Innenverhältnis der Gesellschaft.[400]

Zwischen den Gläubigern in der Krise der Gesellschaft besteht vielmehr keine Gesellschaft. Diese schließen sich auch nicht zu einer Gesellschaft, mit dem Zweck Sanierungsverhandlungen zu führen, zusammen. Vielmehr fehlt es den Gläubigern an einer gemeinsamen Organisationsstruktur.[401]

Teilweise wird angenommen, die Gläubiger befänden sich jedoch bereits in der Krise des Unternehmens in einer Art gesellschaftsähnlichen Verbindung, woraus Kooperationspflichten zu einem vorinsolvenzlichen Sanierungsvorhaben resultieren.[402] Diese Annahme ist jedoch wenig überzeugend, denn unter den Gläubigern besteht kein freiwilliger Verband. Gläubiger und Gesellschafter weisen verschiedenste Interessenlagen auf, so dass eine vergleichbare Interessenlage nicht vorliegt. Im Übrigen wäre der Ansatz der Treuepflichten mit erheblicher Unsicherheit verbunden, denn die Entscheidung, ob solche bestehen und wie eine daraus abgeleitete Zustimmungspflicht sanktioniert würde, könnte jeweils nur im Einzelfall entschieden werden. Die Rechtssicherheit einer gesetzlichen Regelung kann dies aber nicht ersetzen. Daher ist dieser Ansatz im Ergebnis abzulehnen.

2. Mehrheitsentscheidungen bei vorinsolvenzlichen Verfahren

Eine andere Möglichkeit Sanierungsvorhaben im vorinsolvenzlichen Bereich zu fördern, wäre die Option ein Sanierungsvorhaben mittels Mehrheitsentscheidungen unter den Gläubigern zu verabschieden. Inwieweit es möglich ist, Mehrheitsentscheidungen in einem vorinsolvenzlichen Sanierungsverfahren zu legitimieren und damit, um es mit den Worten des BGH auszudrücken, „dem Sanierungsgedanken in einem weiteren Umfang, als bislang geschehen, Geltung zu verschaffen“[403], soll nun untersucht werden.

---

399 Siehe hierzu v.a. BGH NJW 2010, 65 ff. („Sanieren oder Ausscheiden“); BGH NJW-RR 1995, 925 („Girmes“).

400 So auch *Eidenmüller*, Unternehmenssanierung zwischen Markt und Gesetz, S. 345.

401 So auch *Madaus*, Der Insolvenzplan, S. 541.

402 So *Eidenmüller*, Unternehmenssanierung zwischen Markt und Gesetz, S. 468.

403 BGHZ 116, 319, 322; NJW 1992, 967.

a) *Die grundsätzliche Legitimation von Mehrheitsentscheidungen*

aa) *Mehrheitsbeschlüsse bei Gesellschaften*

Dem deutschen Gesellschaftsrecht sind Mehrheitsentscheidungen keineswegs fremd, vielmehr sind diese durchaus üblich.[404] Dogmatisch wird die Mehrheitsmacht mittels eines Rückgriffs auf den jeweiligen Gründungs- oder Beitrittsvertrag des einzelnen Mitglieds und damit mit dem Grundsatz der Privatautonomie gerechtfertigt. Sowohl die Teilnahme an einer Gesellschaftsgründung als auch der spätere Beitritt zu einer Gesellschaft beruht auf einer autonomen Entscheidung des jeweiligen Mitglieds.[405]

Hat der Gesetzgeber nun für eine Gesellschaftsform die Geltung des Mehrheitsprinzips gesetzlich angeordnet, unterwirft sich das einzelne Mitglied mit seiner Teilnahme an der Gründung oder dem Beitritt zur jeweiligen Gesellschaft freiwillig der Geltung des Mehrheitsprinzips.[406]

Bei Personengesellschaften wird sich das Mehrheitsprinzip vielfach nicht aus dem Gesetz, sondern aus dem Gesellschaftsvertrag ergeben. Mit Abschluss des Gründungs- oder Beitrittsvertrags erkennt das einzelne Mitglied die Mehrheitsklausel an und unterwirft sich damit einer Entscheidungsbefugnis der Mehrheit.[407]

Die Mehrheitsmacht in Gesellschaften stellt also keinen Eingriff in die Privatautonomie dar, sondern leitet sich gerade von dieser ab.[408]

Allerdings können diese Erkenntnisse nicht auf die hier relevanten Gläubiger des Schuldnerunternehmens übertragen werden, denn diese haben sich nicht privatautonom der Entscheidung in einer Gruppe unterworfen.[409] Eine Gruppe ist jedoch deswegen erforderlich, weil eine Mehrheitsentscheidung denknotwendig eine Gruppe, innerhalb derer abgestimmt wird, voraussetzt. Folglich wäre Grundvoraussetzung für eine Mehrheitsentscheidung, dass auch die Gläubiger im Vorfeld der Insolvenz eine Gruppe darstellen.

---

404 Vgl. beispielsweise §§ 32, 33 BGB (Verein), § 709 Abs. 2 BGB (GbR), § 119 Abs. 2 HGB (OHG), § 161 Abs. 2 HGB i. V. m. § 119 Abs. 2 HGB (KG), § 47 GmbHG (GmbHG) und § 133 AktG (AG); so auch *Madaus*, Der Insolvenzplan, S. 221.

405 *Madaus*, Der Insolvenzplan, S. 221.

406 m. w. N. *Madaus*, Der Insolvenzplan, S. 221.

407 *Madaus*, Der Insolvenzplan, S. 221.

408 *Madaus*, Der Insolvenzplan, S. 222.

409 *Madaus*, Der Insolvenzplan, S. 223.

bb) Mehrheitsbeschlüsse in Zwangsgemeinschaften

Neben privatautonomen Gruppen kennt das deutsche Recht auch noch Zwangsgemeinschaften wie etwa die Erbengemeinschaft, §§ 2032 ff. BGB oder die Rechtsgemeinschaft, §§ 741 ff. BGB.[410] Eine Zwangsgemeinschaft kommt dabei, wie der Name schon sagt, nicht durch freiwilligen Beitritt der Mitglieder, sondern durch die Anordnung per Gesetz und somit durch Zwang zustande.[411]

In Zwangsgemeinschaften fehlt es an einer privatautonomen Entscheidung der Mitglieder sich der Mehrheitsmacht zu unterwerfen, so dass für die Zulassung von Mehrheitsentscheidungen nach einer anderen Legitimation zu suchen ist.[412] Diese ist wird gemeinhin darin erblickt, dass es Mehrheitsentscheidungen bedarf, um die Funktionsfähigkeit des Kollektivs aufrecht zu erhalten.[413] In einer Gemeinschaft kann über Angelegenheiten der Gemeinschaft nur entschieden werden, wenn ein einheitlicher Wille gebildet werden kann. Nur dieser rechtfertigt Handlungen in Bezug auf den Gemeinschaftsgegenstand. Folglich bedarf es eines Verfahrens zur Bildung dieses Willens.[414]

Bei der Zwangsgemeinschaft stellt sich das Problem, dass sich die einzelnen Mitglieder nicht gegenseitig ausgesucht und sich nicht freiwillig zu einem bestimmten Zweck verbunden haben. Es besteht die Gefahr, dass die notwendige Einigkeit der Mitglieder der Zwangsgemeinschaft bei der Willensbildung in wichtigen Angelegenheiten nicht erreicht wird und somit keine Entscheidung getroffen werden kann.[415] Um dennoch eine Entscheidungsfähigkeit der Zwangsgemeinschaft zu gewährleisten, wird das Prinzip der Einstimmigkeit eingeschränkt und das Mehrheitsprinzip zugelassen. Es erfolgt also ein Ausgleich zwischen dem Einstimmigkeitsgrundsatz und der Handlungsfähigkeit der Zwangsgemeinschaft zugunsten der Handlungsfähigkeit.[416]

Dass zur Aufrechterhaltung der Funktionsfähigkeit gerade das Majoritätsprinzip gewählt wird, ergibt sich aus dem Verhältnismäßigkeitsgrundsatz. Indem nur eine Minderheit gegen ihren Willen an Beschlüsse der Gruppe festgehalten

---

410 *Madaus*, Der Insolvenzplan, S. 223; *Gaul* in: FS Huber, 2006, 1187, 1210.

411 *Madaus*, Der Insolvenzplan, S. 223.

412 *Hänel*, Gläubigerautonomie und das Insolvenzplanverfahren, S. 50, 51.

413 für das Insolvenzplanverfahren *Hänel*, Gläubigerautonomie und das Insolvenzplanverfahren, S. 51.

414 *Madaus*, Der Insolvenzplan, S. 223.

415 *Madaus*, Der Insolvenzplan, S. 224.

416 *Madaus*, Der Insolvenzplan, S. 224.

wird, wird die Beschränkung der Rechte einzelner Mitglieder der Zwangsgemeinschaft möglichst gering gehalten.[417]

Ein weiterer Legitimationsgrund für Mehrheitsentscheidungen in Zwangsgemeinschaften liegt in deren Richtigkeitsgewähr.[418] Die von vielen Mitgliedern gefundene Entscheidung wird aller Wahrscheinlichkeit nach auch die Entscheidung sein, die im Interesse aller liegt und damit die richtige Entscheidung sein.[419]

Damit jedoch die Richtigkeitsvermutung greift, müssen zunächst alle Beteiligten den Entscheidungsgegenstand kennen sowie die zur Entscheidung notwendigen Informationen und eine gewisse Überlegungsfrist zur Verfügung haben. Werden nun die Abstimmenden alle in der gleichen Weise von der Entscheidung getroffen, herrscht also eine hohe Interessenhomogenität, kann angenommen werden, dass das gefundene Ergebnis der Minderheit zuzumuten ist, ohne dass diese unangemessen benachteiligt wird. Dies unterstreicht die Richtigkeit des gefundenen Ergebnisses.[420]

Allerdings ist die Situation der überstimmten Minderheit ist nun in gewisser Hinsicht mit einer Vertragspartei vergleichen, die aufgrund eines Mangels in der Willensbildung nicht frei war und daher der Vertrag nicht konsensual geschlossen wurde.[421] Zwar findet bei Mehrheitsentscheidungen schon per Definition eine Entscheidung nie aufgrund eines Konsenses statt, aber die Situation ist insofern mit der der gestörten Vertragsparität zu vergleichen, als in beiden Fällen der gefundene Inhalt einer subjektiven Richtigkeitsgewähr entbehrt und die Rechtsordnung diesen dahingehend überprüfen darf, ob dieser nach objektiven Maßstäben eine Gewähr für seine Richtigkeit bietet.[422] In beiden Fällen, also auch bei gefundenen Mehrheitsentscheidungen, hat eine zur Disposition des überstimmten Mitgliedes stehende richterliche Inhaltskontrolle im Sinne einer Benachteiligungskontrolle zu erfolgen, die bei Mehrheitsentscheidungen als Minderheitenschutz bezeichnet wird. Dabei wird überprüft, ob alle Beteiligten den Gegenstand der Entscheidung gekannt und über alle für die Entscheidung notwendigen Informationen, sowie eine angemessene Überlegungsfrist verfügt haben.[423]

Ist dies gewährleistet, erreichen Mehrheitsentscheidungen in Zwangsgemeinschaften ihre Legitimation und bieten eine Richtigkeitsgewähr für den

---

417 *Madaus*, Der Insolvenzplan, S. 225.
418 *Madaus*, Der Insolvenzplan, S. 226 ff.
419 *Hänel*, Gläubigerautonomie und das Insolvenzplanverfahren, S. 146.
420 *Madaus*, Der Insolvenzplan, S. 228.
421 Siehe hierzu näher *Madaus*, Der Insolvenzplan, S. 228.
422 *Madaus*, Der Insolvenzplan, S. 227.
423 *Madaus*, Der Insolvenzplan, S. 228.

geschlossenen Inhalt.[424] Unter den eben aufgeführten Voraussetzungen sind in Zwangsgemeinschaften Mehrheitsentscheidungen möglich.

Allerdings müsste zur Ermöglichung von Mehrheitsentscheidungen eine Zwangsgemeinschaft der Gläubiger im Vorfeld eines Insolvenzverfahrens bestehen. Im Kern geht es also um die Frage, inwieweit der Gesetzgeber zur Bildung von Zwangsgemeinschaften mit dem Zweck der Einführung von Mehrheitsentscheidungen über die Beschränkung gemeinsamer Eigentumspositionen befugt ist.

b) Die verfassungsrechtliche Rechtfertigung der Bildung von Zwangsgemeinschaften mit dem Zweck der Einführung von Mehrheitsentscheidungen in einem vorinsolvenzlichen Verfahren

aa) Der Zusammenschluss der Gläubiger in einer Zwangsgemeinschaft als Eingriff in das Eigentum

Bereits der Zwangszusammenschluss der Gläubiger als Inhaber von Forderungen zu einer Gemeinschaft stellt einen Eingriff in das Eigentum dar, denn der verfassungsrechtlich geschützte Kern des Eigentums beinhaltet auch das Recht, nicht mit anderen in einer Zwangsgemeinschaft zusammengeschlossen zu werden.[425] Ein Eingriff kann entweder durch eine Inhalts- und Schrankenbestimmung oder eine Enteignung i.S.v. Art. 14 Abs. 3 GG erfolgen. Beide Eingriffe unterliegen unterschiedlichen Rechtfertigungen. Eine Enteignung würde dann vorliegen, wenn die Forderungen der Gläubiger auf einen anderen Rechtsträger übertragen würden.[426] Dies ist aber bei einer Zwangsgemeinschaft durch ein vorinsolvenzliches Sanierungsgesetz nicht der Fall. Vielmehr würden die eigentlichen Eigentümer, die Gläubiger, Inhaber ihrer Forderungen bleiben.

Im Übrigen ist der Zwangszusammenschluss von Eigentümern dann zu rechtfertigen, wenn der Zusammenschluss den Interessen der Eigentümer dient und in Erfüllung einer legitimen öffentlichen Aufgabe erfolgt.[427] Beide Voraussetzungen wären bei entsprechender Ausgestaltung eines vorinsolvenzlichen Sanierungsverfahrens gegeben.

Gewährleistet das vorinsolvenzliche Verfahren gleichartig von dem Sanierungsvergleich betroffenen Gläubigern prinzipiell ein gleiches Stimmgewicht, beispielsweise durch eine Einteilung der Gläubiger mit gleicher Rechtsstellung in eigene Gruppen, dann spricht das gefundene Ergebnis aufgrund der hohen

424 *Madaus*, Der Insolvenzplan, S. 229.

425 *Leisner*, DVBl. 1976, 125, 129, vgl. auch *Gottwald* in: FS Giger, S. 195, 197.

426 *Leisner*, DVBl. 1976, 125, 131.

427 *Leisner*, DVBl. 1976, 125, 131; *Madaus*, Der Insolvenzplan, S. 231.

Interessenhomogenität für die Richtigkeit der Entscheidung. Somit dient der Zusammenschluss den Interessen der Gläubiger und ist daher für diese vorteilhaft.[428]

Indem die Gläubiger in einer Gemeinschaft zwangsweise zu einer Gemeinschaft zusammengefasst werden, kann eine Verwertung des Schuldnervermögens verhindert und dadurch der Erhalt von Arbeitsplätzen gefördert werden. Dies ermöglicht die Minimierung des volkswirtschaftlichen Schadens durch Unternehmensliquidationen. Insgesamt kommt daher dem vorinsolvenzlichen Verfahren ähnlich dem Insolvenzverfahren eine Ordnungsfunktion und somit eine öffentliche Aufgabe zu.[429]

Insgesamt wäre damit der Zwangszusammenschluss der Gläubiger in einem vorinsolvenzlichen Verfahren verfassungsrechtlich unbedenklich.

bb) Die Zweckmäßigkeit eines Zusammenschlusses der Gläubiger in einer Zwangsgemeinschaft

Zudem müsste es jedoch auch zweckmäßig sein, die Gläubiger in einer Zwangsgemeinschaft zu sozialisieren.

Ein Beispiel dafür bildet die Situation der Insolvenz. Hier existieren ein Schuldner und mindestens ein Gläubiger und das Vermögen des Schuldners reicht nicht aus, um die Forderung des Gläubigers zu befriedigen.[430] Auf diese Situation gibt es nun sowohl vielfältige rechtliche als auch tatsächliche Reaktionsmöglichkeiten. So kann entweder das Schuldnerunternehmen liquidiert, oder reorganisiert werden. Aber auch die Gläubiger des Schuldners können auf vielfältige Art und Weise reagieren. Aufgrund des nicht ausreichenden Vermögens ist jedoch bei mehreren Gläubigern ein geordneter Verfahrensgang nicht gewährleistet, wenn in dieser Situation das Prioritätsprinzip aufrechterhalten wird. Um diesen Konflikt zu lösen, werden die Gläubiger in einer Zwangsgemeinschaft, genauer gesagt in einer Bruchteilsgemeinschaft gemäß § 741 BGB zusammengefasst. Sie teilen sich ein gemeinsames Verwertungsrecht an der Insolvenzmasse und die Zusammenfassung erfolgt, um in einem geordneten Verfahren das Problem der Knappheit des Schuldnervermögens für alle beteiligten Gläubiger gleichermaßen zu lösen.[431]

---

428 In Bezug auf die Gruppenbildung des Insolvenzplanverfahrens *Madaus*, Der Insolvenzplan, S. 231.

429 Zur Ordnungsfunktion des Insolvenzverfahrens *Uhlenbruck/Gundlach* in: Gottwald (Hrsg.), Insolvenzrechtshandbuch, § 15 Rn. 1.

430 So auch *Paulus*, DStR 2002, 1865, 1866; *Gottwald* in: FS Giger, S. 195, 196.

431 Bzgl. der Annahme einer Zwangsgemeinschaft so auch *Madaus*, Der Insolvenzplan, S. 206; *Paulus*, DStR 2002, 1865, 1866; *ders.*, Insolvenzrecht, 2. Aufl., S. 5, Rn. 11;

Möglicherweise wäre nun schon in der Krise eine Zusammenfassung der Gläubiger in einer Zwangsgemeinschaft angezeigt, weil bereits zu diesem Zeitpunkt ähnliche Mechanismen wie in einem Insolvenzverfahren auftreten.

Derzeit stehen jedoch sowohl der BGH als auch das überwiegende Schrifttum der Annahme einer bestehenden Gemeinschaft zwischen den Gläubigern eines Schuldners in der Krise ablehnend gegenüber.

Nach Ansicht dem BGH[432] entsteht durch die oben angesprochene Situation der Knappheit eine rechtliche Gemeinschaft, die das Verhältnis der Gläubiger zueinander charakterisiert. Grund und Gegenstand für die Gemeinschaft sei das Befriedigungsrecht eines jeden Gläubigers am unzureichenden Schuldnervermögen und der Zweck der Gemeinschaft liegt in der gemeinschaftlichen Befriedigung aller Gläubiger aus dem Schuldnervermögen.[433] De lege lata besteht nun aber vor Eröffnung des Insolvenzverfahrens kein gemeinschaftliches Recht der Gläubiger, das für eine Rechtsgemeinschaft i.S.d. § 741 BGB notwendig ist. Dieses ordnet der Gesetzgeber erst mit Eröffnung des Insolvenzverfahrens an.

Nun könnte man mit einer Ansicht des Schrifttums versuchen, die Grundsätze der Rechtsgemeinschaft i.S.d. § 741 BGB auf die Situation der Gläubiger im Vorfeld der Insolvenz zu übertragen. Diese Ansicht geht auf die Theorie der schlichten Interessengemeinschaft[434] zurück. Sie versuchte unterschiedliche Problemfälle zu lösen, indem sie bei Personen Ausgleichspflichten begründete, obwohl diese schuldrechtlich nicht miteinander verbunden waren.[435] Um in diesen Situationen dem Bedürfnis nach schuldrechtlichen Ausgleichspflichten gerecht werden zu können, sollten die §§ 741 ff. BGB immer dann herangezogen werden und als Rechtsgrundlage für eine anteilige Schadensteilung dienen, wenn sich die Beteiligten zwar nicht in einer Rechtsgemeinschaft, aber in einer Not- und Gefahrengemeinschaft befinden und deshalb gleichgerichtete Interessen haben.[436] Im Vorfeld der Insolvenz zeichne sich das Verhältnis der Gläubiger lediglich dadurch aus, dass das Haftungsobjekt, das Schuldnervermögen, begrenzt sei.[437] Problemtisch an dieser Theorie ist jedoch, dass die Gläubiger ähnlich wie bei den

Hänel, Gläubigerautonomie und das Insolvenzplanverfahren, S. 63; *Gottwald* in: FS Giger, S. 195, 196; zur Bruchteilsgemeinschaft *Madaus*, a.a.O., S. 191 ff., 213.

432 So m. w. N. BGH IX ZR 178/91 = BGHZ 116, 319, 323 = NJW 1992, 967, 968.

433 BGH a.a.O.

434 *Würdinger*, Theorie der schlichten Interessengemeinschaft, S. 70 ff.; *Wüst*, Die Interessengemeinschaft, ein Ordnungsprinzip des Privatrechts, S. 51.

435 *Schnorr*, Die Gemeinschaft nach Bruchteilen, S. 165.

436 *Schnorr*, Die Gemeinschaft nach Bruchteilen, S. 165.

437 *Madaus*, Der Insolvenzplan, S. 207.

gesellschafterähnlichen Kooperationspflichten kein weitergehendes gemeinsames Interesse aufweisen. Vielmehr besteht zwischen den Gläubigern ein echtes Konkurrenzverhältnis. Dieses rechtfertigt aber keine zwangsweise Zusammenfassung der Gläubiger zu einer Zwangsgemeinschaft.[438]

Die Entscheidung des Gesetzgebers, die Anordnung einer Rechtsgemeinschaft de lege lata gem. §§ 741 ff. BGB von der Eröffnung des Insolvenzverfahrens abhängig zu machen, ist zu akzeptieren. Insofern ist die Ansicht des BGH stimmig. Jedoch wäre der Gesetzgeber nicht gehindert, bereits im vorinsolvenzlichen Bereich eine Rechtsgemeinschaft i.S.d. § 741 BGB de lege ferenda anzuordnen, denn umso weniger Schuldnervermögen vorhanden ist, umso intensiver gestaltet sich auch das Verhältnis der Gläubiger zueinander.

Fraglich ist, wann der Zeitpunkt erreicht ist, zu dem sich die Probleme des Schuldners so sehr verdichten, so dass sich die Gläubiger ein gemeinsames Verwertungsrecht am Schuldnervermögen teilen und daher die Anordnung einer Rechtsgemeinschaft gemäß § 741 BGB möglich wäre. Dies wird schließlich der Zeitpunkt sein, ab dem das vorinsolvenzliche Verfahren eingeleitet werden kann. Diese Frage wird bisweilen als Kernproblem der Diskussion um ein vorinsolvenzliches Sanierungsverfahren begriffen. Dabei wird bemerkt, es sei nicht möglich, den richtigen Zeitpunkt für die Einleitung eines solchen Verfahrens zu bestimmen, so dass die Einführung eines vorinsolvenzlichen Verfahrens an der mangelnden Konkretisierungsmöglichkeit des Einleitungszeitpunktes scheitere.[439]

Dieser Kritik kann begegnet werden, indem man sich dem richtigen Einleitungszeitpunkt bildlich gesprochen von zwei Seiten nähert: Einerseits von Seiten der Insolvenzeröffnungsgründe, die eine Negativabgrenzung bilden. Zum anderen kann die Festlegung des Einleitungszeitpunktes über das oben angesprochene Kriterium der Interessengemeinschaft der Gläubiger erfolgen. Erst dann, wenn eine Mangelsituation vorhanden ist, in der das Vermögen des Schuldners nicht mehr ausreicht sämtliche Gläubiger zu befriedigen, jedoch noch kein Insolvenzgrund vorliegt, werden Eingriffe in die Rechtspositionen der Gläubiger möglich sein.[440]

Dieser Zustand ist bei rechnerischer Überschuldung mit positiver Fortbestehensprognose gegeben. Zu diesem Zeitpunkt besteht wegen der positiven Fortführungsprognose gemäß § 19 Abs. 2 InsO noch kein Insolvenzgrund und trotzdem dürfte davon auszugehen sein, dass bei rechnerischer Überschuldung bereits eine

---

438 *Madaus*, Der Insolvenzplan, S. 208.

439 So etwa *Ehricke* in: INDat Report, abrufbar unter: http://www.indat-report.de/Interview_Ehricke.pdf.

440 So auch *Westpfahl*, ZGR 2010, 385, 417.

nicht unerhebliche Gefährdung der Gläubigerpositionen vorliegt.[441] Der Zustand der rechnerischen Überschuldung impliziert, dass das Schuldnervermögen ohne Einleitung von Gegenmaßnahmen nicht zur Befriedigung aller Gläubiger ausreichen wird.[442] Somit erscheint es gerechtfertigt de lege feranda zu diesem Zeitpunkt das Bestehen einer Rechtsgemeinschaft gemäß § 741 BGB anzuordnen und das Befriedigungsrecht den Gläubigern zuzuweisen.

Damit lässt sich das Verfahren zeitlich auch nachvollziehbar von den Insolvenzantragsgründen abgrenzen.

cc) Mehrheitsentscheidungen als Eingriff in das Eigentum

Allerdings führen die Mehrheitsentscheidungen auch zu einem Eingriff in das durch Art. 14 GG geschützte Eigentum der überstimmten Gläubiger. Das Recht eines Gläubigers, einem Sanierungsvorhaben nicht zuzustimmen, beruht auf dem in Art. 2 Abs. 1 GG verfassungsrechtlich geschützten Grundsatz der Privatautonomie, der als zivilrechtliche Entsprechung der allgemeinen Handlungsfreiheit dem Einzelnen garantiert, seine Rechtsverhältnisse nach seinem Willen selbst und eigenverantwortlich gestalten zu können.[443] Erstreckt man nun mittels gesetzlicher Regelung die Wirkungen eines Sanierungsvergleichs, beispielsweise eines Verzichts auf die Geltendmachung von Forderungsrechten, auf alle Gläubiger des Schuldners, so geht zwar die zustimmende Mehrheit der Gläubiger eine freiwillige Bindung ein, die überstimmte Minderheit treffen die Wirkungen des Sanierungsplans jedoch gegen deren Willen.[444] Dies stellt einen Eingriff in die Privatautonomie der Minderheit dar.[445]

Jedoch ist die allgemeine Handlungsfreiheit aus Art. 2 Abs. 1 GG subsidiär, sofern das Recht zur freien Gestaltung von Vertragsbeziehungen von spezielleren Grundrechten gewährleistet wird.[446] Nachdem privatrechtliche Forderungen vermögenswerte Rechte sind und somit in den Schutzbereich von Art. 14

---

441 *Westpfahl*, ZGR 2010, 385, 418.

442 So auch *Westpfahl*, ZGR 2010, 385, 418.

443 *Di Fabio* in: Maunz/Dürig (Begr.), GG Kommentar, Art. 2 Rn. 101.

444 So bezogen auf den Insolvenzplan auch *Madaus*, Der Insolvenzplan, S. 229, 230.

445 *Madaus*, Der Insolvenzplan, S. 230; *Bamberger* in: Knops/Bamberger/Maier-Reimer (Hrsg.), Recht der Sanierungsfinanzierung, § 16 Rz. 45.

446 BVerfGE 26, 215, 222; *Höfling*, Vertragsfreiheit, S. 11; *Madaus*, Der Insolvenzplan, S. 230; *Di Fabio* in: Maunz/Dürig (Begr.), GG Kommentar, Art. 2 Rn. 103; *Christian Starck*, v. Mangoldt/Klein/Starck (Hrsg.), Art. 2 Abs. 1 Rn. 144 Fn. 522.

Abs. 1 GG fallen, umfasst die Gewährleistung des Eigentums auch die privatautonomen Verfügungsbefugnis über solche Ansprüche.[447]

Zwar stellt die Mehrheitsentscheidung der zustimmenden Gläubiger keinen hoheitlichen Eingriff in den Schutzbereich des Art. 14 Abs. 1 GG dar. Jedoch hat der Gesetzgeber den Eigentumsschutz zu beachten und durch eine gesetzliche Regelung, die eine Entscheidung der zustimmenden Gläubigermehrheit über Forderungen gegenüber dem Schuldner auch auf die nicht zustimmende Gläubigerminderheit erstreckt, wird der Gläubigerminderheit die Ausübung der privatautonomen Verfügungsbefugnis über eben diese Ansprüche rechtlich erschwert. Dies ist ein mittelbarer Eingriff in das durch Art. 14 Abs. 1 GG geschützte Eigentum aus Art. 14 Abs. 1 GG dar.[448] Eine Rechtfertigung hängt davon ab, ob dieser Eingriff eine zulässige Inhalts- und Schrankenbestimmung oder eine Enteignung i.S.v. Art. 14 Abs. 3 GG darstellt.

Dazu hat das BVerfG in der sog. Feldmühle-Entscheidung[449] angemerkt, dass eine Enteignung im Sinne von Art. 14 Abs. 3 GG vom Staat oder von dem mit staatlichen Zwangsrechten beliehenen Unternehmer ausgehen muss. Wenn der Staat der Mehrheit der Gläubiger die Befugnis erteilt, eine Reduzierung der Forderungen aufgrund eines Mehrheitsbeschlusses vorzunehmen, verleiht der Staat den Mehrheitsgläubigern keine Enteignungsmacht, sondern er ermächtigt die Mehrheit zu einer Umgestaltung der privatrechtlichen Beziehung zwischen Gläubigern und Schuldner.[450] Für eine Enteignung im Sinne von Art. 14 Abs. 3 GG durch Gesetz wäre Voraussetzung, dass das entsprechende Gesetz unmittelbar in bestehende Rechte eingreift. Ein vorinsolvenzliches Sanierungsgesetz, das Mehrheitsentscheidungen zulässt, würde für den Fall der Sanierung die Befugnisse zwischen Gläubigermehrheit und Gläubigerminderheit allgemein abgrenzen, aber eben nicht unmittelbar in bestehende Rechte eingreifen. Eine solche Rechtsetzung stellt keine Enteignung dar.[451] Daher würde die Zulassung von Mehrheitsentscheidungen in

---

447 BVerfGE 42, 263, 293; NJW 1976, 1783, 1786; *Höfling*, Vertragsfreiheit, S. 14; *Di Fabio* in: Maunz/Dürig (Begr.), GG Kommentar, Art. 2 Rn. 103.

448 *Axer* in: BeckOK GG, Art. 14 Rn. 69; so auch *Wimmer*, Auswirkungen von "Schemes of Arrangement" auf die deutsche Insolvenz- und Restrukturierungslandschaft, Vortrag auf 4. Berliner Trilog zu Schemes of Arrangement, abrufbar unter: http://www.iir-hu.de/fileadmin/Freigaben/Veranstaltungen/Trilog/Trilog_4_Wimmer.pdf

449 BVerfG, NJW 1962, 1667 ff.

450 BVerfG, NJW 1962, 1667.

451 BVerfG, NJW 1962, 1667.

einem vorinsolvenzlichen Sanierungsgesetz eine Inhalts- und Schrankenbestimmung i.S.v. Art. 14 Abs. 1 S. 2 GG darstellen.[452]

dd) Verfassungsrechtliche Rechtfertigung von Inhalts- und Schrankenbestimmungen

Inhalts- und Schrankenbestimmungen dürfen nur durch Gesetz erfolgen, Art. 14 Abs. 1 S. 2 GG.[453] Ein vorinsolvenzliches Sanierungsgesetz, das den parlamentsgesetzlichen Vorgaben entspricht, und hinreichend bestimmt ist, würde dieser Voraussetzung genügen.[454]

In materieller Hinsicht müssen Inhalts- und Schrankenbestimmungen dem Verhältnismäßigkeitsgrundsatz entsprechen.[455] Grundsätzlich erfolgt die Prüfung der Verhältnismäßigkeit nach den allgemeinen Regeln. Die Inhalts- und Schrankenbestimmung muss daher im Hinblick auf ihre Geeignetheit, Erforderlichkeit und Angemessenheit untersucht werden, wobei die Rechtsprechung die Angemessenheit der Inhalts- und Schrankenbestimmung bereichsspezifische konkretisiert hat.[456]

(1) Geeignetheit

Zunächst müsste die Zulassung von Mehrheitsentscheidungen zur Verfolgung eines legitimen Zwecks geeignet sein.[457] Der Erhalt von Arbeitsplätzen und die Minimierung des volkswirtschaftlichen Schadens durch Unternehmensliquidationen stellen ein Gemeinwohlinteresse und damit einen legitimen Zweck dar. Dieser legitime Zweck lässt sich auch durch den Verzicht auf Gläubigerforderungen mittels Mehrheitsentscheidungen erreichen, da dadurch die Verbindlichkeiten eines Schuldners reduziert werden und die finanzwirtschaftliche Sanierung eines Schuldners ermöglicht. Daher ist die Zulassung von Mehrheitsentscheidungen in einem vorinsolvenzlichen Sanierungsverfahren zur Sanierung von Unternehmen geeignet.

---

452 So auch *Wimmer*, Fn. 50; *Geldmacher*, Das präventive Sanierungsverfahren als Teil eines reformierten Insolvenz- und Sanierungsrechts in Deutschland, S. 240.

453 So auch *Axer* in: BeckOK GG, Art. 14 Rn. 82; *Otto Depenheuer* in: v. Mangoldt/Klein/Starck (Hrsg), GG Kommentar, Band 1, Art. 14 Rn. 220; *Joachim Wieland* in: Horst Dreier (Hrsg.), GG Grundgesetz Kommentar, Art. 14 Rn. 86.

454 Bzgl. dem Bestimmtheitsgrundsatz und den Anforderungen an ein Gesetz *Axer* in: BeckOK GG, Art. 14 Rn. 82.

455 *Pieroth/Schlink*, Grundrechte Staatsrecht II, § 23 Rn. 1007.

456 *Axer* in: BeckOK GG, Art. 14 Rn. 88.

457 *Axer* in: BeckOK GG, Art. 14 Rn. 89.

(2) Erforderlichkeit

Zudem müsste die Inhalts- und Schrankenbestimmung zur Erreichung dieses Zwecks erforderlich sein. Zur Sanierung von Unternehmen dürfte kein milderes Mittel zur Verfügung stehen als die Zulassung von Mehrheitsentscheidungen in einem vorinsolvenzlichen Sanierungsverfahren.[458] Damit ein milderes Mittel als die Verabschiedung eines Sanierungsplans mittels Mehrheitsentscheid zur Sanierung eines Unternehmens zur Verfügung stehen kann, ist jedoch Grundvoraussetzung, dass das jeweilige Unternehmen überhaupt sanierungsbedürftig und sanierungsfähig ist. Dies müsste gewährleistet sein. Wie dies nachgewiesen werden kann, soll jedoch an anderer Stelle geklärt werden.

Im Rahmen der Erforderlichkeit ist sodann zu fragen, ob es ein Alternativverfahren mit einer geringeren Eingriffsintensität als die Zulassung von Mehrheitsbeschlüssen in einem vorinsolvenzlichen Sanierungsverfahren gäbe. Beispielsweise würde ein rein freiwilliges Verfahren keinen Eingriff darstellen. Gelingt es jedoch nicht in einem solchen Rahmen einen Konsens für ein Sanierungsvorhaben zu erreichen, scheidet diese Möglichkeit aus.

Zu denken wäre noch an das Insolvenzverfahren mit seinen Verfahrensarten des Schutzschirmverfahrens nach § 270b InsO und dem Insolvenzplanverfahren gemäß §§ 217 ff. InsO. In dieser wirtschaftlichen Lage sind die Forderungen der Gläubiger nicht mehr werthaltig und die Gläubiger verlieren durch den Insolvenzplan nichts, was sie nicht bereits durch die Insolvenz verloren haben. Dies sichern explizit die Regelungen der §§ 245, 251, 253 InsO zu. Um sich in ein Insolvenzverfahren begeben zu können, müsste jedoch ein Insolvenzgrund vorliegen.

Das vorinsolvenzliche Sanierungsverfahren soll aber gerade früher ansetzen, also zu einem Zeitpunkt, in dem die Forderungen noch werthaltig sind. Zu diesem Zeitpunkt existiert jedoch noch kein alternatives gerichtliches Verfahren. Bei außergerichtlichen Sanierungsverhandlungen ist dagegen ein Sanierungsvergleich mittels einer Mehrheitsentscheidung nicht möglich. Vorausgesetzt, die Vorverhandlungen haben gezeigt, dass ein konsensuales Ergebnis nicht zu erzielen ist, verdeutlicht dies, dass auch es an dieser Stelle auch nicht möglich ist, die gleichen Ergebnisse ohne Mehrheitsentscheidung zu erzielen.

Damit ist die Zulassung von Mehrheitsentscheidungen in einem vorinsolvenzlichen Verfahren auch erforderlich.

---

458 *Axer* in: BeckOK GG, Art. 14 Rn. 89.

(3) Angemessenheit (Verhältnismäßigkeit im eigentlichen Sinne)

Zudem müsste der Eingriff in die Forderungen mittels Mehrheitsentscheidungen angemessen sein. Die Anforderungen an die Angemessenheit eines Eingriffs sind wegen der Sozialbindung des Eigentums gemäß Art. 14 Abs. 2 GG besonders ausgestaltet. Der Gesetzgeber hat sowohl die Gewährleistung des Eigentums in Art. 14 Abs. 1 GG als auch die Sozialpflichtigkeit des Eigentums in Art. 14 Abs. 2 GG zu berücksichtigen und beide in einen angemessenen Ausgleich zu bringen.[459] Im Hinblick auf die Verhältnismäßigkeit von Mehrheitsentscheidungen hat das Bundesverfassungsgericht klargestellt, dass der Gesetzgeber die Interessen der Beteiligten, also einerseits die Beeinträchtigung, die die Mehrheitsentscheidung für den Minderheitsgläubiger bedeutet, und andererseits den mit dem Eingriff verfolgten Zweck, miteinander in Ausgleich bringen muss.[460]

Zum einen ist den Minderheitsgläubigern voller Wertersatz für den Verlust der Forderungen und schließlich effektiver Rechtsschutz gegen den Mehrheitsbeschluss zu gewährleisten.[461] Zudem könnte man den Minderheitenschutz durch Regelungen entsprechend der §§ 250, 251, 253 InsO gewährleisten. Des Weiteren würde jedem Minderheitsgläubiger zumindest der Realwert der Forderung garantiert werden.[462] Damit würde dieser für seine Rechtsverluste durch das Sanierungsverfahren voll entschädigt, so dass er bei wirtschaftlicher Betrachtungsweise keinerlei Einbußen im Vergleich zum Wert seiner Forderung ohne Teilnahme am Sanierungsverfahren entstünde.[463]

Zum anderen muss auch im Vorfeld der Insolvenz der Grundsatz der Gleichbehandlung der Gläubiger, Art. 3 Abs. 1 GG, beachtet werden. Die Interessen von Mehrheit und Minderheit dürfen nicht von vornherein ungleich gewertet werden.[464]

Dies könnte wiederum dadurch verwirklicht werden, indem man die Regelungen des Insolvenzplanverfahrens zum Vorbild nimmt. Wie oben gesehen, wäre eine Einteilung der vom Sanierungsvergleich gleichermaßen betroffenen Gläubiger in entsprechenden Gruppen schon aufgrund der Verfassungsmäßigkeit der Sozialisierung der Gläubiger in einer Zwangsgemeinschaft notwendig.

---

459 *Axer* in: BeckOK GG, Art. 14, Rn. 89; *Pieroth/Schlink*, Grundrechte Staatsrecht II, § 23 Rn. 1007.

460 BVerfGE 52, 1, 29 = NJW 1980, 985; 95, 48, 58 = WM 1996, 2285; 101, 239, 259 = WM 1999, 2471.

461 BVerfG, WM 2007, 1329, 1330.

462 Der Realwert stellt das Pendant zur Insolvenzquote im Planverfahren dar.

463 Bzgl. des Insolvenzplanverfahrens dazu *Madaus*, Der Insolvenzplan, S. 232.

464 BVerfG, NJW 1962, 1667, 1669.

Zu denken wäre zudem an eine Regelung entsprechend dem § 226 InsO, wodurch eine Ungleichbehandlung von einzelnen Gruppen aufgrund der Gruppenbildung auf sachgerechten Unterschieden zwischen den Gläubigern beruhte und dadurch eine Berücksichtigung des Art. 3 GG gewährleistet würde.[465]

Somit würde die Zulassung von Mehrheitsbeschlüssen bei Gläubigern den Erfordernissen der Angemessenheit genügen.

c) Fazit

Insgesamt erscheint es nach den vorherigen Untersuchungen in verfassungsrechtlich unbedenklicher Art und Weise möglich, Mehrheitsbeschlüsse in einem vorinsolvenzlichen Verfahren zu treffen und damit könnte ein wesentlicher Nachteil von außergerichtlichen Sanierungen überwunden werden.

3. Die Anordnung eines Moratoriums in einem vorinsolvenzlichen Verfahren

Ein weiteres Hindernis außergerichtlicher Sanierungen ist das strategische Verhalten der Gläubiger, dem im Grunde nur mittels eines Moratoriums, d.h. eines Instrumentes, das die Zahlungspflichten des Schuldners zunächst aussetzt und den Gläubigern die Verfolgung ihrer Ansprüche versagt, begegnet werden kann.[466]

Wie auch immer dieses Moratorium im Detail ausgestaltet wird, zunächst muss untersucht werden, ob ein Moratorium verfassungsrechtlich zulässig wäre, denn Forderungen fallen als vermögenswerte Rechte in den Schutzbereich von Art. 14 GG.[467] Indem das Moratorium den Gläubigern die Durchsetzung ihrer noch werthaltigen Forderungen versagt, greift dieses in den Schutzbereich des Art. 14 GG der davon betroffenen Gläubiger ein.

Dies bedarf einer Rechtfertigung. Je nachdem, ob der Eingriff eine Inhalts- und Schrankenbestimmung oder eine Enteignung i.S.v. Art. 14 Abs. 3 GG darstellt, sind an die Rechtfertigung unterschiedliche Anforderungen zu stellen.

Unter Inhalts- und Schrankenbestimmung versteht das BVerfG die abstrakte und generelle Festlegung von Rechten und Pflichten hinsichtlich solcher Rechtsgüter die unter den Schutzbereich von Art. 14 GG fallen, während eine Enteignung den vollständigen oder teilweisen Entzug konkreter durch Art 14 Abs. 1

465 Bzgl. § 226 InsO im Insolvenzplanverfahren *Madaus*, Der Insolvenzplan, S. 231.
466 *Bork* in: FS Hopt, 1629, 1630.
467 BVerfGE 42, 263, 293; NJW 1976, 1783, 1786.

S. 1 GG gewährleisteter Rechtspositionen zur Erfüllung bestimmter öffentlicher Aufgaben darstellt.[468]

Aufgrund der abstrakt-generellen Einschränkung durch das vorinsolvenzliche Sanierungsgesetz würde das Moratorium eine Inhalts- und Schrankenbestimmung darstellen.[469] Diese müsste zu ihrer Rechtfertigung dem Verhältnismäßigkeitsgrundsatz entsprechen.[470] Das wäre der Fall, wenn ein Moratorium zur Sanierung eines Schuldners in einem vorinsolvenzlichen Verfahren geeignet, erforderlich und angemessen wäre.

Das Moratorium verhindert, unter der Grundvoraussetzung der Sanierungsbedürftig- und Sanierungsfähigkeit des Schuldnerunternehmens, eine Schmälerung des Schuldnervermögens durch den Zugriff von Gläubigerseite und ist daher geeignet die Sanierungschancen aufrecht zu erhalten. Den Zugriff der Gläubiger zu verhindern, ist auch erforderlich. Entziehen die Gläubiger dem Schuldner das vorhandene Vermögen, wird eine Betriebsfortführung des schuldnerischen Unternehmens nicht mehr möglich sein. Infolgedessen wird sowohl die Prüfung der Sanierungsaussichten als auch das Führen von Sanierungsverhandlungen an der mangelnden Liquidität des Schuldners scheitern. Ein milderes Mittel ist nicht ersichtlich, denn ein Insolvenzverfahren wäre für die Gläubiger mit weitaus größeren Einschnitten verbunden.[471] Die Geeignetheit und Erforderlichkeit eines Moratoriums zur Sanierung eines Schuldners ist also gegeben.

Zudem müsste ein Moratorium angemessen sein. Das wäre der Fall, wenn dem Gläubiger im Gesamtinteresse ein Zuwarten zumutbar wäre und sich seine Rechtsposition, unter Wahrung des Gleichbehandlungsgrundsatzes und gegebenenfalls unter finanzieller Kompensation, aller Wahrscheinlichkeit nach nur konserviert, jedoch nicht verschlechtert.[472]

Das Moratorium würde, wie eben gesehen, der Sanierung des Schuldners dienen. Die Fortführung des schuldnerischen Betriebs gewährleistet den Erhalt von Arbeitsplätzen und verhindert einen volkswirtschaftlichen Schaden. Damit besteht auch ein Gesamtinteresse an der Sanierung von Unternehmen. Im Hinblick auf die Sanierung eines Unternehmens wäre dem Gläubiger das Zuwarten insbesondere dann zumutbar, wenn dieses nur den Zeitrahmen umfasst, der notwendig

468 Zur Definition von Inhalts- und Schrankenbestimmungen: BVerfGE 110, 1, 24 f = NJW 2004, 2073, 2077; zur Definition von Enteignungen BVerfGE 112, 93, 109 = NJW 2005, 879, 880.

469 So auch *Bork* in: FS Hopt, 1629, 1645.

470 *Pieroth/Schlink*, Grundrechte Staatsrecht II, § 23 Rn. 1007.

471 So auch *Bork* in: FS Hopt, 1629, 1645.

472 *Bork* in: FS Hopt, 1629, 1645.

ist, um die Sanierungschancen zu prüfen und Sanierungsverhandlungen zu führen oder um Maßnahmen zu ergreifen. Daher sollte das Moratorium gesetzlich befristet sein.[473] Insoweit erscheint ein Zeitraum von maximal drei Monaten mit der Möglichkeit der Verlängerung um einen Monat durch das zuständige Gericht sinnvoll.[474]

Jedoch muss auch im Vorfeld der Insolvenz der Gläubigergleichbehandlungsgrundsatz gewahrt werden. Dies wirft die Frage auf, welche Gläubiger von dem Moratorium betroffen sein sollen. Orientiert man sich an der Unterscheidung im Insolvenzverfahren zwischen Massegläubigern, Insolvenzgläubigern, absonderungs- und aussonderungsberechtigten Gläubigern, wird man feststellen, dass das Moratorium vor allem diejenigen Gläubiger betreffen soll, die bei Einleitung des Sanierungsverfahrens, ungesicherte Zahlungsansprüche haben. Dagegen sollen diejenigen Gläubiger, die ihre Ansprüche erst im Sanierungsverfahren erwerben, nicht betroffen sein, weil es sonst nicht möglich sein wird, das Unternehmen während des Sanierungsverfahrens fortzuführen und dadurch die Sanierungsprüfung zu finanzieren.[475] Damit hat die Ungleichbehandlung der Alt- und Neugläubiger einen sachlichen Grund und ist folglich nicht willkürlich.[476]

Die gesicherten Gläubiger sind von ihrem Wesen her eher mit den ungesicherten Altgläubigern zu vergleichen. Daher sollen auch diese entsprechend von dem Moratorium erfasst werden. Dies ist auch erforderlich. Würde durch die Verwertung von sicherungsübereignetem Betriebsvermögen der organisatorische Verbund des Unternehmens zerschlagen werden, wäre eine Betriebsfortführung und damit eine Sanierung nicht mehr möglich.[477]

Auf aussonderungsberechtigte Gläubiger sind die Wirkungen des Moratoriums jedoch nicht zu erstrecken, denn diese betrifft das Sanierungsverfahren nur dahingehend, dass der Schuldner den Vermögensgegenstand zu Unrecht in seinem Besitz hat.[478] Fraglich ist, ob eine Regelung entsprechend dem § 21 Abs. 2 Nr. 5 InsO eingeführt werden sollte, wonach aussonderungsberechtigte Gläubiger an der Aussonderung gehindert werden, wenn der Sanierungserfolg durch einen

473 *Bork* in: FS Hopt, 1629, 1640.

474 So auch *Bork* in: FS Hopt, 1629, 1640; *Westpfahl*, ZGR 2010, 385, 422; *Jacoby*, ZGR 2010, 359, 372; *Geldmacher*, Das präventive Sanierungsverfahren als Teil eines reformierten Insolvenz- und Sanierungsrechts in Deutschland, S. 214.

475 *Bork* in: FS Hopt, 1629, 1641.

476 Anforderung des BVerfG seit BVerfGE 1, 14, 52 st Rspr. vgl etwa BVerfGE 42, 374, 388; 65, 141, 148; 68, 237, 250; 74, 182, 200.

477 *Bork* in: FS Hopt, 1629, 1642.

478 So auch *Kirchhof*, ZInsO 2007, 227, 228.

Entzug des Aussonderungsgutes ernsthaft gefährdet würde.[479] Die Regelung erscheint deswegen problematisch, teils sogar verfassungswidrig[480], weil sie sich unterschiedslos auf Ab- und Aussonderungsrechte erstreckt und dabei nicht berücksichtigt, dass es eine Vielzahl von Aussonderungsrechten gibt, die sich in ihrer Struktur und ihren Wirkungen stark unterscheiden und deshalb nicht wie Absonderungsrechte behandelt werden können.[481] Um die Aussonderungsberechtigten wirtschaftlich nicht deutlich schlechter zu stellen als die Absonderungsberechtigten, sollte eine Regelung entsprechend § 135 Abs. 3 InsO eingeführt werden, die abwägt, ob dem Aussonderungsberechtigten das Sonderopfer zugunsten der Sanierung des Schuldnerunternehmens zumutbar ist. Zudem muss die Möglichkeit bestehen durch richterliche Abwägung den Besonderheiten[482] des jeweiligen Aussonderungsrechtes gerecht zu werden. Dies würde eine Berücksichtigung des Grundsatzes der Gläubigergleichbehandlung gewährleisten, indem Unterschiede berücksichtigt würden. Eine Entschädigung wie sie § 21 Abs. 2 Nr. 5 InsO vorsieht, erscheint aufgrund des kurzen Zeitraums des Moratoriums von maximal drei Monaten nicht erforderlich. Der Verweis auf § 169 S. 2, 3 InsO zeigt deutlich, dass im Eröffnungsverfahren Zinsen an den Gläubiger, der an der Verwertung des Gegenstandes gehindert ist, spätestens drei Monate nach der Anordnung des Verwertungsstopps zu bezahlen sind. Für einen kürzeren Zeitraum sind dagegen keine Entschädigungen zu bezahlen. Insofern kann ein dreimonatiger Verwertungsstopp wie im vorliegenden Moratorium entschädigungslos hinzugenommen werden.

Im Hinblick auf die Erforderlichkeit im Einzelfall müssen die angeordneten Maßnahmen jedoch nicht nur gegenüber den Aussonderungsberechtigten, sondern auch gegenüber den übrigen Gläubigern auf ihre Angemessenheit hin überprüft werden und es muss sichergestellt werden, dass wirklich nur die zum Schutz des Schuldnervermögens notwendigen Maßnahmen ergriffen werden.

Ein Wertverlustausgleich nach dem Vorbild des § 169 InsO aufgrund des in einem Moratorium enthaltenen Verwertungsverbot für gesicherte Gläubiger, Inhabern von Drittsicherheiten und Kreditversicherungsverträgen erscheint auch hier nicht erforderlich.[483] Wie oben gesehen, zeigt die Regelung des § 169 InsO, dass nur längerfristige Beschränkungen des Verwertungsrechts entschädigt werden müssen, indem Gläubigern, die an der Verwertung eines Gegenstandes gehindert

479 So etwa *Bork* in: FS Hopt, 1629, 1645.
480 M.w.N. *Mönning* in: Nerlich/Römermann (Hrsg.), Insolvenzordnung, § 21 Rn. 213.
481 *Kirchhof*, ZInsO 2007, 227, 231.
482 Zu den Besonderheiten *Kirchhof*, ZInsO 2007, 227, 228 ff.
483 *Bork* in: FS Hopt, 1629, 1642.

sind, erst vom Berichtstermin an laufend geschuldete Zinsen zu bezahlen sind. Für das Eröffnungsverfahren ordnet § 21 Abs. 2 Nr. 5 InsO an, dass bei einem Verwertungsstopp spätestens drei Monate nach der Anordnung des Verwertungsverbotes Zinsen zu bezahlen sind. Eine finanzielle Kompensation für die Wirkungen des Moratoriums erscheint daher nicht notwendig, da dieses maximal drei Monate andauert und bei Bedarf lediglich um einen Monat verlängert werden kann.

Insgesamt würde das Moratorium die Chance auf Sanierung wahren und die Rechtsposition der betroffenen Gläubiger für die Dauer der angeordneten Maßnahmen lediglich konservieren, jedoch nicht verschlechtern, so dass es mit der dargestellten Ausgestaltung möglich wäre ein Moratorium in mit Art. 14 GG vereinbarer Weise einzuführen. Mithin könnte die Gefahr, dass das Verhalten der gesicherten Gläubiger und Kreditinstitute eine Sanierung vereitelt, effizient gebannt werden.

II. Die Konservierung der Vorteile außergerichtlicher Sanierungen bei gleichzeitiger Kompensation der Nachteile des Insolvenzverfahrens

Ein vorinsolvenzliches Sanierungsverfahren müsste jedoch auch in der Lage sein, die Vorteile außergerichtlicher Sanierungen zu erhalten und die Nachteile des Insolvenzverfahrens auszugleichen. Die Vorteile der außergerichtlichen Sanierung sind in der Flexibilität außergerichtlicher Verhandlungen zu erblicken. Als Hauptnachteile des Insolvenzverfahrens wurden der Kontrollverlust des Schuldners, das Stigma der Insolvenz und die mangelnde Planbarkeit des Insolvenzverfahrens identifiziert.

Ein vorinsolvenzliches Verfahren müsste daher dem Schuldner einerseits flexible Sanierungsverhandlungen ermöglichen und dabei gleichzeitig die Planungssicherheit bieten, damit dieser ein entwickeltes Sanierungskonzept ohne Kontrollverlust umsetzen kann. Wie dies umzusetzen wäre, soll im Folgenden untersucht werden. Dabei soll zunächst ein funktionaler Rechtsvergleich darüber Aufschluss geben, über welche Konzepte andere europäische Rechtsordnungen verfügen und ob diese in Deutschland umsetzbar wären. Anschließend wird noch eine interessante Verfahrenskonzeption des amerikanischen Rechts vorgestellt.

III. Die Einführung eines vorinsolvenzlichen Sanierungsverfahren nach ausländischem Vorbild gemessen an verfassungsrechtlichen Erfordernissen

In der Diskussion um die Einführung eines vorinsolvenzlichen Sanierungsverfahrens wird oft auf bestehende ausländische vorinsolvenzliche Sanierungsverfahren, vor allem in Frankreich, England und Spanien verwiesen und diese als Argument für die Einführung eines solchen Verfahrens in Deutschland ins Feld geführt.[484] Im Rahmen der vorliegenden Untersuchung sollen durch einen funktionellen Rechtsvergleich die vorinsolvenzlichen Verfahren ausländischer Rechtsordnungen im Hinblick darauf untersucht werden, wie diese ausgestaltet sind und in wieweit sich diese Konzeption in Deutschland umsetzen lassen würde.

1. Frankreich

Das französische Insolvenzrecht hat mehrere vorinsolvenzliche Verfahren zu bieten. Angefangen bei der sog. *Procédure de conciliation*[485], die den Gläubigern Anreize zum Abschluss eines Vergleichs bietet, über die Möglichkeit für Unternehmen, die noch nicht zahlungsunfähig sind, jedoch finanzielle Schwierigkeiten haben, die Eröffnung eines präventiven Sanierungsverfahrens, die sog. *procédure de sauvegarde*, zu beantragen.[486] Bis 2010 wurden die bis dahin entwickelten Verfahrensmöglichkeiten um ein beschleunigtes Verfahren zur Finanzrestrukturierung, der sog. *sauvegarde financière accélérée* erweitert. Dieses erfasst lediglich Kreditgläubiger, nicht jedoch nicht die übrigen Gläubiger des Unternehmens, wie Lieferanten und öffentliche Gläubiger, und ermöglicht es, einen Vergleich, der im Conciliationverfahren zunächst am Widerstand von Minderheitsgläubigern gescheitert ist, mittels Mehrheitsbeschluss durchzusetzen.

---

484 So etwa *Westpfahl*, ZGR 2010, 385, 404 ff.; *Drukarczyk* in: FS Wellensiek, S. 761 ff.; *Flessner*, KTS 2010, 127 ff.; *Paulus*, ZIP 2011, 1077 ff.; *Geldmacher*, Das präventive Sanierungsverfahren als Teil eines reformierten Insolvenz- und Sanierungsrechts in Deutschland, S. 79 ff.

485 Geregelt in Art. L. 611-4 code de commerce.

486 *Voinot*, Droit économique des entreprises en difficulté, S. 20; *Medla*, Präventive Unternehmenssanierung im deutschen und im französischen Recht, S. 98.

a) *Procédure de conciliation*

aa) *Überblick über das Verfahren*

Die Procédure de conciliation (Vermittlung eines Vergleichs) ist eine Besonderheit des französischen Insolvenzrechts und stellt quasi ein Hybridverfahren dar, weil es zwei Verfahrensoptionen beinhaltet. Einerseits hat das Verfahren vertragliche Aspekte, weil es auf einem Vergleich zwischen Schuldner und seinen Gläubigern beruht, wobei der Abschluss eines Vergleichs nicht erzwungen werden kann und keine gesetzlichen Zwangswirkungen wie etwa ein automatischer Vollstreckungsstopp mit der Einleitung des Verfahrens verbunden sind. Andererseits kann der Vergleich gerichtlich bestätigt werden und entfaltet dann auch Wirkungen gegenüber Dritten. Zudem bietet das Verfahren den Gläubigern Anreize neues Kapital zur Verfügung zu stellen, um ein Abrutschen des Schuldnerunternehmens in die Zahlungseinstellung zu verhindern. Gleichwohl ist die Conciliation kein gerichtlicher Sanierungsplan.[487]

Voraussetzung für das Vermittlungsverfahren ist, neben einem Eröffnungsantrag des Schuldners, gemäß Art. L. 611-4 C. com., dass beim Schuldner rechtliche, wirtschaftliche oder finanzielle Schwierigkeiten bestehen, sich abzeichnen oder der Schuldner höchstens seit 45 Tagen zahlungsunfähig ist.[488] Durch das Anknüpfen an den Begriff der Vorhersehbarkeit wird der zeitliche Anwendungsbereich weit vor die Insolvenz verlagert. Zudem bietet der weite Begriff der Vorhersehbarkeit den Gerichten einen großen Auslegungsspielraum, so dass frühzeitige Verfahrenseinleitungen möglich sind.[489]

Zur Prüfung, ob die Voraussetzungen für die Anordnung des Vermittlungsverfahrens gegeben sind, kann der Gerichtspräsident des Handelsgerichts einen Prüfer seiner Wahl beauftragen, einen Bericht über die wirtschaftliche, soziale und finanzielle Situation des Schuldners zu erstellen.[490] Damit kann einer missbräuchlichen Einleitung des Verfahrens entgegengewirkt werden. Sind die Voraussetzungen für die Eröffnung gegeben, ernennt der Gerichtspräsident einen Vermittler und beauftragt diesen, innerhalb von vier Monaten einen Vergleich

---

487 *Lienhard*, Procédures collectives, Rn. 30; *Medla*, Präventive Unternehmenssanierung im deutschen und im französischen Recht, S. 98.

488 *Lienhard*, Sauvegarde des entreprises en difficulté, Rn. 304, 305.

489 *Medla*, Präventive Unternehmenssanierung im deutschen und im französischen Recht, S. 101.

490 *Le Corre/Le Corre-Broly*, Droit des entreprises en difficulté, Rn. 22.

zwischen dem Schuldner und den Hauptgläubigern zu vermitteln.[491] Gelingt es dem Vermittler nicht innerhalb der vom Gerichtspräsidenten im Eröffnungsbeschluss festgelegten Verfahrensdauer einen Vergleich zu vermitteln, wird das Schlichtungsverfahren vom Gerichtspräsidenten beendet, der seine Entscheidung dem Schuldner mitteilt.[492]

Die Entscheidung des Gerichtspräsidenten, das Verfahren zu eröffnen, wird nicht veröffentlicht.[493] Dementsprechend ist es für den Schuldner, im Gegensatz zu dem Vorgängerverfahren, der réglement amiable, nicht mehr möglich, die einstweilige Aussetzung der Maßnahmen der Einzelzwangsvollstreckung (suspension provisoire des poursuites) zu beantragen. Der Reformgesetzgeber hob die Möglichkeit einer einstweiligen Vollstreckungsaussetzung auf, da von dieser Möglichkeit wegen der damit verbundenen Publizität selten Gebrauch gemacht wurde.[494] Gemäß Art. L. 611-7 Abs. 5 C. com. kann jedoch nunmehr eine gerichtlichen Nachfrist (délais de grâce) gegenüber einzelnen Gläubigern angeordnet werden, die de facto einer Stundung von Forderungen oder einer Zinsherabsetzung entspricht. Voraussetzung dafür ist die Androhung oder Vornahme einer Zwangsvollstreckungshandlung seitens eines Gläubigers, ein Antrag des Schuldners und ein Bericht des Vermittlers.[495]

Obwohl mit der Verfahrenseinleitung kein gesetzlicher Vollstreckungsstop verbunden ist, entfaltet das Schlichtungsverfahren gemäß Art. L. 631-5 C. com. gegenüber den beiden Insolvenzverfahren redressement judiciaire und liquidation judiciaire eine Sperrwirkung.[496] Gläubiger können also die Verhandlungsbemühungen nicht durch Insolvenzanträge torpedieren.

Wird ein Vergleich zwischen dem Schuldner und seinen Hauptgläubigern gefunden, entfaltet dieser grundsätzlich allein zwischen den Vergleichsparteien (sog. effet relatif de contrats) rechtliche Wirkungen.[497] Um dem Umstand Rechnung zu tragen, dass der Schuldner wegen seiner Beziehung zu seinen sonstigen Vertragspartnern auf die Vertraulichkeit des Verfahrens angewiesen ist, kommt

---

491 *Le Corre/Le Corre-Broly*, Droit des entreprises en difficulté, Rn. 24; *Peyramaure/Sardet*, L'entreprise en difficulté, Rn. 1112; *Lienhard*, Sauvegarde des entreprises en difficulté, Rn. 310, 313.

492 Art. L. 611-7 Abs. 6 C. com.

493 *Le Corre/Le Corre-Broly*, Droit des entreprises en difficulté, Rn. 23.

494 *Lienhard*, Sauvegarde des entreprises en difficulté, Rn. 320; *Medla*, Präventive Unternehmenssanierung im deutschen und im französischen Recht, S. 121.

495 *Le Corre/Le Corre-Broly*, Droit des entreprises en difficulté, Rn. 24.

496 *Lienhard*, Sauvegarde des entreprises en difficulté, Rn. 320.

497 *Lienhard*, Sauvegarde des entreprises en difficulté, Rn. 321.

der abgeschlossene Vergleich im Grundsatz ohne Publizität zustande. Allerdings besteht gemäß Art. L. 611- 8 C. com. die Möglichkeit, den Vergleich vom Gericht feststellen (constatation) oder bestätigen (homologation) zu lassen, um den Gläubigern Rechtssicherheit zu gewähren.[498]

Die Feststellung des Vergleichs (conciliation constateé) erfolgt durch den Gerichtspräsidenten auf gemeinschaftlichen Antrag der Vergleichsparteien, d.h. der Gläubiger und des Schuldners.[499] Damit der Vergleich festgestellt werden kann, bedarf es einer eidesstattlichen Versicherung des Schuldners, dass bei Abschluss des Vergleichs keine Zahlungseinstellung vorlag oder der Vergleich diese beendet hat.[500] Die gerichtliche Feststellung des Vergleichs hat zur Folge, dass kraft Gesetzes die Beendigung des Schlichtungsverfahrens eintritt. Zudem stellt der Vergleich einen vollstreckbaren Titel dar, aus dem die Parteien die Zwangsvollstreckung einleiten können.[501]

Während die gerichtliche Feststellung des Vergleichs nicht veröffentlicht wird, löst die Bestätigung (homologation) des Vergleichsvertrags dahingehend Publizität aus, dass der Eintritt der Zahlungsunfähigkeit aufgrund der Bestätigung nicht mehr auf einen früheren Zeitpunkt datiert werden kann.[502] Somit können Rechtshandlungen des Schuldners, wie gewährte Sicherheiten, später nicht mehr angefochten werden.[503] Des Weiteren werden im Rahmen des Schlichtungsvergleichs gewährte Neukredite in einem späteren Insolvenzverfahren gegenüber anderen Forderungen privilegiert. Die Gläubiger dieser Neukredite können eine Befriedigung vor allen anderen Forderungen, die bis zur Vermittlung entstanden sind, auch vor denjenigen Forderungen, die im Insolvenzverfahren in der Beobachtungsphase entstehen, verlangen.[504] Schließlich löst die Bestätigung für die am Vergleich beteiligten Gläubiger ein umfassendes Vollstreckungsverbot während der Dauer der Vergleichsausführung aus. Infolgedessen können die Gläubiger, falls der Schuldner die im Schlichtungsvergleich festgelegten Pflichten nicht erfüllt, ihre Rechte nicht durch Zwangsvollstreckungsmaßnahmen durchsetzen

498 *Le Corre/Le Corre-Broly*, Droit des entreprises en difficulté, Rn. 25.

499 *Le Corre/Le Corre-Broly*, Droit des entreprises en difficulté, Rn. 26; *Lienhard*, Sauvegarde des entreprises en difficulté, Rn. 323.

500 *Lienhard*, Sauvegarde des entreprises en difficulté, Rn. 323.

501 *Medla*, Präventive Unternehmenssanierung im deutschen und im französischen Recht, S. 135.

502 Art. L. 611-9, Art. L. 611-10 C. com.; *Drukarczyk*, in: FS Wellensiek, 761, 767.

503 *Le Corre/Le Corre-Broly*, Droit des entreprises en difficulté, Rn. 29.

504 Art. L. 611-11 C. com.; *Le Corre/Le Corre-Broly*, a Droit des entreprises en difficulté, Rn. 26.

können, sondern sind allein auf die Möglichkeit der Auflösung des Vergleichs durch den Gerichtpräsidenten verwiesen.[505] Diese für die Gläubiger recht drastische Einschränkung ihrer Rechte wird durch eine Hemmung der Verjährung der im Schlichtungsvergleich geregelten Forderungen gemildert.[506]

In materieller Hinsicht müssen für die Bestätigung des Vergleichs drei Voraussetzungen vorliegen:[507]

Zum einen darf der Schuldner nicht die Zahlungen eingestellt haben. Zudem muss der Vergleich nach Überzeugung des Richters dazu geeignet sein, die Unternehmensfortführung zu gewährleisten. Schließlich darf der Vergleich nicht zulasten der übrigen Gläubiger gehen, was wiederum das Gericht zu überprüfen hat.[508]

Sind die formellen und materiellen Voraussetzungen für die Bestätigung gegeben, hat das Gericht diese von Gesetzes wegen mittels rechtskräftigen Urteils auszusprechen.[509]

Demgegenüber muss das Gericht bei Nichterfüllung der Voraussetzungen die Bestätigung des Vergleichs versagen. Dies wird im Gegensatz zu der Bestätigung jedoch nicht veröffentlicht.[510] Mit Erlass des Anerkennungsurteils wird das Schlichtungsverfahren von Gesetzes wegen beendet.[511]

bb) Umsetzungsmöglichkeit in Deutschland

Die Conciliation stellt ein rein freiwilliges Verfahren dar, das auf einem freiwilligen Vergleich zwischen den Beteiligten beruht. Folglich werden im Verfahren der Conciliation weder Mehrheitsentscheidungen getroffen, noch werden die Gläubiger zwangsweise in einer Gemeinschaft zusammengeschlossen. Dementsprechend kann das Verfahren auch an einen sehr frühzeitigen Einleitungstatbestand anknüpfen, der teilweise weit vor dem oben erarbeiteten Zeitpunkt der rechnerischen Überschuldung liegt. Eine solche Konzeption eines Verfahrens wäre auch

---

505 Art. L. 611-10 C.com; *Medla*, Präventive Unternehmenssanierung im deutschen und im französischen Recht, S. 142.

506 *Medla*, Präventive Unternehmenssanierung im deutschen und im französischen Recht, S. 142.

507 Art. L. 611-8-II C. com

508 *Le Corre/Le Corre-Broly*, Droit des entreprises en difficulté, Rn. 27.

509 *Lienhard*, Sauvegarde des entreprises en difficulté, Rn. 328; *Pérochon/Bonhomme*, a.a.O. (Fn. 52), Rn. 106.

510 *Medla*, Präventive Unternehmenssanierung im deutschen und im französischen Recht, S. 141.

511 *Lienhard*, Sauvegarde des entreprises en difficulté, Rn. 328; *Peyramaure/Sardet*, L'entreprise en difficulté, Rn. 1128;

in Deutschland möglich, wenn die Teilnahme am Verfahren auf einer autonomen Entscheidung der Gläubiger basieren würde und diese auch hinsichtlich des Abschlusses des Vergleichs mit keinerlei Zwangswirkungen belegt würden.

Allerdings ist zu untersuchen, inwieweit es möglich wäre, die Eröffnung des Schlichtungsverfahrens nicht zu veröffentlichen und trotzdem Stundungen und Zinsherabsetzungen zu ermöglichen, falls, wie im Fall der Conciliation, ein Gläubiger, der nicht an den Verhandlungen beteiligt ist, mit Einleitung der Zwangsvollstreckung in das Vermögen des Schuldners droht. Die Stundungen und Zinsherabsetzungen stellen schlicht ein Moratorium dar, das im Verfahren der Conciliation zwar nicht gesetzlich, sondern durch den Verfahrensrichter ja nach Einzelfall angeordnet wird. Jedoch muss den betroffenen Gläubigern trotzdem die Option eingeräumt werden, die angeordneten Maßnahmen im Hinblick auf ihre Verhältnismäßigkeit im Einzelfall überprüfen zu lassen und Rechtsmittel gegen diese einzulegen. Dabei scheitert ein Verfahren, das nicht veröffentlicht wird, nicht an dem in Art. 20 GG und Art. 103 GG verankertem Öffentlichkeitsgrundsatz. Zwar ist den betroffenen Gläubigern gemäß Art. 103 GG rechtliches Gehör zu gewähren, jedoch besagt der Öffentlichkeitsgrundsatz nicht, dass jedes Verfahren öffentlich stattzufinden hat. Nur wenn es eine mündliche Verhandlung gibt, hat diese der Öffentlichkeit zugänglich zu sein. Ein vertrauliches Verfahren mit der Möglichkeit Forderungsstundungen gerichtlich anzuordnen ist in Deutschland daher ebenso realisierbar.

Im Übrigen müssten die Maßnahmen der Forderungsstundung und Zinsherabsetzung als Eingriffe im Hinblick auf Art. 14 Abs. 1 S. 1 GG zu rechtfertigen sein. Als abstrakt generelle Festlegung von Rechten würden diese Inhalts- und Schrankenbestimmungen darstellen, die dem Verhältnismäßigkeitsgrundsatz entsprechen müssten.

Die Stundung von Forderungen ist geeignet das Fälligstellen von Forderungen und den Zugriff auf das Schuldnervermögen mittels Zwangsvollstreckung zu verhindern. Damit wird die Chance auf einen Sanierungsvergleich aufrechterhalten. Ohne die Stundung von Forderungen würde demgegenüber ein Entzug des Schuldnervermögens stattfinden und eine Fortführung des schuldnerischen Unternehmens wäre nicht mehr möglich. In einem späteren Verfahren wäre die Krise jedoch bereits weiter fortgeschritten und die Forderungen der Gläubiger von ihrem Realwert her weniger werthaltig. Ein milderes Mittel ist auch hier nicht ersichtlich, ein Insolvenzverfahren wäre sogar mit größeren Eingriffen für die Gläubiger verbunden. Die notwendige Kontrolle und eine damit verbundene Flexibilität sind durch das Erfordernis der gerichtlichen Prüfung der Erforderlichkeit der Maßnahmen, unter Umständen unter Hinzuziehung eines Berichts des Vermittlers, gegeben.

Allerdings müsste die Stundung von Forderungen auch angemessen sein. Vor allem im Hinblick auf die Dauer sind die Stundungen dann angemessen, wenn diese lediglich so lange andauern, wie das Verfahren es rechtfertigt. Die Stundung darf daher nur den Zeitraum umfassen, der notwendig ist, die Sanierungschancen zu prüfen und Sanierungsverhandlungen zu führen. Der französische Gesetzgeber hat sich für eine Verfahrensdauer von 4 Monaten mit der Option der Verlängerung um einen Monat entschieden. Dies erscheint kongruent mit den oben erarbeiteten Ergebnissen zur Angemessenheit eines Moratoriums. Soweit ersichtlich betrifft die Anordnung von Stundungen im Rahmen der Conciliation unterschiedslos Gläubiger des Unternehmens, die eine Zwangsvollstreckung einleiten wollen. Dies ist zwar möglich, nach den oben dargestellten Grundsätzen muss jedoch bei aussonderungsberechtigten Gläubigern durch das Gericht eine Abwägung erfolgen, ob diesen das Sonderopfer zugunsten der Sanierung des Schuldners zumutbar ist.

Problematisch an der Stundung der Forderungen, ist jedoch, dass diese den Eintritt des Verzugs verhindern bzw. der Verzug ausgesetzt wird und dadurch keine Verzugszinsen anfallen würden. Jedoch ist bei einem dreimonatigen Moratorium eine Zinszahlung aus Gründen der Verhältnismäßigkeit nicht notwendig, da der Vergleich mit § 21 Abs. 2 Nr. 5 und § 169 InsO zeigt, dass die Gläubiger so kurzfristige Einschränkungen ihrer Rechte entschädigungslos hinzunehmen haben.[512]

Damit wären die verfassungsrechtlichen Anforderungen erfüllt und zudem wäre die Stundung auch verhältnismäßig als sie auf den jeweiligen Einzelfall bezogen angeordnet werden und eine Entschädigung des betroffenen Gläubigers durch Verzugszinsen ermöglichen würde.

Der Schlichtungsvergleich selbst zeichnet sich durch absolute Freiwilligkeit aus. Es finden keine Mehrheitsbeschlüsse statt. Der Vergleich ist ein Vertrag, dem die Gläubiger zustimmen müssen und der nur zwischen den Vertragsparteien Wirkung entfaltet. Dies wäre auch in Deutschland unproblematisch umzusetzen.

Erst im Fall der Bestätigung des Vergleichs (homologation) wird für die beteiligten Gläubiger ein umfassendes Vollstreckungsverbot gesetzlich angeordnet. Jedoch wissen die beteiligten Gläubiger, dass die Möglichkeit einer Bestätigung des Vergleichs mit der Rechtsfolge des Vollstreckungsverbots während der Ausführung des Vergleichs besteht. Somit beruhen auch diese Wirkungen auf einer freiwilligen Teilnahme am Verfahren und stellen dahingehend quasi einen freiwilligen Verzicht auf den Schutz des Art. 14 GG dar.

512 Siehe oben F. I. 3.

Zu untersuchen ist noch, wie das „fresh-money“ – Privileg der kreditgebenden Gläubiger zu beurteilen ist. Die gesetzliche Anordnung eines Befriedigungsvorrechts in einem anschließenden Insolvenzverfahren für Kreditgeber in der Krise vor allen anderen Forderungen, die bis zur Vermittlung entstanden waren, auch vor denjenigen Forderungen, die im Insolvenzverfahren als Masseforderungen zur Betriebsfortführung entstehen, setzt freilich die anderen Gläubiger zurück. Die Vorrangigkeit der privilegierten Forderungen stellt einen Eingriff in den Schutzbereich Art. 14 Abs. 1 S. 1 GG gegenüber den zurückgesetzten Gläubigern dar. Auch hier ist wieder zu fragen, ob eine Inhalts- und Schrankenbestimmung vorliegt oder eine Enteignung nach Art. 14 Abs. 3 GG. Für eine Enteignung im Sinne von Art. 14 Abs. 3 GG durch ein Gesetz wäre Voraussetzung, dass das entsprechende Gesetz unmittelbar in bestehende Rechte eingreift und diese teilweise oder ganz zur Erfüllung einer öffentlichen Aufgabe entzieht.[513] Allerdings wird den Gläubigern durch die Anordnung einer Befriedigungsrangfolge nicht unmittelbar das Eigentum, also die Forderungen entzogen, indem auf die Inhaberschaft eingewirkt wird. Vielmehr legt diese Rangfolge abstrakt Rechte hinsichtlich Rechtsgüter fest, die unter den Schutzbereich des Art. 14 GG fallen, hier hinsichtlich der Geltendmachung der Forderungen. Damit stellt die Privilegierung der Kreditgeber eine Inhalts- und Schrankenbestimmung gegenüber den zurückgesetzten Gläubigern dar.[514]

Als Inhalts- und Schrankenbestimmung müsste die Privilegierung von zur Verfügung gestelltem frischem Kapital während der Sanierungsphase zur Sanierung des Schuldners geeignet, erforderlich und angemessen sein, um dem Verhältnismäßigkeitsgrundsatz zu entsprechen. Daran kann es im Ergebnis keinen Zweifel geben. Die Privilegierung der Zurverfügungstellung von neuem Kapital während der Sanierungsphase zielt darauf ab, Gläubiger zu animieren, dem Schuldner Kapital zur Verfügung zu stellen, und ist damit auch zur Sanierung des Schuldners geeignet, indem die Fortführung des Geschäftsbetriebs gewährleistet wird. Diese Privilegierung ist auch erforderlich, denn ohne ausreichende Liquidität ist es dem Schuldner nicht möglich den Geschäftsbetrieb und damit den Sanierungsprozess fortzuführen. Würde man Gläubigern keinen Anreiz zur Finanzierung des Schuldners durch eine spätere Privilegierung im Insolvenzverfahren bieten, könnte in vielen Fällen der Geschäftsbetrieb nicht fortgeführt und damit eine Sanierung nicht durchgeführt werden, so dass in einem Insolvenzverfahren die Quote für die Gläubiger automatisch viel niedriger wäre. Die Privilegierung von

513 BVerfG, NJW 1962, 1667 ff.; BVerfGE 112, 93, 109 = NJW 2005, 879, 880.

514 Zur Definition von Inhalts- und Schrankenbestimmungen: BVerfGE 110, 1, 24 f = NJW 2004, 2073, 2077.

Gläubigern, die Kapital zur Verfügung stellen, wahrt wenigstens Sanierungschancen. Ein milderes Mittel ist nicht ersichtlich. Die Ungleichbehandlung der Gläubiger, deren Forderungen in einem späteren Insolvenzverfahren hinter den privilegierten Forderungen der Kreditgeber zurücktreten müssen, rechtfertigt sich dadurch, dass die Kreditgeber das Risiko einer scheiternden Sanierung tragen. Gelingt demgegenüber die Sanierung, profitieren alle Gläubiger davon, dass sich diese Gläubiger bereiterklärt haben neues Kapital zur Verfügung zu stellen. Daher ist bereits die Ausgangslage zwischen Kreditgebern und sonstigen Gläubigern nicht gleich, so dass die Ungleichbehandlung von Gläubigern, die neues Kapital zur Verfügung stellen und Gläubigern, die dies nicht tun, auf einem sachlichen Grund beruht. Daher ist die Privilegierung der Kreditgeber auch angemessen und erweist sich als mit Art. 14 GG vereinbar.

cc) Fazit

Insgesamt ist es also auch in Deutschland möglich, ein Schlichtungsverfahren wie die Conciliation einzuführen. Die Möglichkeit des Schuldners zwischen der Feststellung und der Bestätigung des Vergleichs zu wählen, macht das Verfahren flexibel, da es einerseits diskret und vertraulich ablaufen kann und andererseits auch eine öffentliche Variante bietet.

Zudem bietet die homologation den Gläubigern durch das „fresh-money-privileg" Anreize für die Verfahrensteilnahme. Dies erhöht die Chancen auf Zustimmung zu einem Vergleich.

b) Das präventive Rettungsverfahren – la procédure de sauvegarde

Die procédure de sauvegarde stellt ein vorgezogenes Insolvenzverfahren dar und beruht auf der Erkenntnis, dass das Insolvenzsanierungsverfahren erst im Zeitpunkt der Zahlungseinstellung eröffnet werden konnte und zu diesem Zeitpunkt meist nicht mehr die Voraussetzungen für eine erfolgreiche Unternehmensfortführung gegeben war.[515] Im Laufe des Gesetzgebungsverfahrens entschied sich der französische Gesetzgeber dafür, nicht den Zeitpunkt für die Zahlungseinstellung vorzuverlagern, sondern wegen des Stigmas der Insolvenz einen eigenen Verfahrenstyp zur kollektiven Sanierung vor Eintritt der Zahlungseinstellung zu schaffen, der sich von den beiden kollektiven Insolvenzverfahren *liquidation judiciaire* und *redressement judiciaire* abgrenzt.

---

515 M. w. N. *Medla*, Präventive Unternehmenssanierung im deutschen und im französischen Recht, S. 162.

Ziel des Schutzverfahrens ist gemäß Art. L. 620-1 S. 2 C. com. die Erleichterung der Sanierung von Unternehmen zur Fortführung der wirtschaftlichen Aktivität, der Erhaltung von Arbeitsplätzen und dem Abbau von Schulden.[516]

Dazu soll in einer Beobachtungsphase ein Rettungsplan (plan de sauvegarde) erstellt werden, auf dessen Grundlage ein geeignetes Sanierungskonzept umgesetzt werden kann.[517] Als Organe des Schutzverfahrens werden der Verfahrensrichter (*juge commissaire*), die Vertreter der Arbeitnehmer, der Gläubigervertreter (*mandataire judiciaire*) bzw. die Gläubigerkontrolleure (*les contrôleurs*) und der Verfahrensverwalter (*adminstrateur judiciaire*) bestellt.[518] Die Gläubigervertreter nehmen die Interessen des Kollektivs der Gläubiger wahr.[519] Dazu haben sie die Gläubiger über den Verfahrensablauf zu unterrichten und Informationen einholen.[520] Nehmen die Gläubigervertreter ihre Aufgabe nur unzureichend wahr, können an deren Stelle Gläubigerkontrolleure eingesetzt werden.[521] Der Verfahrensverwalter, der *administrateur judiciaire* steht auf der Seite des Schuldners und soll diesen bei der Geschäftsführung während des Verfahrens unterstützen. Dementsprechend bleibt die Geschäftsführungsbefugnis grundsätzlich beim Schuldner.[522]

Als vorgelagertes Insolvenzverfahren ist das Schutzverfahren trotz seiner hybriden Natur als ein der EuInsVO unterliegendes Insolvenzverfahren in Anhang A der EuInsVO aufgeführt.[523] Trotzdem soll es hier untersucht werden, denn der Gedanke, ein Schutzverfahren im Vorfeld der Insolvenz zu installieren, ist durchaus interessant.

---

516 Wörtlich heißt es: „… *Cette procédure est destinée à faciliter la réorganisation de l'entreprise afin de permettre la poursuite de l'activité économique, le maintien de l'emploi et l'apurement du passif. La procédure de sauvegarde donne lieu à un plan arrêté par jugement à l'issue d'une période d'observation …*".

517 *Roussel Galle*, Réforme du droit des entreprises en difficulté, Rn. 409.

518 Art. L. 631-4 C. com.

519 *Le Corre/Le Corre-Broly*, Droit des entreprises en difficulté, Rn. 128.

520 *Medla*, Präventive Unternehmenssanierung im deutschen und im französischen Recht, S. 183.

521 *Medla*, Präventive Unternehmenssanierung im deutschen und im französischen Recht, S. 184; *Drukarczyk*, in: FS Wellensiek, 761.

522 Art. L. 622-1 C. com.

523 BERICHT DER KOMMISSION AN DAS EUROPÄISCHE PARLAMENT, DEN RAT UND DEN EUROPÄISCHEN WIRTSCHAFTS- UND SOZIALAUSSCHUSS über die Anwendung der Verordnung (EG) Nr. 1346/2000 des Rates vom 29. Mai 2000 über Insolvenzverfahren, S. 5, abrufbar unter: http://eur-lex.europa.eu/LexUriServ/LexUriServ.do?uri=COM:2012:0743:FIN:DE:PDF.

aa) Überblick über das Verfahren

(1) Eröffnungsvoraussetzungen

Gemäß Art. L. 620-1 S. 1 C. com[524] kann das Verfahren nur auf Antrag des Schuldners eröffnet werden. Dieser darf sich nicht im Zustand der Zahlungsunfähigkeit befinden. Er muss sich in „Schwierigkeiten befinden, die er nicht alleine bewältigen kann".[525] Zentraler Begriff der materiellen Voraussetzungen ist der der „Schwierigkeiten". Art. L. 620-1 S. 1 C. com definiert im Gegensatz zu Art. L 611-4 C. com. nicht, welcher Art die Schwierigkeiten sein müssen. Die Literatur spricht sich jedoch dafür aus, die Norm entsprechend dem Schlichtungsverfahren auszulegen.[526] Auf den ersten Blick scheinen sich die Voraussetzungen des Schutzverfahrens mit den Anforderungen an das Schlichtungsverfahren, der procédure de conciliation, zu decken. Allerdings dürfen die Schwierigkeiten nicht nur vorhersehbar sein, sondern der Schuldner muss die Schwierigkeiten im vorliegenden Verfahren belegen („justifier").[527] Die Krise muss sich quasi derart zugespitzt haben, dass das Unternehmen ohne Eröffnung des Schutzverfahrens ungebremst in die Zahlungseinstellung schlittern würde.[528]

Wenn das Gericht zu dem Ergebnis kommt, dass die genannten Verfahrensvoraussetzungen gegeben sind, eröffnet es das Schutzverfahren.

(2) Auswirkungen der Verfahrenseröffnung

α) Wirkungen gegenüber dem Schuldner

Zunächst ist die Eröffnung des Verfahrens mit bestimmten Rechtsfolgen für den Schuldner verbunden. Dieser behält zwar im Grundsatz seine Geschäftsführungsbefugnis, diese kann jedoch durch eine Zuständigkeitszuweisung an den Verwalter eingeschränkt werden.[529]

---

524 Wörtlich *„Il est institué une procédure de sauvegarde ouverte sur demande d'un débiteur mentionné à l'article L. 620-2 qui, sans être en cessation des paiements, justifie de difficultés qu'il n'est pas en mesure de surmonter."*

525 *„justifie de difficultés qu'il n'est pas en mesure de surmonter"*.

526 *Lienhard*, Sauvegarde des entreprises en difficulté, Rn. 520; *Jacquemont*, Droit des entreprises en difficulté, Rn. 10; *Roussel Galle*, Réforme du droit des entreprises en difficulté, Rn. 296.

527 *Roussel Galle*, Réforme du droit des entreprises en difficulté, Rn. 296.

528 *Roussel Galle*, Réforme du droit des entreprises en difficulté, Rn. 297; *Le Corre/Le Corre-Broly*, Droit des entreprises en difficulté, Rn. 44.

529 *Lienhard*, Procédures collectives, 4e édition 2011, Rn. 75.12 ff.; *Pétel*, Procédures collectives, 7e édition 2011, Rn. 157.

Neben der Zuweisung von Befugnissen an den Verwalter im Eröffnungsbeschluss besteht eine weitere Beschränkung der Verwaltungs- und Verfügungsbefugnis durch Art. L. 622-3 alinéa[530] 2 i.V.m. Art. 622-7 C. com. für Verfügungen außerhalb des gewöhnlichen Geschäftsbetriebs.[531] Diese muss der Verfahrensrichter genehmigen.[532]

Zudem begründet der Eröffnungsbeschluss gemäß Art. L. 622-7 C.com. ein Zahlungsverbot des Schuldners, das sämtliche Forderungen umfasst, die vor Verfahrenseröffnung entstanden sind, mit Ausnahme konnexer Forderungen (*à l'exception du paiement par compensation de créances connexes*), die durch Aufrechnung befriedigt werden können.[533] Konnexität wird dabei wohl überwiegend nicht nur bei Forderungen bejaht, die aus demselben Vertragsverhältnis stammen, sondern auch bei Forderungen, die zwar aus unterschiedlichen Verträgen rühren, aber eine wirtschaftliche Einheit bilden.[534] Untersagt sind auch Zahlungen betreffend Forderungen, die nach Verfahrenseröffnung entstanden sind, mit Ausnahme solcher, die für den Schuldner zur Bestreitung des persönlichen Lebensunterhaltes sowie auf ihm lastender Unterhaltspflichten notwendig sind.[535]

Das Gesetz sieht von diesem Zahlungsverbot zwei Ausnahmen vor:

Zum einen kann gem. Art. L. 622-7-II C. com. der Verfahrensrichter auf Antrag des Schuldners oder Verfahrensverwalters diesen die Vornahme einzelner Rechtshandlungen gestatten.[536] Das Gesetz listet die Verfügungen, zu denen der Verfahrensrichter eine Ermächtigung erteilen kann, abschließend auf. Dies

---

530 alinéa = der Absatz

531 So auch *Roussel Galle*, Réforme du droit des entreprises en difficulté, Rn. 396; *Jacquemont,* Droit des entreprises en difficulté, Rn. 289; Mangels Legaldefinition was „außerhalb des gewöhnlichen Geschäftsbetriebs" liegt, wird in der Praxis wohl auf die Auslegungsgrundsätze für das Insolvenzsanierungsverfahren zurückgegriffen, so *Medla*, Präventive Unternehmenssanierung im deutschen und im französischen Recht, S. 195.

532 Art. 627-7 II C. com.

533 So auch *Lienhard,* Procédures collectives, 4e édition 2011, Rn. 75.18, 75.19; *Pétel,* Procédures collectives, 7e édition 2011, Rn. 167, 171; *Voinot,* Procédures collectives, Éd. 2011, Rn. 379.

534 M.w.N. *Medla*, Präventive Unternehmenssanierung im deutschen und im französischen Recht, Fn. 1069.

535 So auch *Lienhard,* Procédures collectives, 4e édition 2011, Rn. 75.20, 75.21; *Rousell-Galle*, Procédures collectives, 7e édition 2011, Rn. 504 f.

536 So auch *Lienhard,* Procédures collectives, 4e édition 2011, Rn. 75.25; *Pétel,* Procédures collectives, 7e édition 2011, Rn. 173.

sind einerseits Verfügungen außerhalb des gewöhnlichen Geschäftsbetriebs[537], die Eintragung einer Hypothek oder die Bestellung eines Pfandrechts an beweglichen Sachen[538], sowie der Abschluss eines Vergleichs in einem Schiedsverfahren (*compromettre*) sowie in einem gerichtlichen Verfahren (*transiger*).[539] Zusätzlich kann der Verfahrensrichter die Genehmigung zur Zahlung von vor der Verfahrenseröffnung entstandenen nicht konnexen Forderungen erteilen, wenn die Zahlung der Rückerlangung von Gegenständen dient, an denen ein Besitzpfandrecht oder ein Zurückbehaltungsrecht besteht und der Gegenstand für die Betriebsfortführung notwendig ist.[540] 2009 hat der französische Gesetzgeber in diesem Zusammenhang das Recht der besitzlosen (fiktive) Pfandrechte, wie z.B. an Betriebsausstattungen, reformiert. Das fiktive Pfandrecht kann der Verwendung des Gegenstandes, an dem das Pfandrecht besteht, im Rahmen der Betriebsfortführung nicht entgegengehalten werden.[541]

Zum anderen besteht eine Ausnahme für Forderungen, die von der Privilegierung des Art. L. 622-17 C.com erfasst werden.[542] Art. L. 622-17 C.com erlaubt die Tilgung von Forderungen, die nach Verfahrenseröffnung entstehen und für die Verfahrensabwicklung oder die Unternehmensfortführung während der Beobachtungsphase von Nutzen ist.[543] Forderungen für die Verfahrensabwicklung sind vor allem Gerichtskosten, Honorare der eingeschalteten Organe und Experten sowie Kosten durch die Ausführung laufender Verträge. Es handelt sich hierbei also um Masseforderungen. Diese Forderungen sind dann entgegen dem Zahlungsverbot des Art. L. 622-7 C.com. bei Fälligkeit zu begleichen.[544] Werden die Forderungen bei Fälligkeit nicht beglichen, so sind diese bei Verfahrensende

537 *Le juge-commissaire peut autoriser le débiteur à faire un acte de disposition étranger à la gestion courante de l'entreprise.*

538 *à consentir une hypothèque, un gage.*

539 So auch *Medla*, Präventive Unternehmenssanierung im deutschen und im französischen Recht, S. 197; *Pétel*, Procédures collectives, 7e édition 2011, Rn. 173; *Lienhard*, Procédures collectives, 4e édition 2011, Rn. 75.25; *Voinot*, Procédures collectives, Éd. 2011, Rn. 357.

540 Art. L. 622-7-II C.com; so auch *Lienhard*, Procédures collectives, 4e édition 2011, Rn. 75.25; *Voinot*, Procédures collectives, Éd. 2011, Rn. 357; *Medla*, Präventive Unternehmenssanierung im deutschen und im französischen Recht, S. 198.

541 *Delzant/Ehret*, ZInsO 2009, 990, 996.

542 So auch *Rousell-Galle*, Procédures collectives, 7e édition 2011, Rn. 396.

543 So auch *Lienhard*, Procédures collectives, 4e édition 2011, Rn. 76.53; *Pétel*, Procédures collectives, 7e édition 2011, Rn. 208 ff.; *Voinot*, Procédures collectives, Éd. 2011, Rn. 382 ff.; 386 ff.

544 Art. L. 622-17-I C.com („…*sont payées à leur échéance*")

vorrangig zu befriedigen. Einzig die Lohnforderungen der Arbeitnehmer sowie Forderungen, die unter das „fresh-money"-Privileg des Art. L. 611-11 C.com für die Zurverfügungstellung von neuem Kapital in einem vorherigen Schlichtungsverfahren fallen, gehen diesen vor.[545] Art. L. 622-17-III C.com nennt die Rangfolge, in der die privilegierten Forderungen zu begleichen sind.[546]

β) Wirkungen gegenüber den Gläubigern

αα) Verfahrens- und Vollstreckungsschutz

Eine wichtige Wirkung der Verfahrenseröffnung im Hinblick auf den Schutz des Schuldnervermögens stellt die Anordnung eines Verfahrens- und Vollstreckungsschutzes dar.

Der Verfahrensschutz untersagt oder unterbricht jegliche gerichtlichen Verfahren der Gläubiger, die darauf abzielen, den Schuldner entweder zur Zahlung einer Geldsumme zu verurteilen oder einen Vertrag wegen Zahlungsverzuges zu kündigen.[547] Ausgenommen von diesem Verfahrensschutz werden Gläubiger, deren Forderungen von der Privilegierung des Art. L. 622-17 C.com erfasst werden.[548]

Zudem begründet der Eröffnungsbeschluss einen Vollstreckungsstop für laufende Vollstreckungsverfahren bzw. ein Vollstreckungsverbot in das bewegliche und unbewegliche Vermögen des Schuldners.[549] Im Gegensatz zum deutschen Recht kennt das französische Recht dabei keine Rückschlagsperre im Sinne von § 88 InsO, die abgeschlossene Zwangsvollstreckungsmaßnahmen mit Verfahrenseröffnung

545 Art. L. 622-17-II C.com.

546 Um in den Genuss des gesetzlichen Vorrang des Art. L. 622-17 C.com zu gelangen, müssen die Gläubiger jedoch innerhalb eines Jahres den Gläubigervertreter und den Verfahrensverwalter über das Bestehen ihrer privilegierten Forderung unterrichten, siehe Art. L. 622-17-IV C.com; zu den Konsequenzen der Verletzung dieser Obliegenheit etwa *Lienhard*, Procédures collectives, 4e édition 2011, Rn. 76.62; *Jacquemont*, Droit des entreprises en difficulté, Rn. 377; *Jeantin/Le Cannu*, Droit commercial – Entreprises en difficulté, 7e édition, Rn. 814.

547 Art. L. 622-21-I C.com; so auch *Drukarczyk*, in: FS Wellensiek, 76; *Medla*, Präventive Unternehmenssanierung im deutschen und im französischen Recht, S. 200.

548 Art. L. 622-17 C.com erlaubt die Tilgung von Forderungen, die nach Verfahrenseröffnung entstehen und die für die Verfahrensabwicklung oder die Unternehmensfortführung während der Beobachtungsphase von Nutzen ist, näher dazu *Lienhard*, Procédures collectives, 4e édition 2011, Rn. 76.53; *Pétel*, Procédures collectives, 7e édition 2011, Rn. 208 ff.; *Voinot*, Procédures collectives, Éd. 2011, Rn. 382 ff.; 386 ff.; *Rousell-Galle*, Procédures collectives, 7e édition 2011, Rn. 396.

549 Art. L. 622-21-II C.com; so auch *Medla*, Präventive Unternehmenssanierung im deutschen und im französischen Recht, S. 201.

nachträglich unwirksam werden lässt.[550] So ist die Pfändung zukünftiger Forderungen trotz Verfahrenseröffnung wirksam, sofern der Pfändungsbeschluss dem Drittschuldner vor Verfahrenseröffnung bereits zugestellt wurde.[551]

Um jedoch die betroffenen Gläubiger nicht der Verjährung ihrer Forderungen auszusetzen, wird diese für die Dauer des Verfahrens gehemmt.[552]

ββ) Aufhebung des Zinslaufs

Um das Vermögen des Schuldners vor laufenden Zinsbelastungen zu schützen, ist eine weitere wichtige Wirkung des Eröffnungsbeschlusses die Aufhebung des Zinslaufes (*arrête le cours des intérêts*).[553] Erfasst werden die vertraglich vereinbarten Zinsen (*intérêts conventionnels*) sowie, falls keine Sondervereinbarung besteht, die Verzugszinsen, deren Zinssatz jährlich per Verordnung festgelegt wird (*intérêts légaux*).[554]

Ausgenommen von der Aufhebung des Zinslaufs werden jedoch neu abgeschlossene Darlehens- und Ratenzahlungsverträge mit einer Laufzeit von einem Jahr oder mehr.[555] Sinn und Zweck dieser Ausnahme ist es, die Vergabe von mittel- und langfristigen Krediten während des Verfahrens zu fördern.[556]

γγ) Erstreckung der Wirkungen der Verfahrenseröffnung auf die persönlichen Sicherungsgeber des Schuldners

Gerade bei mittelständischen Unternehmen ist es die Regel, dass der Schuldner bzw. die Geschäftsführung selbst oder Familienangehörige Personalsicherheiten für dem Unternehmen gewährte Kredite geben. Nun wäre natürlich wenig Anreiz für die Einleitung eines vorinsolvenzlichen Verfahrens gegeben, wenn der Schuldner selbst zwar durch einen Verfahrens- und Vollstreckungsstopp

---

550 *Rousell-Galle*, Procédures collectives, 7e édition 2011, Rn. 510; mit Hinweis auf *Rousell-Galle*, Procédures collectives, 7e édition 2011; auch *Medla*, Präventive Unternehmenssanierung im deutschen und im französischen Recht, S. 201, Fn. 1173.

551 *Medla*, Präventive Unternehmenssanierung im deutschen und im französischen Recht, S. 201.

552 Art. L. 622-21-III C. com.

553 Art. L. 622-28- I C.com.

554 So auch *Pétel*, Procédures collectives, 7e édition 2011, Rn. 202; *Rousell-Galle*, Procédures collectives, 7e édition 2011, Rn. 514.

555 Art. L. 622-28- I C.com; so auch *Medla*, Präventive Unternehmenssanierung im deutschen und im französischen Recht, S. 203.

556 *Medla*, Präventive Unternehmenssanierung im deutschen und im französischen Recht, S. 203.

geschützt wäre, sich jedoch die Geschäftsführung bzw. deren Angehörige einer persönlichen Inanspruchnahme ausgesetzt sehen würden.

Dies hat auch der französische Gesetzgeber erkannt und die Wirkungen der Verfahrenseröffnung auf die persönlichen Sicherungsgeber ausgedehnt. Art. L. 622-28-I S. 2 C.com erstreckt die Aufhebung des Zinslaufs auch auf natürliche Personen, die als Bürge, Gesamtschuldner oder mittels einer Garantieerklärung persönlich für Forderungen des Schuldners haften.[557] Art. L. 622-28-II C.com dehnt generell die Wirkungen der Verfahrenseröffnung auf die ebengenannten natürlichen Personen aus, so dass jede Prozesshandlung, die in Zusammenhang mit einem Verfahren gegen das schuldnerische Unternehmen steht, unterbrochen wird. Zudem kann das Gericht eine Stundung der Forderungen von bis zu zwei Jahren nach gerichtlich erfolgter Feststellung des Rettungsplans anordnen.[558]

Damit die Gläubiger andererseits nicht einer Verschlechterung der Vermögenssituation der Sicherungsgeber und damit einer Wertlosigkeit der Personalsicherheit ausgesetzt sind, gestattet das Gesetz dem betroffenen Gläubigern Sicherungsmaßnahmen („*mesures conservatoires*“) zu ergreifen, um eine spätere Vollstreckung in das Vermögen der Sicherungsgeber zu ermöglichen.[559] Darunter fällt beispielsweise die Eintragung einer Sicherungshypothek.[560]

δδ) Keine Fälligstellung von Forderungen aufgrund der Verfahrenseröffnung

Eine weitere wichtige Rechtsfolge der Verfahrenseröffnung behandelt das oft zu beobachtende Phänomen, dass Gläubiger mit Eröffnung eines Insolvenz- oder auch Schutzverfahrens ihre Forderungen fällig stellen und somit der Schuldner drohend zahlungsunfähig oder zahlungsunfähig wird.

---

557 So auch *Rousell-Galle*, Procédures collectives, 7e édition 2011, Rn. 514; *Le Corre*, LA RÉFORME DU DROIT DES ENTREPRISES EN DIFFICULTÉ, 2009, Rn. 236.1.

558 So auch *Lienhard*, Procédures collectives, 4e édition 2011, Rn. 78.35; *Pétel*, Procédures collectives, 7e édition 2011, Rn. 203; *Rousell-Galle*, Procédures collectives, 7e édition 2011, Rn. 515; *Le Corre*, LA RÉFORME DU DROIT DES ENTREPRISES EN DIFFICULTÉ, 2009, Rn. 236.2; *Medla*, Präventive Unternehmenssanierung im deutschen und im französischen Recht, S. 203.

559 Art. L. 622-28-III C.com.; so auch *Rousell-Galle*, Procédures collectives, 7e édition 2011, Rn. 515.

560 *Medla*, Präventive Unternehmenssanierung im deutschen und im französischen Recht, S. 203.

Um dies zu verhindern untersagt Art. L. 622-29 C.com das Fälligstellen von Forderungen aufgrund der Eröffnung des Verfahrens. Vertragliche Klauseln, die den Eintritt der Fälligkeit mit Eröffnung des Schutzverfahrens regeln, sind unwirksam.[561]

(3) Der Rettungsplan – plan de sauvegarde

Zentrales Ziel und Kernstück des Schutzverfahrens ist die gerichtliche Bestätigung eines Rettungsplans, denn damit endet für das Unternehmen die Beobachtungsphase und es beginnt die Sanierungsphase.[562]

α) Die Planerarbeitungsphase

αα) Die Erarbeitung eines Planentwurfs ohne Beteiligung eines Gläubigerkomitees

Ausgangspunkt der gerichtlichen Bestätigung des Rettungsplanes ist die Erstellung eines Plankonzepts, für das der Verfahrensverwalter verantwortlich ist.

Inhaltlich hat der Planersteller im Wesentlichen Gestaltungsfreiheit. Der Gesetzgeber macht lediglich grobe Vorgaben dahingehend, dass bestimmte Themenbereiche wie die finanzielle Sanierung und geplante arbeitsrechtliche Maßnahmen im Planentwurf abgedeckt sein müssen. Nur in Bezug auf die finanzwirtschaftliche Sanierung schreibt der Gesetzgeber recht genau vor, wie der Planentwurf zu erarbeiten ist.[563]

Vorschläge für finanzwirtschaftliche Sanierungsmaßnahmen, wie Erlasse oder Stundungen sind vom Verfahrensverwalter zu entwickeln. Dieser teilt die Vorschläge sodann dem Gläubigervertreter, den Gläubigerkontrolleuren, dem Betriebsrat oder, wenn es einen solchen nicht gibt, der Arbeitnehmervertretung mit.[564] Wenn der Entwurf Stundungen oder Erlasse zum Gegenstand hat, ersucht der Gläubigervertreter die betroffenen Gläubiger entweder einzeln oder kollektiv um Zustimmung zu dem Entwurf.[565] Widersprechen die Gläubiger ausdrücklich dem Planentwurf, können diesen keine Forderungserlasse oder Stundungen

561 So auch *Medla*, Präventive Unternehmenssanierung im deutschen und im französischen Recht, S. 205.
562 Art. L. 626-1-I C.com.
563 So auch *Medla*, Präventive Unternehmenssanierung im deutschen und im französischen Recht, S. 230.
564 Art. L. 626-5-I C.com.
565 Art. L. 626-5-II C.com.

aufgedrängt werden.[566] Erfolgt jedoch die Befragung schriftlich und schweigt der Gläubiger dazu, so wird mit Ablauf einer 30-tägigen Frist die Zustimmung des Gläubigers zu den geplanten Sanierungsmaßnahmen fingiert.[567]

Nachdem der Gläubigervertreter die Antworten der Gläubiger zusammengetragen hat, erstellt er eine Liste mit den Ergebnissen der Befragung und lässt ein Exemplar dem Schuldner, dem Verfahrensverwalter, sowie den Gläubigerkontrolleuren zukommen.[568]

ββ) Die Erarbeitung eines Planentwurfs unter Beteiligung von Gläubigerausschüsse

Neben diesem eben dargestellten Verfahrensablauf gibt es in der Planerarbeitungsphase auch noch eine andere Variante, die zwingend stattfindet, wenn das betroffene Unternehmen eine gewisse Größenordnung erreicht. Handelt es sich bei dem Schuldner um ein Unternehmen, dessen Jahresabschlüsse von einem Wirtschaftsprüfer zu testieren sind, das mehr als 150 Arbeitnehmer beschäftigt und dessen Umsatzerlöse mehr als 20 Mio € betragen, sind nach dem Vorbild des Chapter-XI Verfahrens zwingend Gläubigerausschüsse (comités de créanciers) zu bilden. Dadurch soll eine stärkere Einbindung der für den Erhalt des Unternehmens wichtigsten Gläubiger erfolgen.[569] Dabei ist die Anzahl der Gläubigerausschüsse jedoch auf zwei Stück limitiert.[570] Bei Unternehmen, die diese Größenordnung nicht erreichen, ist die Einrichtung dieser Gläubigerausschüsse fakultativ und kann vom Schuldner oder Verfahrensverwalter beantragt werden.[571]

In einem der Gläubigerkomitees werden ungeachtet der Art oder Höhe der Forderungen die Banken- und Kreditinstitute zusammengefasst.[572] Das andere Komitee umfasst die Hauptgeschäftspartner des Schuldners.[573] Unter Hauptgeschäftspartner werden Lieferanten und Dienstleister verstanden, deren Forderungen jeweils

566 So auch *Medla*, Präventive Unternehmenssanierung im deutschen und im französischen Recht, S. 230.

567 Art. L. 626-5-III C.com.

568 *Medla*, Präventive Unternehmenssanierung im deutschen und im französischen Recht, S. 230.

569 Art. L. 626-29 C. com.; *Lienhard*, Procédures collectives, 4e édition 2011, Rn. 82.19.

570 *Rousell-Galle*, Procédures collectives, 7e édition 2011, Rn. 654, 658; *Lienhard*, Procédures collectives, 4e édition 2011, Rn. 82.21.

571 *Lienhard*, Procédures collectives, 4e édition 2011, Rn. 82.20.

572 *Medla*, Präventive Unternehmenssanierung im deutschen und im französischen Recht, S. 245.

573 Art. L. 626-30 Abs. 1 C.com.

mindestens 3% der Gesamtverbindlichkeiten des Schuldners betragen.[574] Aufbauend auf den Erfahrungen des Eurotunnel Verfahrens wurde 2008 zudem eine Versammlung für die Schuldverschreibungsinhaber[575] geschaffen.[576]

Der Schuldner legt schließlich den Gläubigerkomitees seinen Planentwurf vor, den die Gläubiger innerhalb der Komitees diskutieren. Gegebenenfalls machen die Gläubiger Modifikationsvorschläge und verhandeln diese mit dem Schuldner bzw. dem Verfahrensverwalter.[577]

Inhaltlich wird der Plan vor allem Zahlungsaufschübe, Forderungserlasse, Wiederauflebungsklauseln und bei Aktiengesellschaften, Umwandlungen von Forderungen in Eigenkapital enthalten.[578] Auch Abweichungen vom Prinzip der Gläubigergleichbehandlung sind möglich, sofern die Situation eine Ungleichbehandlung rechtfertigt.[579]

Letztlich stimmen die Gläubiger in den Komitees über die Annahme des Planentwurfs ab. Der Entwurf ist angenommen, wenn er von einer zwei Drittel Summenmehrheit der vom Rechnungsprüfer attestierten Forderungen beschlossen wird, wobei lediglich die an der Abstimmung teilnehmenden Gläubiger berücksichtigt werden.[580]

Die übrigen Gläubiger, die nicht in einem der beiden Gläubigerkomitees an der Annahme des Planentwurfs mitwirken konnten, sind nach den Vorschriften

---

574 Art. L. 626-30 Abs. 3 C.com.

575 Schuldverschreibungen stellen eine Form der Fremdfinanzierung dar, bei denen sich der Schuldner nicht wie im klassischen Sinn wegen eines Darlehens an ein Kreditinstitut, sondern an den Kapitalmarkt wendet.
Eine Schuldverschreibung stellt dabei ein verbrieftes Darlehen dar, d.h. die Schuldverschreibung verbrieft die Forderung des jeweiligen Inhabers des Papiers gegen den Aussteller auf Rückzahlung und Verzinsung des zur Verfügung gestellten Kapitals. Das Rechtsverhältnis, das zwischen dem Anleiheschuldner, dem Emittenten oder Aussteller, und dem Inhaber der Anleihe, dem Anleihegläubiger, besteht ist dabei in den Anleihebedingungen geregelt. Siehe dazu auch *Leuering*, NZI 2009, 638, 639.

576 Ehret, Sanierung & Insolvenz, I/2010, 3, abrufbar unter: http://www.schubra.de/de/infobriefe/sanierungsrecht/1101_sanierung.pdf

577 Art. L. 626-30-2 Abs. 1 C.com.

578 Art. L. 626-30-2 Abs. 2 C.com.

579 Art. L. 626-30-2 Abs. 2 C.com.

580 Art. L. 626-30-2 Abs. 4 C.com.

gemäß der Art. L. 626-5, 626-6 C.com. zu befragen. Sie müssen den geplanten Sanierungsmaßnahmen individuell zustimmen.[581]

β) Bestätigung des Plans

Damit der Planentwurf wirksam wird und seine Wirkungen entfaltet, bedarf es einer gerichtlichen Annahmeentscheidung. Diese muss unabhängig davon erfolgen, ob der Planentwurf mit oder ohne Beteiligung der Gläubigerkomitees erarbeitet wurde. Dabei entscheidet das Gericht danach, ob aufgrund des Planentwurfs eine realistische Chance besteht, das Unternehmen zu sanieren.[582]

Wurde der Planentwurf unter Beteiligung der Gläubigerkomitees entworfen, hat das Gericht zu prüfen, ob die Interessen einzelner Gläubiger hinreichend geschützt werden und ob der Grundsatz der Gläubigergleichbehandlung eingehalten wurde. Falls dies nicht der Fall ist, ist zu prüfen, ob es einen sachlichen Grund für die Ungleichbehandlung gibt.[583]

Während das Gericht einen ohne Gläubigerkomitees erarbeiteten Planentwurf abändern kann, ist dies bei einem Planentwurf unter Mitwirkung der Gläubigerkomitees nicht möglich. Das Gericht kann entweder die Bestätigung erteilen oder versagen.[584]

γ) Die Planausführungsphase

Hat das Gericht den Planentwurf bestätigt, treten die erarbeiteten Sanierungsmaßnahmen in Kraft.[585] Zudem kann das Gericht auf Antrag des Schuldners ein Aussonderungsverbot für Gegenstände, die für die Fortführung des Unternehmens unerlässlich sind, anordnen.[586]

Das Gericht ernennt zur Überwachung der Planausführung den Gläubigervertreter oder den Verfahrensverwalter zum sog. Planausführungskommissar („*commissaire à l'exécution du plan*").[587]

---

581 Art. L. 626-33 C.com; so auch *Lienhard*, Procédures collectives, 4e édition 2011, Rn. 82.44; *Medla*, Präventive Unternehmenssanierung im deutschen und im französischen Recht, S. 248.

582 Art. L. 626-1 Abs. 1 C.com; so auch *Pétel*, Procédures collectives, 7e édition 2011, Rn. 259; *Rousell-Galle*, Procédures collectives, 7e édition 2011, Rn. 581.

583 Art. L. 626-31 Abs. 1 C.com.

584 *Rousell-Galle*, Procédures collectives, 7e édition 2011, Rn. 676; *Pétel*, Procédures collectives, 7e édition 2011, Rn. 284.

585 Art. L. 626-18 Abs. 1 C.com.

586 Art. L. 626-14 C.com.

587 Art. L. 626-25 C.com.

Im Gegensatz zum Insolvenzplanverfahren in Deutschland endet das Verfahren nicht, sobald der Insolvenzplan bestätigt ist, §§ 252 I, 258 I InsO. Vielmehr endet der Plan nach der Vorstellung des französischen Gesetzgebers im Idealfall erst mit der vollständigen Ausführung des Rettungsplanes.[588] Zur Sicherheit für den Rechtsverkehr wird die Beendigung des Verfahrens durch ein deklaratorisches Urteil auf Antrag des Planaufführungskommissars, des Schuldners oder jedes anderen Interessierten festgestellt.[589]

Mit der Aufhebungsentscheidung des Gerichts werden auch die Sanierungsmaßnahmen beendet und etwaige gestundete Forderungen werden wieder fällig.[590]

bb) Umsetzungsmöglichkeit dieser Verfahrenskonzeption in Deutschland

Möchte man ein Verfahrens im Vorfeld der Insolvenz nach Vorbild des Sauvegarde Verfahrens in Deutschland einführen, stellt sich wiederum die Frage, inwieweit sich die Maßnahmen des französischen Verfahrens in Deutschland umsetzen ließen. Zunächst sollen die Maßnahmen gegenüber dem Schuldner und dann gegenüber den Gläubigern begutachtet werden.

(1) Wirkungen der Verfahrenseröffnung gegenüber dem Schuldner

Die Wirkungen der Verfahrenseröffnung gegenüber dem Schuldner würden in Deutschland zunächst einen Eingriff in nach Art. 2 Abs. 1 und Art. 14 Abs. 1 GG geschützte Rechte darstellen. Allerdings liegt das Antragsrecht für das Schutzverfahren allein beim Schuldner, der sich somit allein auf freiwilliger Basis in das Schutzverfahren begibt. Ein freiwilliger Antrag in Kenntnis der Rechtsfolgen kann insofern als wirksamer Grundrechtsverzicht gewertet werden.[591]

(2) Wirkungen der Verfahrenseröffnung gegenüber den Gläubigern

Die Wirkungen der Verfahrenseröffnung gegenüber den Gläubigern sind einzeln zu untersuchen.

Zunächst würden sowohl der Verfahrens- als auch der Vollstreckungsstop sowie der Ausschluss der Fälligstellung von Forderungen gem. Art. L. 622-29 C.com

588 *Medla*, Präventive Unternehmenssanierung im deutschen und im französischen Recht, S. 241.

589 Art. L. 626-28 C.com; so auch *Medla*, Präventive Unternehmenssanierung im deutschen und im französischen Recht, S. 241.

590 Art. L. 626-27-I C.com; so auch *Medla*, Präventive Unternehmenssanierung im deutschen und im französischen Recht, S. 242.

591 zu den Anforderungen an einen wirksamen Grundrechtsverzicht Pieroth/Schlink, a.a.O. (Fn. 57) Rn. 146 ff.

in Rechtspositionen eingreifen, die vom Schutzbereich des Art. 14 Abs. 1 S. 1 GG umfasst werden. Da der Verfahrens- und Vollstreckungsstop die Forderungen der Gläubiger nicht vollständig oder teilweise entziehen, sondern abstrakt-generell einschränken würde, wären beide eine Inhalts- und Schrankenbestimmung gegenüber den betroffenen Gläubigern. Diese müsste abermals zu ihrer Rechtfertigung dem Verhältnismäßigkeitsgrundsatz genügen.

Sowohl der Verfahrens- und Verwertungsstop als auch der Ausschluss der Fälligstellung von Forderungen sowie die Einstellung des Zinslaufes sind taugliche Instrumente, um eine Vermögensreduzierung des Schuldnervermögens zu verhindern und damit Sanierungschancen zu konservieren. Diese Maßnahmen wären auch erforderlich, denn ohne diese würde das Vermögen des Schuldners weiter geschmälert, so dass alsbald Zahlungsunfähigkeit eintreten würde. Damit wäre das Unternehmen schließlich insolvent; eine vorinsolvenzliche Sanierung wäre nicht mehr möglich. Da bei einem insolventen Unternehmen die wirtschaftlichen Werte stark reduziert sind, wäre die für die Gläubiger zu erzielende Quote geringer als im Fall einer vorher erfolgten Restrukturierung. Die Eröffnung eines Insolvenzverfahrens hätte zumindest die gleiche Eingriffsintensität zur Folge, so dass die Sanierung in einem Insolvenzverfahren kein milderes Mittel darstellen würde.

Die Rechtsfolgen der Verfahrenseröffnung müssten jedoch auch einer Kontrolle im Hinblick auf ihre Verhältnismäßigkeit standhalten. Zwar wird diesbezüglich vertreten, dass die Gläubiger, wenn sie an der Ausübung ihrer Rechte im Interesse einer Sanierung des Schuldners gehindert werden, eine angemessene Kompensation für dieses Opfer verdienen.[592] Insofern könnte man an eine Regelung entsprechend dem § 169 InsO denken. Jedoch zeigt die Regelung deutlich, dass dabei Zinsen erst ab dem Berichtstermin zu zahlen sind. Die Regelung des § 21 Abs. 2 Nr. 5 InsO legt für das Eröffnungverfahren fest, dass Zinsen spätestens nach drei Monaten nach Anordnung von Maßnahmen zu zahlen sind. Kurzfristige Einschränkungen sind vielmehr entschädigungslos hinzunehmen.

Fraglich ist, wie die Erstreckung des Moratoriums auf die persönlichen Sicherungsgeber einzuordnen ist. Sicherlich stellt die Möglichkeit des Zugriffs auf das Vermögen der persönlichen Sicherungsgeber gerade in psychologischer Hinsicht eine neuralgische Stelle bei der Einleitung eines vorinsolvenzlichen Sanierungsverfahrens dar. Allerdings müssen die Maßnahmen des Moratoriums dahingehend untersucht werden, inwieweit der Eingriff in Art. 14 Abs. 1 S. 1 GG im Hinblick auf die Sanierung des Schuldners geeignet, erforderlich und verhältnismäßig ist.

---

592 So auch *Bork*, in: FS Hopt, 1629, 1643.

Unabhängig davon, ob es aus materiell-rechtlichen Gründen[593] einer solchen Erstreckung des Moratoriums bedarf, erscheint die Ausdehnung desselben auf die persönlichen Sicherungsgeber erforderlich. Erstreckt man ein Moratorium nicht auf die persönlichen Sicherungsgeber und ermöglicht man stattdessen den Zugriff auf das Vermögen eines persönlichen Sicherungsgebers, wird die Insolvenz lediglich in den Bereich der Privatinsolvenz verlagert. Daher ist ein Vollstreckungsverbot in das Vermögen der persönlichen Sicherungsgeber als mit Art 14 GG vereinbar und daher als in Deutschland umsetzbar zu bewerten. Das gefundene Ergebnis wird durch die Vorschrift des § 227 Abs. 2 InsO gestützt, wonach sich die Regelungen des Insolvenzplans auch auf die Haftung des persönlich haftenden Gesellschafters für Verbindlichkeiten erstrecken.

Im Übrigen müssten die dargestellten Maßnahmen den Anforderungen im Hinblick auf die Verhältnismäßigkeit im Einzelfall gerecht werden. Um dies zu gewährleisten, müsste jedoch auch hier eine wirksame richterliche Kontrolle stattfinden, die flexibel auf die Umstände des Einzelfalles, insbesondere schutzwürdige Interessen der Gläubiger reagiert, so dass auch wirklich nur die erforderlichen Maßnahmen ergriffen werden.

(3) Die Gläubigerzustimmung zum Planentwurf

Hierbei ist die Zustimmung mit und ohne Einrichtung von Gläubigerkomitees zu unterscheiden.

Wurden keine Gläubigerkomitees eingerichtet, erfolgt die Zustimmung zum Planentwurf im Grundsatz völlig privatautonom. Allerdings sieht die französische

---

593 Nach h.M. ist beispielweise die Einrede des Bürgen nach §768 Abs. 1 S. 1 BGB, dass die Forderung nicht fällig sei, auch bei Titelumschreibung nach § 727 Abs. 1 ZPO auf den Bürgen zu beachten, hindert also auch die Zwangsvollstreckung gegen den Bürgen, so *Ulrici* in: Beck-OGK, § 727 Rn. 20, § 724 Rn. 29. Andererseits soll dies nicht für Forderungsstundungen im Rahmen von außergerichtlichen Sanierungsvergleichen gelten. Der Grund für die Stundungsabrede ist eben die Verschlechterung der Vermögenslage des Hauptschuldners. Die Einrede soll allein dem Hauptschuldner zugutekommen, damit er eine Atempause zur Restrukturierung erhält. Der hinter § 768 Abs. 1 S. 2 BGB stehende Grundsatz, dass eine Erstreckung der Einrede des Hauptschuldners zu unterbleiben habe, wenn die auf der Verschlechterung der Leistungsfähigkeit des Hauptschuldners beruht und dessen individuellen Schutz dient, spricht gegen eine Erstreckung der Einrede auf den Bürgen.
Bei der Garantieerklärung als selbstständigen Personalsicherheit kann sich der Garant nicht auf Einwendungen und Einreden aus dem zwischen dem Garantienehmer und dessen Schuldner bestehenden Valutaverhältnis berufen, so *Habersack*, MünchKomm-BGB, 6. Auflage 2013, Vorb. Rn. 20.

Regelung vor, dass bei einer schriftlichen Befragung zum Planentwurf mit Ablauf einer 30-tägigen Frist die Zustimmung zu den geplanten Sanierungsmaßnahmen fingiert wird. Wie wäre eine solche Regelung nun im Kontext der deutschen Privatautonomie einzuordnen und wäre diese so umsetzbar? Es bietet sich an, dazu einen vergleichenden Blick in die Insolvenzordnung zu werfen. Dort findet sich beispielsweise die Regelung des § 307 Abs. 2 InsO. Danach gilt die Zustimmung des Gläubigers zu einem Schuldenbereinigungsplan als erteilt, wenn eine Stellungnahme des Gläubigers zu dem Plan nicht binnen einer Notfrist von einem Monat, § 307 Abs. 1 S. 1 InsO, bei Gericht eingeht.

Dogmatisch betrachtet bedarf es jedoch zur Eingehung eines Schuldverhältnisses einer ausdrücklichen oder konkludenten Zustimmung als Willenserklärung. Schweigen kommt grundsätzlich kein Erklärungswert zu, es stellt ein rechtliches nullum dar, wie der Grundsatz „qui tacet consentire non videtur"[594] deutlich macht.[595]

Davon gibt es freilich Ausnahmen. Zum einen, wenn die Parteien von dem eben genannten Grundsatz bewusst abweichen und dem Schweigen auf ein Angebot eben doch einen Erklärungswert zumessen, sog. beredtes Schweigen.[596] Dies wäre jedoch bei einer gesetzlichen Regelung nach französischem Vorbild nicht der Fall. Im Gegenteil, es kommt auf den Willen des Schweigenden gar nicht an und seinem Nichtstun wird ohne Berücksichtigung seines Willens ein Erklärungswert beigemessen.[597] Vielmehr wird eine Willenserklärung fingiert. Eine solche Fiktion ist dem deutschen Privatrecht nicht fremd, der Gesetzgeber ordnet sie in verschiedenen gesetzlichen Regelungen[598] an, wie eben in § 307 Abs. 2 InsO. Sie wird als sog. normiertes Schweigen bezeichnet und stellt die zweite Ausnahme vom oben genannten Grundsatz, dass Schweigen keinen Erklärungswert hat, dar.[599]

Trotz dieser dogmatischen Einordnung ist indes fraglich, wie diese gesetzliche Zustimmungsfiktion im Hinblick auf Art. 2 Abs. 1 GG und, soweit die vertragliche Bindung Vermögenswerte betrifft, im speziellen auf Art. 14 Abs. 1 S. 1 GG zu legitimieren ist. Immerhin wird ein Vertragsverhältnis begründet, unabhängig

---

594 Wer schweigt, scheint nicht zuzustimmen.

595 *Jan Busche,* Staudinger – Eckpfeiler des Zivilrechts, F. Die Begründung von Schuldverhältnissen, Rn. 29.

596 *Busche* in: MünchKomm-BGB, 6. Aufl. 2012, § 147 Rn. 7; *H.-W. Eckert* in: Beck-OK-BGB, § 146 Rn. 13.

597 So auch *Madaus,* Der Insolvenzplan, S. 249.

598 Beispielsweise §§ 416 I 2; 455 S. 2; 516 II 2; 545; 1943, 2. Hs. BGB

599 *Jan Busche,* Staudinger – Eckpfeiler des Zivilrechts, F. Die Begründung von Schuldverhältnissen, Rn. 29.

davon, ob der Betroffene dies wollte oder nicht. Dies stellt einen Eingriff in die verfassungsrechtlich geschützte negative Vertragsabschlussfreiheit, welche die Möglichkeit garantiert, ein vertragliches Schuldverhältnis nicht abzuschließen, dar.[600]

Allerdings kann der Schutz der Privatautonomie Einschränkungen erfahren, im Fall des Art. 14 Abs. 1 S. 1 GG durch eine zulässige, also verhältnismäßige Inhalts- und Schrankenbestimmung des Art. 14 Abs. 1 S. 2 GG. Indem die Inhaber von Forderungen einem Planentwurf rechtzeitig widersprechen müssen, würde eine gesetzliche Regelung nach französischem Vorbild den Inhabern von Forderungen für die Zukunft Pflichten hinsichtlich des Abschlusses von Verträgen betreffend ihrer Forderungen festlegen. Es läge also eine Inhalts- und Schrankenbestimmung nach Art. 14 Abs. 1 S. 2 GG vor.[601]

Diese müsste zudem dem Grundsatz der Verhältnismäßigkeit entsprechen. Eine solche Regelung bezweckt schlicht Rechtssicherheit für die Beteiligten. Aufgrund der besonderen Umstände des Verfahrens gehen diese davon aus, dass die gewollten Verträge trotz des Schweigens einer Vertragspartei zustande kommen sollen. Diese Annahme ist in der Vorstellung begründet, dass der Abschluss des Vertrags in der Regel auch für den Schweigenden von Vorteil ist, gerade wenn wie in einem vorinsolvenzlichen Sanierungsverfahren die Werthaltigkeit der übrigen Forderungen durch einstweiligen Verzicht auf die Durchsetzung derselben wiederhergestellt werden soll.[602] Da aber mangels Willensäußerung des Schweigenden Unsicherheit dahingehend besteht, ob der entsprechende Vertrag zustande gekommen ist, hilft der Gesetzgeber über diese Unklarheit hinweg und ordnet im Interesse des Rechtsverkehrs eine Widerspruchspflicht innerhalb einer bestimmten Frist und die Fiktion einer Zustimmung nach Fristablauf an.[603] Dies ist auch geeignet, Rechtssicherheit herzustellen. Bedenkt man, dass es die Inhaber der Forderungen dennoch in der Hand haben, den Planentwurf abzulehnen, erscheint das Festlegen einer Widerspruchsfrist angesichts der Verantwortung, die mit der Inhaberschaft einer Forderung im Kontext der Verhandlungen über einen Sanierungsvergleich verbunden ist, auch angemessen. Somit könnte auch eine solche Regelung in einem vorinsolvenzlichen Rettungsverfahren umgesetzt werden.

Was die Entscheidungsfindung bei der Beteiligung von Gläubigerkomitees betrifft, kann auf die obigen Ausführungen zu Mehrheitsentscheidungen im Vorfeld

---

600 *Di Fabio* in: Maunz/Dürig, GG, Art. 2 Rn. 101; *Jan Busche*, Staudinger – Eckpfeiler des Zivilrechts, F. Die Begründung von Schuldverhältnissen, Rn. 5.

601 BVerfG NJW 1986, 2188, 2189; *Axer* in: Beck-OK-GG, Art. 14 Rn. 72; *Jarass*, NJW 2000, 2841, 2843.

602 *Madaus*, Der Insolvenzplan, S. 252.

603 *Madaus*, Der Insolvenzplan, S. 253.

der Insolvenz verwiesen werden. Die französische Einteilung der Komitees in Banken- und Kreditinstitute, Hauptgeschäftspartner des Schuldners und Schuldverschreibungsinhaber verspricht, dass das gefundene Ergebnis in den Komitees aufgrund der hohen Interessenhomogenität das richtige Ergebnis für die Gläubiger darstellt.[604]

Die Entscheidung des französischen Gesetzgebers die Gläubiger zu einem Zeitpunkt in einer Zwangsgemeinschaft zusammenzufassen, in dem er sich in „Schwierigkeiten befindet, die er nicht alleine bewältigen kann“[605] mag im Hinblick auf die Konzeption des französischen Insolvenzrechts stimmig sein. In Deutschland wäre nach der oben vertretenen Meinung nach wie vor der Zeitpunkt der rechnerischen Überschuldung bei positiver Fortführungsprognose der richtige Zeitpunkt für eine Sozialisierung der Gläubiger in einem Verfahren.

Wenngleich das Gericht bei seiner Entscheidung bezüglich der Bestätigung des Rettungsplans die Interessen der Minderheit zur berücksichtigen hat, sind aufgrund der verfassungsrechtlichen Relevanz von Mehrheitsentscheidungen[606] ein Minderheitenschutz, insbesondere durch vollen Wertersatz für die Minderheitsgläubiger entsprechend dem § 251 InsO, und Rechtsmittel gegen die gerichtliche Entscheidung nach dem Vorbild des § 253 InsO zu gewährleisten.

cc) Fazit

Das französische Schutzverfahren erinnert stark an das Schutzschirmverfahren nach § 270b InsO. Nicht nur vom Namen her, auch von der Zielsetzung und der Ausgestaltung ähneln sich beide Verfahren. Einzig die systematische Einordnung fällt anders aus. Der französische Gesetzgeber wollte bewusst ein vorinsolvenzliches Verfahren schaffen, weil er erkannt hat, dass das Stigma der Insolvenz Sanierungen behindert und ein Insolvenzverfahren immer mit der Zahlungseinstellung und damit einer erschwerten Betriebsfortführung verbunden ist. Vielleicht hätte der deutsche Gesetzgeber aus dieser Erkenntnis klug werden und das Schutzschirmverfahren auch im vorinsolvenzlichen Bereich platzieren sollen. Die Entscheidung des deutschen Gesetzgebers, das Schutzschirmverfahren in das Insolvenzverfahren zu implementieren ist zu akzeptieren. Nachdem ein mögliches vorinsolvenzliches Verfahren in Deutschland an der rechnerischen Überschuldung bei positiver Fortführungsprognose ansetzt, besteht indes Sanierungsbedarf

604 Art. L. 626-30 Abs. 1 C.com.
605 Art. L. 620-1 S. 1 C.com.
606 Siehe dazu oben Punkt I. 2. d) cc).

in finanzieller Hinsicht. Im Folgenden soll nun das beschleunigte Finanzrestrukturierungsverfahren des französischen Rechts betrachtet werden.

c) Das beschleunigtes Finanzrestrukturierungsverfahren – la procédure sauvegarde financière accélérée[607]

aa) Überblick über das Verfahren

(1) Beweggründe für die Einführung des Verfahrens

Neben den klassischen Insolvenzverfahren zur Sanierung oder Liquidation des Schuldners[608] gibt es in Frankreich zum einen das Schlichtungsverfahren, die Conciliation[609], und das Rettungsverfahren, die procédure de sauvegarde[610]. Das eine Verfahren bietet sich an, wenn Schwierigkeiten vorhergesehen werden, benötigt aber die Einstimmigkeit der Gläubiger. Das andere Verfahren bietet zwar die Möglichkeit, Maßnahmen mittels Mehrheitsentscheidungen zu ergreifen, jedoch müssen bereits handfeste Schwierigkeiten vorliegen. Daher mangelte es an einem Verfahren, das der Schuldner bereits einleiten kann, sobald Schwierigkeiten vorhersehbar sind und er dabei, obwohl keine Einstimmigkeit mit den Gläubigern zu erzielen ist, auf eine Zustimmung seitens der Mehrheit der Gläubiger zurückgreifen kann.[611] Der Gesetzgeber griff das Bedürfnis der Praxis auf und schuf als neues Verfahren die procédure sauvegarde financière accélérée.

Diese soll als Ableger der procédure de sauvegarde denjenigen Unternehmen, die auf eine Unterstützung der Mehrheit der Gläubiger zurückgreifen können, eine flexible finanzielle Restrukturierung ermöglichen, ohne dass das Verfahren die wirtschaftlichen Beziehungen des Unternehmens beeinträchtigt.[612] Dazu soll das Verfahren die Möglichkeit bieten, eine Einigung mit den Hauptgläubigern zu erzielen, so dass die Durchsetzung von Sanierungsmaßnahmen nicht von der Kooperation aller Gläubiger abhängig ist. Gerade wenn die Verbindlichkeiten auf mehrere Fremdkapitalgeber verteilt sind, erweist es sich im Hinblick auf die stark divergierenden Interessen der Fremdkapitalgeber, als schwierig, eine Einstimmigkeit der Gläubiger in Sanierungsangelegenheiten zu erreichen.[613] Damit

---

607 Nachfolgen SFA genannt.

608 Das Insolvenz-Sanierungsverfahren heißt „redressement judiciaire“, das Insolvenz-Liquidationsverfahren „liquidation judiciaire“.

609 Siehe dazu oben III. 1. a).

610 Siehe dazu III. 1. b).

611 *Lienhard,* Procédures collectives, 4e édition 2011, Rn. 91.11 f.

612 *Lienhard,* Procédures collectives, 4e édition 2011, Rn. 91.14.

613 *Lienhard,* Procédures collectives, 4e édition 2011, Rn. 91.14.

wird das Verfahren den Besonderheiten gerecht, wenn ein Schuldner lediglich finanziellen Restrukturierungsbedarf aufweist und dieser durch ein Rettungsverfahren nicht angemessen bewältigt werden kann. Zudem wollte der französische Gesetzgeber mit dem beschleunigten Finanzrestrukturierungsverfahren die Reaktionsmöglichkeiten in Krisensituationen erweitern.[614]

(2) Anwendbare Vorschriften

Die Vorschriften der SFA befinden sich in den Art. L. 628-1 bis 628-7 C.com. Gemäß Art. L. 628-1 I C.com finden die Regelungen des Sauvegarde-Verfahrens Anwendung, soweit sich nicht aus den Vorschriften der SFA etwas anderes ergibt.[615] Das heißt das Finanzrestrukturierungsverfahren stellt eine Spezialform des Sauvegarde Verfahrens dar und kann, wie noch gezeigt wird, auch als prepacked plan-Verfahren bezeichnet werden.[616]

(3) Verfahrensablauf

Voraussetzung für die Verfahrenseinleitung ist gemäß Art. L. 628-1 C. com., dass sich der Schuldner in einem laufenden Schlichtungsverfahren befindet. Zudem müssen die Anforderungen der Art L. 620-1 Abs. 1 C.com. und Art. L. 628-1 Abs. 1 C.com. erfüllt sein. Mit Reform vom 12.03.2014 hat der französische Gesetzgeber versucht nocheinmal die Attraktivität des Finanzrestrukturierungsverfahrens zu steigern. Während nach den bisherigen Voraussetzungen der Schuldner seine Zahlungen nicht eingestellt haben durfte, kann das reformierte Finanzrestrukturierungsverfahren nun auch dann eröffnet werden, wenn der Schuldner zum Zeitpunkt des Eröffnungsantrags seit bis zu 45 Tagen zahlungsunfähig ist.[617] Dies erweist sich als stimmig, da das Schlichtungsverfahren ebenso eingeleitet werden kann, wenn der Schuldner seit nicht mehr als 45 Tagen zahlungsunfähig ist.[618]

Zudem muss das Unternehmen des Schuldners in den Anwendungsbereich der zwingenden Bildung von Gläubigerkomitees fallen. Dadurch stand das Verfahren ursprünglich lediglich solchen Unternehmen offen, deren Konten durch einen Wirtschaftsprüfer geprüft werden, mehr als 150 Arbeitnehmer beschäftigen

---

614 *Lienhard,* Procédures collectives, 4e édition 2011, Rn. 91.14.

615 So auch *Lienhard,* Procédures collectives, 4e édition 2011, Rn. 91.15; *Soerensen,* International Corporate Rescue 2013, 213; *Degenhardt,* NZI 2013, 830, 831.

616 M.w.N. *Lienhard,* Procédures collectives, 4e édition 2011, Rn. 91.14.

617 *Degenhardt*, NZI 2014, 433, 436.

618 so auch *Degenhardt*, NZI 2014, 433, 436.

und deren Umsatz über 20 Millionen Euro liegt.[619] Auf die Möglichkeit, Gläubigerkomitees optional einzurichten und sich damit den Zugang zum Finanzrestrukturierungsverfahren zu verschaffen, können Gläubiger im Gegensatz zum Sauvegarde-Verfahren nicht zurückgreifen. Dadurch wurden jedoch vor allem Finanzholdings, die sich durch fremd(kapital)finanzierte Unternehmensübernahmen, sog. leveraged buyouts (LBO), verschuldet hatten und kein operatives Geschäft betreiben vom Anwendungsbereich des Verfahrens ausgeschlossen. Genau diese wollte der französische Gesetzgeber jedoch einbeziehen, so dass die Voraussetzungen 2011[620] bzw. 2012[621] dahingehend geändert wurden, dass die SFA nunmehr auch reinen Holdinggesellschaften offensteht, wenn sie eine Bilanzsumme von mindestens 25 Millionen Euro oder 10 Millionen Euro aufweisen, vorausgesetzt er kontrolliert eine Gesellschaft mit mindestens 150 Arbeitnehmern oder einem Umsatz von 20 Millionen Euro oder einer Bilanzsumme von 25 Millionen Euro.[622]

Des Weiteren muss der Schuldner den Entwurf eines Sanierungsplans nachweisen, der das Potential hat, von den Finanzgläubigern unterstützt und innerhalb eines Monats (diese Frist kann auf maximal zwei Monate verlängert werden) angenommen zu werden.[623] Das Verfahren selbst dient nur dazu, den Sanierungsplan mittels einer Mehrheit mit den Geldgläubigern (auch Hauptgläubigern i.S.d. Art. L. 611-7 c.com.) anzunehmen. Die Planentwurfsphase findet nicht im Verfahren statt, sondern bevor das Verfahren eröffnet wird. Dementsprechend muss der Schuldner im Vorfeld des Verfahrens eine ausreichende Unterstützung für seinen Sanierungsplanentwurf durch diese Gläubiger nachweisen. Dies erfolgt, indem die Mehrheit der Gläubiger, die in einem Rettungsverfahren die Komitees der Kreditinstitute und Schuldverschreibungsinhaber bilden, ein Protokoll unterzeichnen, wonach eine Einigung über den zukünftigen Planinhalt erzielt wurde, und das eine Verpflichtung der Gläubiger, in einem eröffneten Verfahren für den

---

619 *Lienhard,* Procédures collectives, 4e édition 2011, Rn. 92.16; *Soerensen,* International Corporate Rescue 2013, 213; *Degenhardt,* NZI 2013, 830, 831.

620 *Lienhard,* Procédures collectives, 4e édition 2011, Rn. 92.17 spricht von einer Änderung durch das Gesetz zur Vereinfachung und Verbesserung der Rechtsqualität, das im Februar 2011 angenommen wurde.

621 *Soerensen,* International Corporate Rescue 2013, 213 und *Degenhardt,* NZI 2013, 830, 831 sprechen von einem Dekret vom 20.09.2012.

622 *Soerensen,* International Corporate Rescue 2013, 213; *Degenhardt,* NZI 2013, 830, 831.

623 Art. L. 628-1-II C.com.; so auch *Lienhard,* Procédures collectives, 4e édition 2011, Rn. 92.18 f.; *Soerensen,* International Corporate Rescue 2013, 213; *Degenhardt,* NZI 2013, 830, 831.

Plan zu stimmen, enthält.[624] Die Formulierung „ausreichende Unterstützung" in Art. L. 628-I-1 C.com lässt dabei dahingehend Spielraum, wann diese Unterstützung vorliegt. Auf Grund der Tatsache, dass das Finanzrestrukturierungsverfahren jedoch eine Version des Rettungsverfahrens ist, muss der Schuldner im Komitee der Kreditinstitute und im Komitee der Schuldverschreibungsinhaber über eine 2/3 Summenmehrheit der Forderungen verfügen.[625] Das Vorliegen dieser Mehrheiten ist eben bereits im Vorfeld mittels des Protokolls festzustellen.

Daneben bedarf es eines Berichts des Schlichters (der Schuldner befindet sich zu dieser Phase ja immer noch im Schlichtungsverfahren), der den Verfahrensrichter von den Erfolgsaussichten des Plans und dem Vorliegen der notwendigen Mehrheit in den Gläubigerkomitees zu überzeugen vermag.[626]

Liegen diese Voraussetzungen vor, eröffnet das zuständige Gericht das beschleunigte Finanzrestrukturierungsverfahren. In der Regel wird der Schlichter zum Verfahrensverwalter ernannt.[627] Von der Verfahrenseröffnung werden nur Kreditinstitute und Schuldverschreibungsinhaber erfasst, also die Finanzgläubiger. Andere Gläubiger, wie beispielsweise Lieferanten, betrifft das Rettungsverfahren nicht.[628]

Im Verfahren selbst werden nur Komitees der Kreditinstitute und der Schuldverschreibungsinhaber gebildet. Der Verfahrensverwalter kann gem. Art. L. 628-4 C.com beantragen, dass die Frist zwischen der Übermittlung des Planentwurfs und der Abstimmung in den Gläubigerkomitees von 20 bis 30 Tage im Regelverfahren auf acht Tage reduziert wird.[629] In den Komitees selbst findet keine Beratung mehr statt. Entweder wird der zuvor erarbeitete Planentwurf des Schuldners mit der erforderlichen Mehrheit angenommen oder das Verfahren ist gescheitert und muss beendet werden.[630] An der Abstimmung selbst nehmen nur solche Gläubiger teil, deren Forderungen durch den Sanierungsplan betroffen sind. Dies sollte nach der Intention des französischen Gesetzgebers das Risiko minimieren, dass der Planentwurf an Gläubigern scheitert, die bisher nicht am Schlichtungsverfahren

---

624 *Lienhard,* Procédures collectives, 4e édition 2011, Rn. 92.20.

625 *Lienhard,* Procédures collectives, 4e édition 2011, Rn. 92.21; *Soerensen,* International Corporate Rescue 2013, 213, 214.

626 *Lienhard,* Procédures collectives, 4e édition 2011, Rn. 93.18.

627 *Lienhard,* Procédures collectives, 4e édition 2011, Rn. 92.20.

628 *Lienhard,* Procédures collectives, 4e édition 2011, Rn. 94.12.

629 So auch *Lienhard,* Procédures collectives, 4e édition 2011, Rn. 94.23; *Degenhardt,* NZI 2013, 830, 832.

630 *Lienhard,* Procédures collectives, 4e édition 2011, Rn. 94.22.

teilgenommen hatten.[631] Für die Annahme des Finanzrestrukturierungsplans ist es auch hier eine 2/3 Summenmehrheit der zustimmenden Gläubiger erforderlich. Eine Regelung ähnlich dem Obstruktionsverbot nach § 245 InsO gibt es nicht.

Zwischen der Eröffnung des Verfahrens und der Bestätigung des Finanzrestrukturierungsplans durch das Gericht steht gemäß Art. L. 628-6 C.com ein Zeitraum von einem Monat zur Verfügung, der auf Antrag um einen weiteren Monat verlängert werden kann.[632] Ein Bedürfnis dafür kann sich beispielsweise aus der geplanten Vornahme eines Debt-Equity-Swaps, der gem. Art L. 626-3 C.com durch die Gesellschafter- bzw. Hauptversammlung gebilligt werden muss, ergeben. Die Frist zur Einberufung der Gesellschafter- bzw. Hauptversammlung wird dabei meist die Monatsfrist des Art. L. 628-6 C.com überschreiten.[633]

Wurde der Planentwurf durch die Abstimmung in den beiden Gläubigerkomitees angenommen, prüft das Gericht, ob die Interessen der betroffenen Gläubiger ausreichend geschützt sind und, falls Kapitalmaßnahmen vorgesehen sind, die Gesellschafterversammlung diesen zugestimmt hat.[634] Sind diese Voraussetzungen gegeben, bestätigt das Gericht den Finanzrestrukturierungsplan. Damit kann der Planinhalt gegenüber den betroffenen Gläubigern durchgesetzt werden. Die Bestätigung des Sanierungsplans wird schließlich veröffentlicht.[635]

bb) Umsetzungsmöglichkeiten in Deutschland

Das französische Verfahren bietet einen interessanten Mittelweg, zwischen dem milden Verfahren der Conciliation und dem Rettungsverfahren mit seinen umfassenden Eröffnungswirkungen.

Beide Verfahren wären wie oben gesehen unter Modifikationen, die der Verfassungsmäßigkeit im Hinblick auf Art. 14 GG geschuldet sind, möglich.

In das Finanzrestrukturierungsverfahren selbst sind nur die Kreditinstitute und die Inhaber von Schuldverschreibungen einbezogen werden. Die Lieferanten, Arbeitnehmer und öffentlichen Gläubiger wären von der Verfahrenseröffnung gar nicht betroffen. Dies würde jedoch einen Verstoß gegen den Grundsatz der Gläubigergleichbehandlung, Art. 3 Abs. 1 GG, darstellen, der auch im Vorfeld der Insolvenz Beachtung finden muss. Zu rechtfertigen wäre dies nur, wenn Unterschiede zwischen den Kreditinstituten und den Inhabern von Schuldverschreibungen als

631 *Lienhard,* Procédures collectives, 4e édition 2011, Rn. 94.22.
632 So auch *Lienhard,* Procédures collectives, 4e édition 2011, Rn. 95.11.
633 *Lienhard,* Procédures collectives, 4e édition 2011, Rn. 95.14.
634 Art. L. 626-31 C.com.
635 *Soerensen,* International Corporate Rescue 2013, 213, 214.

Gläubigern auf der einen Seite und den Lieferantengläubigern auf der anderen Seite stehen würden, die eine Ungleichbehandlung sachgerecht erscheinen ließen. Der Unterschied zwischen diesen beiden Gruppen von Gläubigern besteht vor allem darin, dass für die Kreditinstitute die Darlehensvergabe das Hauptgeschäft darstellt. Auch Schuldverschreibungen sind im Grundsatz Darlehen. Beide Fremdkapitalgeber schöpfen in der Regel ihre vertraglichen Möglichkeiten, wie beispielsweise die Besicherung, voll aus. Demgegenüber stellt die Vergabe von Krediten bei Lieferanten lediglich ein Beiwerk dar. Auch gegenüber den Arbeitnehmern und den öffentlichen Gläubigern ist Vergabe von Fremdkapital nicht Vertragszweck.[636] Zudem müssen die Lieferanten oder die Arbeitnehmer, wenn das Unternehmen keine Schwierigkeiten im operativen Bereich oder in struktureller Hinsicht aufweist, nicht den Auswirkungen der Verfahrenseröffnung ausgesetzt werden (Stichwort Erforderlichkeit). Die Sanierung soll sich auf die relevanten, für den Sanierungsbedarf verantwortlichen Bereiche des Unternehmens konzentrieren. Daher gibt es für eine finanzielle Sanierung sachgerechte Gründe, ein Finanzrestrukturierungsverfahren nicht auf Lieferantengläubiger zu erstrecken.

Die verfassungsrechtlichen Anforderungen[637] an einen Zusammenschluss der Finanzgläubiger in einem vorinsolvenzlichen Finanzrestrukturierungsverfahren wären dadurch erfüllt, dass durch die Gruppeneinteilung der Finanzgläubiger in die Gruppen der Kreditinstitute und der Inhaber von Schuldverschreibungen eine Einteilung der Gläubiger gleicher Rechtsstellung erfolgen würde, wodurch das gefundene Ergebnis aufgrund der hohen Interessenhomogenität dafür sprechen würde, dass das richtige Ergebnis für die Gläubiger gefunden wurde. Es könnte erforderlich sein, nach dem Vorbild des § 222 Abs. 2 InsO eine freie Gruppenbildung zuzulassen, denn beispielsweise innerhalb der Gruppe der Anleihegläubiger kann die Finanzierungsstruktur sehr komplex sein. Ansonsten könnte es vorkommen, dass in der Gruppe der Anleihegläubiger sowohl Inhaber von erstrangigen Seniorbonds als auch nachrangiger Mezzaninebonds zusammengefasst werden, unabhängig davon, ob es sich bei dem betreffenden Anleihegläubiger um Gesellschafter oder Dritte handelt.[638] Insgesamt dient der Zusammenschluss jedoch den Interessen der Finanzgläubiger. Wie gesehen würde dem vorinsolvenzlichen Finanzrestrukturierungsverfahren auch eine Ordnungsfunktion und damit eine öffentliche Aufgabe zukommen. Zweckmäßig wäre eine Vergesellschaftung der Finanzgläubiger in einem Restrukturierungsverfahren aus folgenden Gründen:

636 So auch *Nikoleyczik*, Gläubigerschutz zwischen Gesetz und Vertrag, 2007, S. 141.
637 siehe dazu oben I. 2. a)
638 *Degenhardt*, NZI 2013, 830, 833.

Die Anleihegläubiger sind durch die Regelung von Entstehung und Inhalt der Forderung in den Anleihebedingungen längst in gewisser Weise einheitlich organisiert.[639] Im Übrigen wäre bei Erreichen einer rechnerischen Überschuldung der Zustand erreicht, in dem eine Vergesellschaftung der Finanzgläubiger in der Zwangsgemeinschaft des Finanzrestrukturierungsverfahrens durch den Gesetzgeber angemessen wäre.

Die Zulassung von Mehrheitsentscheidungen in den gebildeten Gruppen wäre als Inhalts- und Schrankenbestimmung von Art. 14 Abs. 1 S. 1 GG dann rechtsmäßig, wenn sie dem Verhältnismäßigkeitsgrundsatz entsprechen würde. Dies wäre wie oben gesehen, der Fall.[640] Gerade die Tatsache, dass in einem vorangegangenen Schlichtungsverfahren keine Einigung erzielt werden konnte, zeigt, dass ein milderes Mittel auch nicht zur Verfügung steht. Damit das Verfahren jedoch auch angemessen ist, bedarf es für die Minderheitsgläubiger einer Kompensation für den erlittenen Verlust ihrer Forderungen und die Möglichkeit effektiven Rechtsschutzes, so dass Regelungen entsprechend den §§ 251, 253 InsO zu implementieren sind.

Damit wäre ein solches prepackaged plan Verfahren zur finanziellen Restrukturierung auch in Deutschland machbar. Im Grunde gibt es ein solches Verfahren auch schon, zwar nicht in dieser Form, sondern in abgewandelter und aufgespaltener Form durch das Restrukturierungsverfahren des Schuldverschreibungsgesetzes (SchVG) und die beiden Verfahren des Kreditreorganisationsgesetzes (KredReorgG), die bereits oben dargestellt wurden.[641]

cc) Fazit

Die französische Lösung bestätigt die oben angestellten Überlegungen Mehrheitsentscheidungen in einem vorinsolvenzlichen Sanierungsverfahren zur finanziellen Restrukturierung umzusetzen und diese Sanierungsinstrumente nicht nur systemrelevanten Kreditinstituten vorzubehalten. Ein weiterer überlegenswerter Gesichtspunkt ist es durch Vorverhandlungen über den Planentwurf das Verfahren für die Beteiligten planbar zu machen. Genau diese Planbarkeit ist es ja, die dem deutschen Sanierungsrecht fehlt, wie die bisherige Untersuchung gezeigt hat. Zudem könnten durch die freien Vorverhandlungen die Effizienzvorteile der außergerichtlichen Sanierung konserviert werden, indem flexibel ohne gerichtliches Verfahren über die Sanierung verhandelt werden kann.

---

639 *Flessner*, KTS 2010, 127, 145.
640 Siehe I. 2. d)
641 Siehe E. IV.

d) Ergebnis der Untersuchung der französischen Verfahren

Der französische Gesetzgeber hat ein sehr überzeugendes Konzept entwickelt, um sowohl den Schuldner als auch die Gläubiger vorinsolvenzlich tätig werden zu lassen. Er begrenzt die Autonomie der Beteiligten Schritt für Schritt mit fortschreitenden Krisenanzeichen in den jeweils zur Verfügung stehenden Verfahren. Sowohl der Schuldner als auch die Gläubiger haben daher daran Interesse, früh zu handeln. Verstärkt wird dieser Mechanismus durch die französischen Rechnungslegungsvorschriften, der *comptabilité prévisionelle,* und das daran anknüpfende Frühwarnsystem, dem *système d 'alerte*[642] sowie durch den starken Einfluss der Handelsgerichte, die in erster Instanz für Insolvenzsachen zuständig und ausschließlich mit ehrenamtlichen Richtern aus der Wirtschaft besetzt sind.

Nach dem Handelsgesetzbuch müssen Unternehmen, die bestimmte Größenordnungen übersteigen[643] neben dem ordentlichen Jahresabschluss eine Finanzplanung, genannt *plan de financement*, für das neue Geschäftsjahr aufstellen und diesen zusammen mit einem begleitenden Bericht der Geschäftsleitung dem Abschlussprüfer des Unternehmens, der Arbeitnehmervertretung und dem Aufsichtsrat vorlegen.[644]

Im Wesentlichen[645] geht es bei dem Frühwarnsystem nun darum, dass die Geschäftsleitung direkt mit den Schwierigkeiten des Unternehmens konfrontiert wird und sich damit auseinandersetzen muss, indem dem Abschlussprüfer oder dem Präsidenten des Handelsgerichts konkrete Lösungsvorschläge gemacht werden müssen. Das hat den entscheidenden Vorteil, dass sehr frühzeitig eine externe Person zur Kontrolle der Finanzplanung eingeschaltet wird. Dadurch kommt es nicht so sehr zu dem typischen Verdrängungsprozess der Geschäftsleitung hinsichtlich des Vorliegens einer Krise. Zudem wird ein Weg verfolgt, der stetig den Druck auf die Geschäftsleitung erhöht, indem auf jeder Stufe der Kreis der Informierten wächst. Damit lässt sich sicherlich eher eine Kooperation der Unternehmensleitung herbeiführen.[646]

In Deutschland existiert eine Kontrolle in dieser Form nicht. Deshalb muss kritisch hinterfragt werden, ob dieses Konzept so in Deutschland funktionieren würde.

---

642 *Flessner*, KTS 2010, 127, 130.

643 Art. R. 612-3 code de commerce: der Schwellenwert beträgt 300 Arbeitnehmer oder 18 Mio. € Umsatzerlöse

644 *Peyramaure/Sardet*, L'entreprise en difficulté, Rn. 305.

645 Näher zum Ganzen: *Peyramaure/Sardet*, L'entreprise en difficulté, Rn. 202, 211.

646 So auch *Drukarczyk* in: FS Wellensiek, 761, 763.

Bemerkenswert sind die Themen, denen sich der französische Gesetzgeber angenommen hat. Es existiert ein Schutzverfahren, das in etwa dem deutschen Schutzschirmverfahren nach § 270 b entspricht. Es existiert ein Vergleichsverfahren, das rein auf freiwilliger Teilnahme beruht, aber doch Anreize für die Gläubiger schafft, daran teilzunehmen, und über zwei verschiedene Modi verfügt, die je nach dem das Bedürfnis Vertraulichkeit oder Rechtssicherheit bedienen. Und es existiert ein beschleunigtes Finanzrestrukturierungsverfahren, das es ermöglicht, relativ planungssicher aus einer conciliation heraus, in der keine Einigung mit den Gläubigern erzielt werden konnte, einen Sanierungsplan mit den Finanzgläubigern mittels Mehrheitsentscheidung umzusetzen. Gerade letzteres Verfahren schließt die Lücke zwischen dem Schutzverfahren und dem Vergleichsvermittlungsverfahren und hätte somit auch in Deutschland einen eigenständigen Anwendungsbereich. Gerade dieser wird jedoch bei der Diskussion um die Einführung einem vorinsolvenzlichen Verfahrens de lege ferenda immer in Abrede gestellt. Doch dieser wäre genau mit einem Finanzrestrukturierungsverfahren gegeben.

2. Vorinsolvenzliche Sanierungsverfahren in englischen Recht

In der Debatte um die Einführung eines vorinsolvenzlichen Sanierungsverfahrens werden gerade immer wieder die englischen Verfahren, allen voran das scheme of arrangement und das Company Voluntary Arrangement (CVA) als Vorbild angeführt.[647] Wenngleich beispielsweise die EU Kommission[648] lediglich schemes of arrangements als Verfahren im Vorfeld einer Insolvenz aufführt, sollen hier auch das lediglich informelle Verfahren des London Approach und das CVA Verfahren dargestellt und auf ihre Umsetzbarkeit in Deutschland hin untersucht werden.

---

647 Siehe etwa *Paulus*, ZIP 2011, 1077 ff.; *Petrovic*, ZInsO 2010, 265 ff.; *Eidenmüller/Frobenius*, WM 2010, 1210 ff.; *Mankowski*, WM 2011, 1201 ff; *Bormann*, NZI 2011, 892, 895.

648 Siehe BERICHT DER KOMMISSION AN DAS EUROPÄISCHE PARLAMENT, DEN RAT UND DEN EUROPÄISCHEN WIRTSCHAFTS- UND SOZIALAUSSCHUSS über die Anwendung der Verordnung (EG) Nr. 1346/2000 des Rates vom 29. Mai 2000 über Insolvenzverfahren, S. 6, abrufbar unter: http://eur-lex.europa.eu/LexUriServ/LexUriServ.do?uri=COM:2012:0743:FIN:DE:PDF

a) Der London Approach

aa) Überblick über das Verfahren

Das ursprünglichste vorinsolvenzliche Verfahren im englischen Recht ist der sog. London Approach. Dieser stellte jedoch kein Verfahren im rechtlichen Sinn dar, sondern war eine unter der Schirmherrschaft der Bank von England entwickelte Vereinbarung, wie sich Banken zu verhalten hätten, falls ein größeres Unternehmen in Schwierigkeiten gerät.[649] Hintergrund des London Approach war 1970 eine Krise im sog. secondary bank system[650] und die finanziellen Schwierigkeiten einiger größerer englischer Unternehmen.[651] Zu dieser Zeit waren Bankdarlehen nicht einheitlich strukturiert, so dass es mangels einheitlicher Regelungen sehr schwierig war Unterstützungsmaßnahmen für die Unternehmen zu koordinieren. Die Bank von England nahm in den kommenden 15 Jahren die Rolle eines Schiedsrichters ein und war in die finanzielle Sanierung einiger größerer Unternehmen involviert. 1990 wurden aus Verhandlungen einiger Londoner Banken Leitlinien formuliert, wie sich Banken bei finanziellen Schwierigkeiten eines Unternehmens am besten verhalten sollten.[652]

Der lediglich informelle London Approach hat 4 Grundprinzipien:[653]

Die Kreditinstitute verhalten sich gegenüber dem Schuldner unterstützend und drängen nicht, um irgendwelche Zahlungen zu erhalten. Die vorhandenen Informationen werden untereinander ausgetauscht und dadurch wird Transparenz gewährleistet. Die Kreditinstitute arbeiten an einer koordinierten Durchführung des „Verfahrens", um eine kollektive Einschätzung zu erhalten, ob und wie dem Schuldner finanzielle Hilfe geboten werden kann. Verluste werden gleichmäßig aufgeteilt, die Sanierungsgewinne und die Kosten der Restrukturierung werden im Verhältnis der Forderungen, die zu dem Zeitpunkt bestanden, als das Kreditinstitut dem Stillhalteabkommen zugestimmt hat, aufgeteilt.

Der Ablauf des Verfahrens unterteilt sich in zwei unterschiedliche Phasen.[654] Zunächst informiert das betroffene Unternehmen seine Kreditinstitute, dass es sich in finanziellen Schwierigkeiten befindet und Verhandlungen, einen sog. workout, einleiten möchte. Daraufhin stimmen sich die Banken untereinander darauf ab, dass keinerlei Zwangsvollstreckungsmaßnahmen ergriffen werden und die

---

649 *Finch*, Corporate insolvency law, 2009, 2nd ed., S. 307.

650 Dazu zählen vor allem Banken, die Kredite an Unternehmen vergeben.

651 *Armour/Deakin*, JCLS 2001, 21, 33.

652 *Armour/Deakin*, JCLS 2001, 21, 34.

653 *Finch*, Corporate insolvency law, 2009, 2nd ed., S. 308.

654 *Armour/Deakin*, JCLS 2001, 21, 34.

Kreditlinien offen gehalten werden. In der zweiten Phase wird dann ein Sanierungsplan verhandelt. Um einen Sanierungsplan zu beschließen, bedarf es Einstimmigkeit unter den Gläubigerbanken. Kommt es zu einer Einigung wird der Plan schließlich umgesetzt. In beiden Phasen steht den Verhandlungen eine Leitbank vor, die als Verbindungsmann zwischen dem Unternehmen und den Wirtschaftsprüfern einerseits und anderen Finanzgesellschaften andererseits auftritt und zwischen beiden Parteien Informationen austauscht.

Inhaltlich kann der Sanierungsplan beinhalten, dass neues Kapital zur Verfügung gestellt wird. Diesem kommt anschließend eine vorrangige Befriedigung (superpriority) vor allen anderen Verbindlichkeiten zu. Zudem können auch Forderungen in Eigenkapital und somit Gesellschaftsanteile umgewandelt werden.[655]

Das gesamte Verfahren läuft diskret ab, indem die beteiligten Kreditinstitute sich zur Verschwiegenheit verpflichten. Dadurch bekommen teilweise die Arbeitnehmer, Lieferanten und die Aktionäre gar nicht mit, dass eine Restrukturierung stattfindet.[656]

bb) Umsetzungsmöglichkeiten in Deutschland

Der London Approach stellt im Grunde kein eigenständiges Verfahren zur finanziellen Sanierung eines Schuldners dar. Es finden freie Verhandlungen statt, die von einem Moderator, hier der Bank von England geleitet werden. Die Verabschiedung des Sanierungsplans findet durch einstimmigen Beschluss statt. Dies entspricht quasi der Situation der außergerichtlichen Sanierung in Deutschland. Wie gesehen scheitert die außergerichtliche Sanierung jedoch oft and den Blockadehaltungen einzelner Gläubiger.

In England war das informelle „Verfahren" jedoch trotzdem ein Erfolg. Dies liegt zum einen an der Funktionsweise des London Approach. In der Krise muss sich der einzelne Gläubiger entscheiden, ob er sich auf Verhandlungen mit dem Schuldner einlässt oder Insolvenzantrag stellt. In einem Insolvenzverfahren stellt sich zwar das sog. Gefangenendilemma, wonach alle kooperieren müssen, nicht. Allerdings wird die zu erwartende Quote in einem Insolvenzverfahren geringer sein. Leitet der einzelne Gläubiger Zwangsvollstreckungsmaßnahmen ein, werden andere Gläubiger gezwungen sein einen Antrag auf Eröffnung eines Insolvenzverfahrens zu stellen. Damit wäre aber insgesamt wieder die zu erzielende Quote niedriger. Es ist also für alle besser, keine Einzelaktionen durchzuführen und gemeinsam zu verhandeln und im Ergebnis eine bessere Quote zu erzielen. Soweit

655 *Armour/Deakin,* JCLS 2001, 21, 39.
656 *Armour/Deakin,* JCLS 2001, 21, 37.

die Theorie, die vom Modell des homo oeconomicus, des vernünftigen Teilnehmers am Markt ausgeht. Bekanntermaßen sieht die Realität anders aus. In Wirklichkeit war der Erfolg des London Approach weiteren Faktoren, wie etwa dem starken Einfluss der Bank von England, geschuldet. Die Möglichkeit Sanktionen zu verhängen konnte Druck auf die teilnehmenden Banken ausüben und diese so zu einer kooperativen Teilnahme bewegen. Zudem fürchteten die Kreditinstitute, dass sie bei obstruierendem Verhalten Nachteile von den anderen Kreditinstituten zu befürchten hätten und an weiteren profitablen Geschäften in Zukunft nicht mehr teilnehmen könnten. Der Erfolg des London Approach war also auch den Gegebenheiten des Londoner Kapitalmarktes geschuldet.

Während der London Approach in den 1990er Jahren oft zu guten Ergebnissen führte, veränderte die Globalisierung und die Innovationen auf den Finanzmärkten die Präferenzen der Gläubiger und es besteht keine größeren Homogenität der Gläubigerinteressen mehr. Damit hat dieser Ansatz an Bedeutung verloren und wurde im Jahre 2002 von den im Zuge des Enterprise Act unter dem Leitgedanken der rescue culture eingeführten Verfahren abgelöst.[657]

Jedoch ist der Ansatz, ein Moderationsverfahren zur Verfügung zu stellen, aufgreifenswert. Vielleicht kann dabei noch einmal unter dem Eindruck in einem weiteren Verfahren ein Sanierungsplan mittels Mehrheitsentscheidungen der homo oeconomicus angesprochen werden, so dass Sanierungsmaßnahmen doch eher einstimmig verabschiedet werden können. Gerade die vier Grundprinzipien des London Approach könnten dabei zu einem guten Sanierungsklima beitragen und Vertrauen unter den Beteiligten schaffen.

b) Scheme of Arrangement Verfahren

aa) Überblick über das Verfahren

Das am meisten hierzulande als Vorbild angepriesene englische Verfahren ist das gesellschaftsrechtliche *scheme of arrangement* (SoA). Es eignet sich u.a. zur vorinsolvenzlichen Sanierung, ist jedoch nicht auf diese beschränkt. Geregelt in Part 26, sec. 895 ff. CA (Companies Act 2006) waren schemes of arrangements ursprünglich Vereinbarungen zwischen dem Schuldner und den Gläubigern zur Abwicklung einer Gesellschaft. Im Laufe der Zeit erweiterten sich jedoch die Anwendungsmöglichkeiten, so dass ein scheme of arrangement auch auf einen

---

657 *Armour/Deakin*, JCLS 2001, 21, 48; *Schillig* in: Kindler/Nachmann, Handbuch Insolvenzrecht in Europa, England und Wales, Rn. 265; *Finch*, Corporate insolvency law, 2009, 2nd ed., S. 313.

Vergleich mit den Gläubigern zur vorinsolvenzlichen Sanierung, insbesondere zur finanziellen Sanierung abzielen kann.[658]

Das Verfahren selbst kann im Wesentlichen in drei Abschnitte untergliedert werden.[659]

Eingeleitet wird es gemäß sec. 895 f. CA durch einen Antrag bei Gericht, eine Gesellschafter- und/oder Gläubigerversammlung einzuberufen.[660] Diesen Antrag kann nicht nur der Schuldner selbst, sondern auch ein Gesellschafter oder ein Gläubiger stellen.[661] Ein gesetzlicher Tatbestand, wann das scheme of arrangement Verfahren eingeleitet werden kann, existiert nicht. Es besteht nicht einmal die Voraussetzung, dass irgendwelche wirtschaftlichen Schwierigkeiten vorliegen müssen.[662] Dem Antrag hat der Schuldner gemäß sec. 897 CA eine Erklärung (statement) beizufügen, die zum einen den Vergleichsvorschlag enthält und zum anderen auf die Interessen der Beteiligten eingeht und erklärt, wie diese durch den Vergleich betroffen werden.[663]

Ein Moratorium ist mit der Eröffnung des Verfahrens nicht verbunden. Ein solches wird weder gesetzlich noch auf Antrag angeordnet.[664] Vielmehr behalten die Gläubiger ihre Vollstreckungs- und die Geschäftsführer ihre Vertretungs- und Verfügungsmacht.

Gibt das Gericht dem Antrag statt, wird es die entsprechenden Gläubiger- und/oder Gesellschafterversammlungen einberufen. Zu laden sind alle Gläubiger und Gesellschafter mittels öffentlicher Bekanntmachung.[665] Diese sind in verschiedene Gruppen einzuteilen, soweit unter ihnen divergierende Interessen bestehen, wobei weder das Gesetz noch die Gerichte Vorgaben hinsichtlich zu bildender Gruppen machen.[666] Vielmehr ist es Sache des Planerstellers, festzustellen, inwieweit verschiedene Interessen berührt werden und wie diese in einer Gruppe ausreichend repräsentiert werden können.[667] Gläubiger und Gesellschafter, deren Rechte von den Auswirkungen des Vergleichs nicht betroffen sind, nehmen gar

---

658 *Goode*, Principles of corporate insolvency law, 4th edition, Rn. 12-12; *McCormack*, Corporate rescue law, 2008, S. 66.

659 *McCormack*, Corporate rescue law, 2008, S. 66.

660 *McCormack* Corporate rescue law, 2008, S. 66.

661 *Finch*, Corporate insolvency law, 2009, 2nd ed., S. 480.

662 So auch *Bork*, Sanierungsrecht in Deutschland und England, § 8 Rn. 8.18.

663 *McCormack*, Corporate rescue law, 2008, S. 66.

664 *Finch*, Corporate insolvency law, 2009, 2nd ed., S. 491.

665 sec. 897 (1) CA.

666 *Goode*, Principles of corporate insolvency law, 4th edition, S. 488 Rn. 12–19.

667 *Finch*, Corporate insolvency law, 2009, 2nd ed., S. 483.

nicht an den Verhandlungen teil und müssen daher auch nicht über die einberufene Versammlung informiert werden.[668]

Zur Abstimmung über den Vergleichsvorschlag wird für jede Gruppe eine eigene Abstimmung abgehalten. Zur Annahme des Vergleichsvorschlages bedarf es innerhalb der Gruppen einer einfachen Kopfmehrheit und einer Drei-Viertel-Summenmehrheit der Abstimmenden.[669]

Wird der Vergleich angenommen, bedarf es noch zusätzlich der Zustimmung des Gerichts.[670] Dieses prüft, ob die Verfahrensvorschriften eingehalten wurden, die Interessen der Gläubiger durch die Gruppenbildung angemessen repräsentiert wurden und das Abstimmungsergebnis ohne Begünstigung eines Beteiligten zustande gekommen ist (fair and reasonable). Dazu wird es auch die Minderheitsgläubiger hören und den Vergleich im Hinblick auf seine Angemessenheit überprüfen. Erteilt das Gericht seine Zustimmung, bindet das Ergebnis alle Gläubiger und Gesellschafter, auch diejenigen, die nicht zugestimmt oder teilgenommen haben.[671] Dies gilt auch, wenn ein Gläubiger nicht geladen wurde, sei es, weil die Ladung aus Versehen unterblieb oder weil der Gläubiger unbekannt war.[672]

bb) Umsetzungsmöglichkeiten in Deutschland

Problematisch an einer Verfahrenskonzeption wie der des scheme of arrangement ist, dass dieses keinerlei Vorrausetzungen bzgl. des Einleitungszeitpunktes hat, nicht einmal wirtschaftliche Schwierigkeiten müssen beim Schuldner vorliegen. Dabei werden mit dem Antrag auf Eröffnung des Verfahrens die Gläubiger zwangsweise zu einer Gemeinschaft zusammengefasst. Die Einteilung in verschiedene Gruppen legitimiert zwar wie oben gesehen aufgrund der hohen Interessenhomogenität die Anwendung des Mehrheitsprinzips, allerdings stellt die zwangsweise Zusammenfassung der Gläubiger zu einer Gemeinschaft an sich schon einen Eingriff in die Rechte aus Art. 14 Abs. 1 S. 1 GG dar. Zur Rechtfertigung dieses Eingriffs müsste natürlich zunächst ein solcher erforderlich sein. Dies wäre nur bei Sanierungsbedürftigkeit des Schuldners gegeben. Zudem müsste

---

668 *Goode*, Principles of corporate insolvency law, 4th edition, S. 490 Rn. 12–22.

669 Bzgl. der Gesellschafter sec. 283 CA, sec. 641 (1) (b), 645 ff. CA, bzgl. der Gläubiger sec. 899 (1) CA; so auch *Goode*, Principles of corporate insolvency law, 4th edition, S. 490 Rn. 12–22; *Bork*, Sanierungsrecht in Deutschland und England, § 6 Rn. 6.2, § 15 Rn. 15.12.

670 *McCormack*, Corporate rescue law, 2008, S. 66.

671 sec. 899 (1) CA; so auch *Goode*, Principles of corporate insolvency law, 4th edition, S. 492 Rn. 12–24; *Finch*, Corporate insolvency law, 2009, 2nd ed., S. 481.

672 *Goode*, Principles of corporate insolvency law, 4th edition, S. 490 Rn. 12–22.

die Vergemeinschaftung zweckmäßig sein. Diesbezüglich wurde oben bereits herausgearbeitet, dass es erst im Zeitpunkt der rechnerischen Überschuldung bei positiver Fortführungsprognose zweckmäßig wäre eine Rechtsgemeinschaft der Gläubiger i. S. d. § 741 BGB de lege ferenda anzuordnen. Eine Einleitung des Verfahrens zu jedem Zeitpunkt, ohne, dass irgendwelche wirtschaftlichen Schwierigkeiten beim Schuldner vorliegen, wäre jedenfalls angesichts von Art. 14 Abs. 1 S. 1 GG nicht möglich.

Neben der zwangsweisen Vergemeinschaftung der Gläubiger bedürfte jedoch auch die Zulassung der Mehrheitsentscheidungen einer Rechtfertigung. Als Inhalts- und Schrankenbestimmung i.S.v. Art. 14 Abs. 1 S. 2 GG wären diese nur gegeben, wenn kein milderes Verfahren zur Verfügung stünde. Folglich müsste auch hier ein mediatives Verfahren vorgeschaltet werden, bei dessen Scheitern sich Mehrheitsentscheidungen legitimieren ließen.

Durch welche Mehrheitserfordernisse sich die Mehrheitsmacht begründen lässt, ist Geschmackssache. Ob, wie im scheme of arrangement eine einfache Kopfmehrheit und eine Drei-Viertel-Summenmehrheit der abstimmenden Gläubiger oder ob man dies wie in § 244 InsO mittels einer einfachen Kopfmehrheit und Summenmehrheit der Ansprüche der abstimmenden Gläubiger regelt, muss anhand von Praktikabilitätserwägungen ergründet werden. Im Übrigen müssten auch hier aus Gründen der Angemessenheit den Minderheitsgläubigern voller Wertersatz für den Verlust ihrer Forderungen und effektiver Rechtsschutz garantiert werden, indem Regelungen entsprechend der §§ 250, 251, 253 InsO eingeführt werden.

Zu klären ist noch, wie die Bindungswirkung des scheme of arrangements bezüglich sämtlicher Gläubiger, auch solcher, die am Verfahren nicht teilgenommen haben, zu beurteilen ist. Im deutschen Insolvenzrecht existiert diese Problematik im Planverfahren ebenfalls. Dabei wird diskutiert, wie Gläubiger zu behandeln sind, die ihre Forderungen nicht oder nicht rechtzeitig angemeldet haben und deshalb im Sanierungsplan nicht berücksichtigt wurden. Die Praxis wollte bisweilen dazu übergehen, Ausschluss- und Präklusionsklauseln in den gestaltenden Teil des Insolvenzplans aufzunehmen oder eine Gruppe der unbekannten Insolvenzgläubiger zu bilden, mit dem Ziel deren Forderungen auch materiell-rechtlich durch eine entsprechende Planklausel zu erlassen.[673] Angesichts des verfassungsrechtlichen Schutzes einer Gläubigerforderung durch Art. 14 Abs. 1 S. 1 GG ist zumindest jede Regelung problematisch, die über Ausschlussfristen zu einer dauerhaften Entwertung der Gläubigerforderung führen, ohne den Betroffenen zugleich die Möglichkeit zu geben, bei einem schuldlosen Fristversäumnis nachträglich zugelassen zu

673 *Otte/Wiester*, NZI 2005, 70, 73 ff; *Rose/Tetzlaff/Wollstadt*, ZInsO 2005, 673, 676.

werden.[674] Zudem stellt dies einen Verstoß gegen das Prinzip der Gläubigergleichbehandlung dar, der auch nicht durch sachliche Unterschiede in der Rechtsstellung gerechtfertigt wäre, sondern lediglich auf einer verspäteten Forderungsanmeldung beruhen würde. Die Insolvenzordnung löst diese Problematik, indem sie in §§ 254 Abs. 1, 254b InsO die Wirkungen des Insolvenzplans auf alle Insolvenzgläubiger erstreckt, auch solche, die ihre Forderungen nicht angemeldet haben. Das bedeutet aber gleichzeitig, dass die Geltendmachung dieser Forderungen nicht ausgeschlossen wird. Folglich können diese Gläubiger ihre durch die Planwirkungen eingeschränkten Forderungen nach dem Sanierungsplan geltend machen. Zu beachten ist insofern, dass diese bei Erstellung des Sanierungsplans nicht kalkulierten Forderungen in der Folge die Planrealisierung gefährden können, so dass der deutsche Gesetzgeber zum Schutz des Reorganisationsvorhabens die §§ 259 a, b InsO eingeführt hat. Danach kann einerseits die Zwangsvollstreckung wegen Forderungen, die nicht bis zum Abstimmungstermin angemeldet wurden, auf Antrag des Schuldners ganz oder teilweise aufgehoben oder längstens für drei Jahre untersagt werden, wenn die Maßnahme die Durchführung des Insolvenzplans gefährden würde. Zudem verjährt die Forderung eines Insolvenzgläubigers, die nicht bis zum Abstimmungstermin angemeldet wurde in einem Jahr, wenn der Beschluss zur Bestätigung des Insolvenzplans rechtskräftig ist. An eine entsprechende Regelung sollte auch im vorinsolvenzlichen Bereich gedacht werden.

c) Das Company Voluntary Arrangement Verfahren

aa) Überblick über das Verfahren

Im Gegensatz zum scheme of arrangement, das im Companies Act 2006 geregelt ist und dementsprechend ein gesellschaftsrechtliches Verfahren darstellt, ist das Company Voluntary Arrangement in den sec. 1 – 7B IA des Insolvency Act 1986 geregelt. Trotzdem eignet sich das Verfahren, das ein Sanierungsverfahren zur vergleichsweisen Einigung mit den ungesicherten Gläubigern darstellt, auch zur vorinsolvenzlichen Sanierung, insbesondere wenn eine Bereinigung der Passivseite, also eine finanzielle Restrukturierung angestrebt wird.[675]

Das CVA hat zwei verschiedene Verfahrensoptionen, einmal für größere Gesellschaften und einmal für kleinere Gesellschaften, die im Gegensatz zu größeren Unternehmen die Möglichkeit haben ein Moratorium zu beantragen, wobei dann

674 BverfGE 92, 262, 274 f. = ZIP 1995, 923, 925; so auch *Madaus,* MünchKomm-InsO, § 254b Rn. 7.

675 *Bork,* Sanierungsrecht in Deutschland und England, § 6 Rn. 6.5.

an die Einleitung des Verfahrens andere Einleitungsvoraussetzungen geknüpft sind.

Im Grundsatz wird das CVA trotzdem in jedem Fall dadurch eingeleitet, dass die Geschäftsführer einen Sanierungsvorschlag erarbeiten, wie die Gesellschaft und die Gläubiger die Verbindlichkeiten der Gesellschaft tilgen oder anderweitig die Beziehungen regeln möchten.[676] Eröffnungsvoraussetzungen wie das Vorliegen von Zahlungsunfähigkeit oder andere Insolvenzgründe bestehen nicht.[677] Meist wird die Erstellung des Sanierungsvorschlags von einem sog. Insolvency Practitioner (IP) begleitet.[678] Der Schuldner hat zusätzlich einen sog. nominee zu ernennen, der später das Verfahren begleitet und beaufsichtigt.[679] Meist wird dies der eben genannte Insolvency Practitioner sein.[680]

Das Proposal hat kurz darzustellen, warum die Geschäftsführer des Unternehmens ein CVA Verfahren für geeignet halten und weshalb sie mit einer Zustimmung der Gläubiger zu dem Sanierungsvorschlag rechnen.[681] Diesen Sanierungsvorschlag haben die Geschäftsführer zunächst dem nominee zu übergeben, der dann anschließend seine Einschätzung mitteilt, ob seiner Meinung nach eine Chance besteht, dass der Sanierungsvorschlag die Zustimmung der Gläubiger erhält, das Unternehmen ausreichend finanzielle Mittel hat, um den Geschäftsbetrieb fortzuführen und ob eine Gesellschafter- und Gläubigerversammlung einberufen werden soll, um über den Sanierungsvorschlag abzustimmen.[682]

Anschließend reichen die Geschäftsführer den Sanierungsvorschlag und den Bericht des nominees bei Gericht ein.[683] Kleine Gesellschaften können dies mit einem Antrag auf Anordnung eines Moratoriums verbinden.

Mit der Einreichung des Proposals durch größere Unternehmen bei Gericht sind sowohl für das Schuldnerunternehmen als auch für die Gläubiger keine besonderen

---

676 sec. 1 (1) IA; so auch *Weisgard/Griffiths, Doyle*, Company Voluntary Arrangements and Admininistrations, Second Edition, 2010, Rn. 1.9; *Goode*, Principles of corporate insolvency law, 4th edition, S. 494 Rn. 12–26; *McCormack*, Corporate rescue law, 2008, S. 67.

677 *Weisgard/Griffiths, Doyle*, a.a.O., Rn. 1.7; *Finch*, Corporate insolvency law, 2009, 2nd ed., S. 488.

678 *Finch*, Corporate insolvency law, 2009, 2nd ed., S. 489.

679 sec. 1 (1) IA; so auch *McCormack*, Corporate rescue law, 2008, S. 67; *Finch* Corporate insolvency law, 2009, 2nd ed., S. 489.

680 *Bork*, Sanierungsrecht in Deutschland und England, § 6 Rn. 6.7.

681 *Goode*, Principles of corporate insolvency law, 4th edition, S. 12–36.

682 sec. 2 (2) IA; so auch *McCormack*, Corporate rescue law, 2008, S. 67.

683 *Finch*, Corporate insolvency law, 2009, 2nd ed., S. 492.

Auswirkungen verbunden. Die Geschäftsführer behalten ihre Geschäftsführungsbefugnis und die Gläubiger sehen sich ebenfalls keinerlei Einschränkungen in der Durchsetzung ihrer Forderungen wie etwa einem Moratorium ausgesetzt.[684]

Leitet ein kleineres Unternehmen ein CVA ein und erfüllt dieses zwei der drei nachfolgenden Kriterien „Umsatz nicht über 6,5 Mio £, Bilanzsumme nicht über 3,26 Mio £, nicht mehr als 50 Arbeitnehmer", tritt auf Antrag ein Moratorium in Kraft:[685]

Das Moratorium[686] ist zunächst auf 28 Tage befristet und dient dazu, dass sich der nominee einen weiteren Überblick über die Unternehmenssituation und den Sanierungsvorschlag verschafft und gegebenenfalls Änderungen anregt.[687] Das Moratorium suspendiert zunächst einmal mögliche Insolvenzanträge, ordnet zudem einen Verfahrens- und Vollstreckungsschutz an, so dass keinerlei gerichtliche Verfahren seitens der Gläubiger angestrengt werden können, die auf die Verurteilung des Schuldners zur Zahlung einer Geldsumme abzielen. Auch Vollstreckungshandlungen sind untersagt. Zahlungen der Gesellschaft an Gläubiger sind ebenfalls untersagt, außer diese nützen der Gesellschaft und der nominee stimmt der Zahlung zu.[688] Die ab- und aussonderungsberechtigten Gläubiger sind ebenfalls daran gehindert auf das Gesellschaftsvermögen zuzugreifen und so dem Unternehmen zur Betriebsfortführung notwendige Vermögenswerte zu entziehen.[689]

Von diesen Grundsätzen kann das Gericht jedoch im Einzelfall eine Ausnahme machen und somit Zwangsvollstreckungsmaßnahmen, Zahlungen der Schuldnergesellschaft und den Zugriff auf Aussonderungsgut zulassen und damit den Erfordernissen der Angemessenheit der Maßnahme im Einzelfall gerecht werden.

Der Sanierungsvorschlag kann inhaltlich entweder eine *composition of debts* oder ein *scheme of arrangement* beinhalten. Eine *composition of debts* ist ein Vergleich zwischen der Gesellschaft und den Gläubigern, bei dem diese einen gewissen Geldbetrag oder eine andere Gegenleistung erhalten, dafür aber der Gesellschaft einen Teil der Schuld erlassen. Ein *scheme of arrangement* verlangt weniger und setzt nicht zwingend einen (Teil-)Erlass der Forderungen voraus. Es ist zwar durch ein „Geben und Nehmen" des Schuldners und der Gläubiger

---

684 *Finch*, Corporate insolvency law, 2009, 2nd ed., S. 489 f.

685 sec. 1A IA i.V.m. Sch A1 i.V.m. s. 382 CA (2006); so auch *Weisgard/Griffiths, Doyle*, a.a.O., Rn. 1.37 ff.; *Finch*, Corporate insolvency law, 2009, 2nd ed., S. 491.

686 zu den Wirkungen siehe para. 12 ff. Schedule A1 IA; siehe auch *Finch*, Corporate insolvency law, 2009, 2nd ed., S. 493.

687 *Finch*, Corporate insolvency law, 2009, 2nd ed., S. 493.

688 para. 18 ff. Schedule A 1 IA.

689 para. 12 (1) (f)/(g) Schedule A 1 IA.

gekennzeichnet, im Grund kann aber jede denkbare, für die Parteien gangbare Vereinbarung getroffen werden.[690]

Über den Sanierungsplan entscheidet dann die Gläubiger- und die Gesellschafterversammlung. Dabei kann die Gläubigerversammlung den Sanierungsvorschlag auch modifizieren. Letztlich muss dieser aber im Kern noch dem ursprünglichen Sanierungsvorschlag entsprechen.[691] Eine Einteilung der Gläubiger in verschiedene Gruppen erfolgt dabei nicht, denn das CVA soll lediglich die Rechtsbeziehungen der ungesicherten Gläubiger regeln. Eingriffe in die Rechte gesicherter Gläubiger sind nicht vorgesehen und nur mit deren Zustimmung möglich.[692]

Zur Annahme des Plans bedarf es einer Summenmehrheit von 75% seitens der abstimmenden Gläubiger und 50% seitens der Gesellschafter.[693] Wird die erforderliche Mehrheit seitens der Gläubiger erreicht, bei den Gesellschaftern jedoch nicht, ist dies für die Annahme des Sanierungsvorschlags nur beachtlich, sofern ein Gesellschafter dies bei Gericht rügt und eine unfaire Behandlung der Gesellschafter feststellbar ist.[694]

Der angenommene Sanierungsplan bindet alle Gläubiger, die entweder stimmberechtigt waren, unabhängig davon, ob sie anwesend waren oder nicht, oder die stimmberechtigt gewesen wären, wenn sie Kenntnis von der Abstimmung gehabt hätten.[695] Der Vergleich muss nicht gerichtlich bestätigt werden, wenngleich er bei Gericht einzureichen ist. Gläubiger, die sich durch den Sanierungsplan benachteiligt fühlen, können die Annahme innerhalb einer Frist von 28 Tagen vom Gericht daraufhin untersuchen lassen, ob die Verfahrensvorschriften eingehalten wurden oder eine unfaire Ungleichbehandlung vorliegt.[696]

Die Umsetzung des Sanierungsplans wird anschließend von einem sog. supervisor überwacht. Regelmäßig übernimmt diese Aufgabe der nominee, der dabei unter der Aufsicht des Gerichts steht.[697]

---

690 sec. 1 (1) IA; *Bork*, Sanierungsrecht in Deutschland und England, § 6 Rn. 6.6.

691 sec. 4 (2) IA.

692 sec. 4 (3) IA.

693 para. 1.19. (1) IR; so auch *Finch*, Corporate insolvency law, 2009, 2nd ed., S. 489; *Goode*, Principles of corporate insolvency law, 4th edition, S. 504, Rn. 12–42; *McCormack*, Corporate rescue law, 2008, S. 68, Fn. 106.

694 sec 4A (3) IA; so auch *Finch*, Corporate insolvency law, 2009, 2nd ed., S. 489 Fn. 44; *Bork*, Sanierungsrecht in Deutschland und England, § 6 Rn. 6.7.

695 sec. 5 (2) (b) (ii) IA.

696 sec. 6(3) IA; *McCormack*, Corporate rescue law, 2008, S. 69.

697 sec. 7(2) IA.

bb) Umsetzungsmöglichkeit in Deutschland

Problematisch an der Umsetzung eines Verfahren wie des CVA sind die nicht vorhandenen Einleitungsvoraussetzungen, das Moratorium, die Abstimmungsregelungen für Gesellschafter und die Verbindlichkeit des Sanierungsplans für sämtlichen Gläubiger, auch solche, die von der Gläubigerabstimmung nichts wussten aber davon hätten wissen können.

Wie schon beim scheme of arrangement begegnen die nicht vorhandenen Einleitungsvoraussetzungen ernstlichen Zweifeln, im Fall des CVA jedoch gleich in zweierlei Hinsicht. Zum einen hinsichtlich der zwangsweisen Vergemeinschaftlichung von Gläubigern in einem Verfahren, zum anderen hinsichtlich der Anordnung eines Moratoriums. Beides wären Eingriffe in Art. 14 Abs. 1 S. 1 GG, die sich nur rechtfertigen ließen, wenn sie ansatzweise erforderlich wären. Ohne Sanierungsbedarf des Schuldners wäre daher weder der eine noch der andere Eingriff verfassungsrechtlich zu legitimieren. Ein Bedürfnis für die Einleitung eines solchen Verfahrens besteht jedoch erst im Zeitpunkt der rechnerischen Überschuldung, zuvor wäre ein Verfahren nicht zulässig.

Demgegenüber erscheint das Moratorium grundsätzlich unbedenklich, wenngleich auch hier verfassungsrechtlich bedingt Anpassungen notwendig sind. Völlig legitim, aber auch erforderlich ist zum einen, dass die Wirkungen des Moratoriums zeitlich befristet und damit die Rechte, die mit Forderungen verbunden sind, nur solange eingeschränkt werden, wie es dauert, die Sanierungschancen des Schuldners zu prüfen und Verhandlungen zu führen. Welcher Zeitraum dafür angesetzt wird, hängt davon ab, wie schnell das Verfahren ablaufen soll. Der englische Gesetzgeber geht zunächst von einer Dauer von 28 Tagen aus und ordnet für diese Zeit ein Moratorium an. Wenn man es für realistisch hält, dass innerhalb dieses Zeitraumes die Sanierungsfähigkeit geprüft und Verhandlungen geführt werden können, spricht nichts dagegen einen solchen Zeitrahmen zu veranschlagen. Bezüglich der einzelnen Wirkungen des Moratoriums ist wiederum zu unterscheiden: Die Suspendierung von Insolvenzanträgen ist geeignet und erforderlich Sanierungschancen zu prüfen und zu verhandeln. Die Anordnung eines Vollstreckungs- und Verfahrensschutzes kann grundsätzlich im Hinblick auf Art. 14 GG gerechtfertigt werden (siehe oben III. 1. b) aa) β) αα)). Einer Regelung entsprechend den §§ 21 Abs. 2 Nr. 5, 169 InsO, die die betroffenen Gläubiger entschädigt, bedarf nicht, da die genannten Regelungen zeigen, dass der deutsche Gesetzgeber eine Entschädigung erst nach drei Monaten zugesteht. Kurzfristige Einschränkungen sind dagegen entschädigungslos hinzunehmen. Die Erstreckung der Wirkungen des Moratoriums auf absonderungsberechtigte Gläubiger ist, da diese den ungesicherten Gläubigern näher stehen, möglich. Auch hier ist eine finanzielle Kompensation entsprechend 169 InsO für den Zeitraum von 28 Tagen nicht zu bewilligen. Einzig die automatische Erstreckung des Moratoriums auf Aussonderungsberechtigte ist nicht erforderlich. Nur in Ausnahmefällen, falls durch den Entzug des Aussonderungsgutes der Sanierungserfolg ernsthaft gefährdet würde und eine gerichtliche Überprüfung zu dem Ergebnis gelangt, dass unter Berücksichtigung der Besonderheiten des Einzelfalles dem Aussonderungsberechtigten ein Sonderopfer zugunsten der Sanierung des Schuldnerunternehmens durch einstweiligen Verzicht auf die Aussonderung zumutbar ist, können die Wirkungen des Moratoriums entsprechend § 135 Abs. 3 InsO auf aussonderungsberechtigte Gläubiger erstreckt werden. Dabei ist die einstweilige Einschränkung des Aussonderungsrechts finanziell zu entschädigen. Somit müsste das Regel-Ausnahme Verhältnis in Bezug auf die aussonderungsberechtigten Gläubiger genau umgekehrt geregelt werden.

Die Entscheidungsfindung durch Mehrheitsentscheidungen ohne Gruppenbildung erscheint demgegenüber mit Art. 14 GG vereinbar. Eine Mehrheitsentscheidung legitimiert sich nur dann, wenn davon ausgegangen werden kann, dass das gefundene Ergebnis das Richtige zu sein scheint. Dies ist jedoch nur dann der Fall, wenn eine hohe Interessenhomogenität gegeben ist. Während im deutschen Recht nur eine Mehrheit von 50% erforderlich ist, bedarf es im CVA einer Summenmehrheit von 75%. Bei einer so hohen Zustimmungsquote kann man wohl davon ausgehen, dass Gläubiger mit unterschiedlicher Interessenlage dem Vergleich zugestimmt haben, was wiederum eine Gruppenbildung unnötig macht. Zudem ist zu bedenken, dass kein Obstruktionsverbot existiert, so dass die reale Summenmehrheit von 75% garantiert ist, während in Deutschland die Mehrzahl der zustimmenden Gruppen keineswegs mehr als 50% Summenmehrheit erreichen müssen. Daher ist die Entscheidungsfindung ohne Gruppenbildung als zulässig zu bewerten.

d) Ergebnis der Untersuchung der vorinsolvenzlichen englischen Verfahren

Die englischen Verfahren werden immer wieder wegen ihrer Flexibilität und der Möglichkeit der vorinsolvenzlichen Sanierung gelobt. Die vorherige Darstellung der Verfahren und der Vergleich mit den Anforderungen, die sich hierzulande vor allem aus verfassungsrechtlichen Gründen ergeben, hat jedoch gezeigt, dass eine uneingeschränkte Umsetzung nicht möglich wäre. Ohne konkreten Einleitungszeitpunkt ist in Deutschland eine zwangsweise Vergesellschaftung nicht möglich. Zudem müssen Gläubigergruppen gebildet werden, um Mehrheitsentscheidungen zu legitimieren.

Zudem sollten auch die englischen Verfahren kritisch hinterfragt werden. So findet das CVA gerade im vorinsolvenzlichen Bereich wenig Anklang. Das liegt zum einen daran, dass größere Gesellschaften keine Möglichkeit haben ein Moratorium zu beantragen, zum anderen daran, dass gesicherte Gläubiger und Anteilseigner nicht gegen ihren Willen eingebunden werden können. Das scheme of arrangement erfreut sich jedoch auch keiner großen Beliebtheit. Hier wird die so oft angepriesene Flexibilität zum Nachteil. Mangels gesetzlicher Vorgaben hinsichtlich der Anforderungen an die Gruppenbildung besteht eine enorme Unsicherheit, ob die Gerichte ein scheme genehmigen oder der Ansicht sind, dass nicht alle Interessen, die durch das scheme berührt werden, ausgeglichen werden und folglich die Genehmigung verweigern. Zudem bestehen sehr umfangreiche Informationspflichten, so dass es regelmäßig umfangreicher juristischer Beratung bedarf, um diesen Anforderungen an die statements gerecht zu werden. Daher eignet sich das scheme of arrangement eher um bei größeren Kapitalgesellschaften, die eine komplexe Kapital- und Geschäftsstruktur aufweisen, eine Einigung nur mit einzelnen genau definierten Gläubigergruppen herbeizuführen.

Es wäre daher nach wie vor erforderlich, bei der Einführung eines vorinsolvenzlichen Sanierungsverfahrens auf einen Anwendungsbereich zu achten, der sich vom Insolvenzverfahren abgrenzt. Dies wäre vor allem durch ein Verfahren zur finanziellen Restrukturierung gegeben. Zudem muss die notwendige Planungssicherheit das Verfahren sicher und zügig zu durchlaufen gewährleistet werden. Die englischen Verfahren eignen sich, um eine europäische Tendenz in Richtung vorinsolvenzliche Sanierung auszumachen, die Umsetzung muss jedoch in Deutschland anders erfolgen und kann auch verbessert werden.

3. Das spanische vorinsolvenzliche Verfahren – La homologación de los acuerdos de refinanciación

Blickt man auf der Suche nach weiteren vorinsolvenzlichen Sanierungsverfahren in die Runde der europäischen Rechtsordnungen, so fällt der Blick noch auf das spanische Insolvenzrecht, *Ley Concursal* genannt. Auch dort findet man ein Finanzrestrukturierungsverfahren, Refinanzierungsvereinbarungen genannt. Zunächst soll jedoch ein kurzer Überblick über das spanische Insolvenzrecht erfolgen.

a) Kurzüberblick über das spanische Konkursrechts

aa) Die Entwicklung des spanischen Konkursrechts

Das spanische Konkursrecht besteht seit einer umfassenden Reform, die 2003 abgeschlossen werden konnte, im Wesentlichen aus zwei Gesetzen: Dem Konkursgesetz vom 09.Juli 2003 (Konkursgesetz 22/2003 vom 9. Juli, *Ley Concursal*, nachfolgend LC genannt) und dem Gesetz über die Reform des Konkursrechts vom 09. Juli 2003 zur Änderung des Gesetzes über das Justizwesen.[698] Das LC, das aus einer Zeit des wirtschaftlichen Aufschwungs stammt, bezweckt das Prinzip der Gläubigergleichbehandlung zu verwirklichen und möchte damit den Interessen aller Beteiligten und der Allgemeinheit gerecht werden. Dabei soll nicht die Unternehmenssanierung, sondern die Gläubigerbefriedigung im Vordergrund stehen. Nur wenn eine ausreichende Befriedigung der Gläubiger gesichert ist und diese einer Unternehmensfortführung mehrheitlich zustimmen, könne eine Unternehmenssanierung durch einen Vergleich vereinbart werden.[699] Die weltweite Finanz- und Wirtschaftskrise brachte jedoch auch in Spanien zahlreiche Unternehmen in wirtschaftliche Schwierigkeiten, so dass einige Schwächen und Mängel des spanischen Konkursgesetzes zu Tage traten. Gerade diese Wirtschaftskrise veranlasste den spanischen Gesetzgeber dazu das Konkursgesetz im Jahr 2009 durch Königliches Gesetzes-Dekret 3/2009 und 2011 durch das Konkursgesetz 38/2011 zu reformieren.[700]

Ziel der eben genannten Reformen war es, Refinanzierungsmöglichkeiten für in Schwierigkeiten geratene, aber sanierungsfähige Unternehmen zu schaffen und zu fördern.

Bereits an dieser Stelle sind deutliche Parallelen zur Reform des Insolvenzrechts in Deutschland zu erkennen. Auch hierzulande erkannte der Gesetzgeber die Notwendigkeit, Unternehmen, die durch die Finanz- und Wirtschaftskrise unverschuldet in Not geraten sind, einen Rechtsrahmen zur Verfügung zu stellen, der eine Sanierung ermöglichen kann.

Der spanische Gesetzgeber setzte seine Reformvorhaben um, indem er Refinanzierungsgeschäfte kriselnder Unternehmen, die im Interesse der Fortführung des Unternehmens abgeschlossen wurden, stärkte und schützte. Zudem wollte er die Finanzinstrumente des Schuldners verbessern, indem vorinsolvenzliche Sanierungsinstrumente wie gerichtlich genehmigte und freie Refinanzierungsvereinbarungen

---

698 *Fries/Mateo/von Wolffersdorf*, Ley Concursal – Spanisches Konkursgesetz, S. 6; *Alonso*, International Corporate Rescue, 2012, 107.

699 *Alcázar Pérez*, RIW 2013, 352.

700 *Marina Bugallal*, Die Reform des Spanischen Insolvenzrechts, abrufbar unter: http://www.mariscal-abogados.de/veroffentlichungen/die-reform-des-spanischen-insolvenzrechts/; *Alonso*, International Corporate Rescue, 2012, 107; *Fries/Mateo/von Wolffersdorf*, Ley Concursal – Spanisches Konkursgesetz, S. 7.

zur Verfügung gestellt werden.[701] Bevor auf diese Sanierungsinstrumente im Einzelnen eingegangen wird, soll zunächst noch ein kurzer Einblick in die Funktionsweise des spanischen Konkursverfahrens gegeben werden.

bb) Das spanische Konkursverfahren

Das spanische Konkursverfahren stellt ein einheitliches Gesamtvollstreckungsverfahren dar, das eine Befriedigung sämtlicher Gläubiger unter Einhaltung des Prinzips der Gläubigergleichbehandlung verfolgt.[702]

Allgemeiner Konkursgrund ist gemäß Art. 2 LC die Zahlungsunfähigkeit. Zahlungsunfähig ist ein Unternehmen, wenn es seine fälligen Forderungen nicht mehr erfüllen kann, Art. 2 Abs. 2 LC.[703] Grundsätzlich unterscheidet das Ley Concursal zwischen zwei Verfahrenstypen. Einerseits den „freiwilligen Konkurs" (concurso voluntario, Art. 22 LC), der vom Schuldner beantragt wird, und andererseits den von Gläubigern beantragten notwendigen Konkurs (concurso necesario, Art. 22 LC).

Will der Schuldner den freiwilligen Konkurs einleiten, beträgt die Antragsfrist zwei Monate ab Kenntnis oder Kennenmüssen der Zahlungsunfähigkeit.[704] Der Schuldner kann sich in das freiwillige Konkursverfahren auch bei drohender Zahlungsunfähigkeit (*insolvencia inminente*) begeben. Diese liegt vor, wenn für den Schuldner abzusehen ist, dass er seine Verpflichtungen nicht mehr regelmäßig und pünktlich erfüllen kann. Dabei haben die Leitungsorgane des Unternehmens dem Antrag bestimmte Unterlagen beizufügen, um die Vermögenssituation des Unternehmens darzulegen, Art. 6 LC. Begibt sich der Schuldner freiwillig in das Konkursverfahren, behält er seine Verwaltungs- und Verfügungsbefugnis über sein Vermögen, das allerdings der Aufsicht des Konkursverwalters untersteht.[705]

Leitet ein Gläubiger das notwendige Konkursverfahren ein, kann er dies tun, wenn ein erfolgloser Vollstreckungsversuch vorliegt. Eine bestimmte Frist muss dabei nicht eingehalten werden. Der Gläubiger wird für seinen Antrag dahingehend belohnt, als seine Forderungen zu 50% als privilegierte Forderungen gelten

701 *Fries/Mateo/von Wolffersdorf*, Ley Concursal – Spanisches Konkursgesetz, S. 8; *Alonso*, International Corporate Rescue, 2012, 107.

702 *Alcázar Pérez*, RIW 2013, 352.

703 *Alcázar Pérez*, RIW 2013, 352; *Fries/Mateo/von Wolffersdorf*, Ley Concursal – Spanisches Konkursgesetz, S. 12.

704 Art. 5 LC; so auch *Fries/Mateo/von Wolffersdorf*, Ley Concursal – Spanisches Konkursgesetz, S. 13; *Alcázar Pérez*, RIW 2013, 352.

705 *Fries/Mateo/von Wolffersdorf*, Ley Concursal – Spanisches Konkursgesetz, S. 13; *Alcázar Pérez*, RIW 2013, 352.

und er dadurch mit einer vorrangigen Befriedigung rechnen darf. Zudem geht die Verwaltungs- und Verfügungsbefugnis über das Vermögen des Schuldners auf den Konkursverwalter über.[706]

Das Konkursverfahren selbst kann zwei Wege einschlagen: entweder wird ein Konkursvergleich abgeschlossen oder das Unternehmen wird liquidiert. Das Verfahren unterteilt sich in drei Phasen: eine allgemeine Phase (*fase común*), die der Feststellung der Aktiv- und Passivmasse dient, die Phase des Konkursvergleiches (*fase del convenio*) und die Liquidationsphase (*fase de liquidación*), wenn der Abschluss eines Vergleichs gescheitert ist.[707]

cc) *Die Reform des spanischen Insolvenzrechts im Sinne einer vorinsolvenzlichen Sanierung*

(1) Schaffung eines Zeitfensters für vorinsolvenzliche Sanierungsverhandlungen

Wie oben gesehen beträgt die Insolvenzantragsfrist für das Schuldnerunternehmen zwei Monate ab Kenntnis oder Kennenmüssen der Zahlungsunfähigkeit. Diese kurze Zeitspanne macht es fast unmöglich Sanierungsverhandlungen zu führen. Deshalb hat der spanische Gesetzgeber ein Zeitfenster geschaffen, das die Insolvenzantragspflichten erst einmal suspendiert. Zeigt der Schuldner dem zuständigen Handelsgericht die Aufnahme von Verhandlungen an, die dazu dienen, Refinanzierungsvereinbarungen abzuschließen, ist der Schuldner innerhalb eines Zeitraums von drei Monaten nicht mehr verpflichtet, Konkursantrag zu stellen. Auch Konkursanträge von Gläubigerseite sind innerhalb dieses Zeitraums gesperrt. Danach muss der Schuldner jedoch, wenn der Konkursgrund nicht beseitigt werden konnte, innerhalb eines Monats Konkursantrag stellen. Insgesamt kann sich der Schuldner, wenn er taktisch vorgeht, einen Zeitraum von insgesamt 6 Monaten (2+3+1) verschaffen, um Sanierungsverhandlungen zu führen. Ein Moratorium ist allerdings mit der Anzeige an das Gericht nicht verbunden.[708]

---

706 *Fries/Mateo/von Wolffersdorf*, Ley Concursal – Spanisches Konkursgesetz, S. 14; *Alcázar Pérez*, RIW 2013, 352.

707 *Fries/Mateo/von Wolffersdorf*, Ley Concursal – Spanisches Konkursgesetz, S. 15.

708 *Alonso*, International Corporate Rescue, 2012, 107; *Pulgar Ezquerra*, ortrosi 2012, num 9, 16, 21 f.; *Olivencia*, revista de derecho mercantile, 2012, 11, 17.

(2) Erleichterung der Refinanzierung von Firmen in finanziellen Schwierigkeiten

Damit der Zeitraum effektiv genutzt werden kann, privilegiert der spanische Gesetzgeber Refinanzierungsvereinbarungen in verschiedener Hinsicht. Zum einen werden diese von der Konkursanfechtung ausgenommen. Bis zu der Reform 2009 konnten nach Art. 71 LC im Konkursverfahren alle Rechtshandlungen des Schuldners der letzten zwei Jahre vor Eröffnung des Insolvenzverfahrens, die das Gläubigerinteresse verletzten, angefochten werden, selbst wenn die Rechtshandlung nicht auf einer arglistigen Täuschung beruhte.[709]

Dies wirkte sich jedoch nachteilig auf den Abschluss von Refinanzierungsvereinbarungen aus, denn für Kreditinstitute bestand das Risiko, dass die im Rahmen der Vereinbarungen gewährten Kreditsicherheiten in einer späteren Insolvenz nicht anfechtungsfest waren. Um diese Unsicherheit zu beseitigen, hat der spanische Gesetzgeber 2009 festgelegt, dass Refinanzierungsvereinbarungen in einem späteren Konkursverfahren gem. Art. 71 Abs. 6 LC anfechtungsfest sind, wenn sie gewisse Voraussetzungen erfüllen. Die Vereinbarungen müssen dem Schuldner entweder wirklich frisches Kapital zuführen und dadurch die Liquidität erhöhen oder die Fälligkeit von Verbindlichkeiten bzw. Pflichten im jeweiligen Schuldverhältnis neu regeln. Daneben bedarf es der Zustimmung einer Gläubigerquote, die 60% der zum Zeitpunkt der Beschlussfassung bestehenden Verbindlichkeiten ausmacht.[710] Zusätzlich muss ein Bericht eines unabhängigen Experten vorliegen, der die mittelfristige Fortführungsfähigkeit des Unternehmens bescheinigt und bestätigt, dass die Refinanzierungsvereinbarung sinnvoll und durchführbar ist und, falls Sicherheiten gewährt werden, diese den üblichen Bedingungen des Marktes entsprechen. Schließlich bedarf es noch einer öffentlichen Beglaubigung der Refinanzierungsvereinbarung.[711]

Zudem werden Refinanzierungsvereinbarungen dahingehend privilegiert, dass 50% des zur Verfügung gestellten frischen Kapitals als Masseverbindlichkeiten und die restlichen 50% als allgemein privilegierte Forderungen gelten, die einfachen ungesicherten Konkursforderungen vorgehen.[712]

---

709 *Alonso*, International Corporate Rescue, 2012, 107, 108.

710 *Alcázar Pérez*, a.a.O., 354.

711 *Alonso*, International Corporate Rescue, 2012, 107, 108.

712 Art. 84 Abs. 2 Nr. 11 LC, Art. 91 Nr. 6 LC; so auch *Alonso*, International Corporate Rescue, 2012, 107, 108; *Olivencia*, ortrosi 2012, num 9, 16, 20; *Pulgar Ezquerra*, revista de derecho mercantile, 2012, 11, 22.

(3) Gerichtlich genehmigte Refinanzierungsvereinbarungen

Neben den oben genannten Refinanzierungsvereinbarungen, die lediglich die unterzeichnenden Gläubiger erfassen, besteht gemäß der Vierten Zusatzbestimmung des spanischen Insolvenzgesetzes auch noch die Möglichkeit, eine Refinanzierungsvereinbarung mittels Mehrheitsentscheidung zu treffen und diese gerichtlich bestätigen zu lassen. Rechtsfolge dieser Bestätigung ist, dass sich die im Rahmen der Refinanzierungsvereinbarung getroffenen Stundungsvereinbarungen auch auf die nicht zustimmenden Finanzgläubiger erstreckt. Voraussetzung für die gerichtliche Genehmigung ist, dass die Refinanzierungsvereinbarung die Voraussetzungen des Art. 71 Abs. 6 LC erfüllt und von Gläubigern unterzeichnet wurde, die mindestens 75% der Verbindlichkeiten, deren Inhaber im Zeitpunkt des Beschlusses Finanzinstitute sind, vertreten.[713]

Dem Antrag des Schuldners auf Genehmigung der Refinanzierungsvereinbarung ist der Bericht über die mittelfristige Fortführungsmöglichkeit des Unternehmens und die Refinanzierungsvereinbarung selbst beizufügen. Das Verfahren soll also eine Art Prepacked-Plan-Verfahren darstellen. Das Abstimmungsergebnis über die Refinanzierungsvereinbarung und der Bericht des externen Experten liegen bereits bei Antrag auf Genehmigung vor. Der Schuldner kann bis zur Genehmigung die Aussetzung von Einzelzwangsvollstreckungen, die jedoch maximal einen Monat beträgt, beantragen.

Liegen die Voraussetzungen vor und benachteiligt die getroffene Refinanzierungsvereinbarung die Minderheitsgläubiger nicht unverhältnismäßig, erteilt der Richter seine Genehmigung. Zusätzlich kann der Richter, nach Abwägung der Umstände im Einzelfall, die Fortsetzung der Aussetzung der von den Finanzinstituten eingeleiteten Vollstreckungen während der Stundungen anordnen. Die Genehmigung kann innerhalb von 15 Tagen angefochten werden.[714]

b) Umsetzungsmöglichkeiten in Deutschland

Das spanische Konkursrecht weist einige Parallelen zum deutschen Insolvenzrecht auf. Genannt seien nur die Konzeption des Konkursverfahrens als

---

713 Disposición adicional cuarta. Homologación de los acuerdos de refinanciación (Vierte Zusatzbestimmung. Genehmigung von Refinanzierungsvereinbarungen) in: *Fries/Mateo/von Wolffersdorf*, a.a.O., S. 272 f.

714 Disposición adicional cuarta. Homologación de los acuerdos de refinanciación (Vierte Zusatzbestimmung. Genehmigung von Refinanzierungsvereinbarungen), a.a.O.; so auch *Alonso*, International Corporate Rescue, 2012, 107, 108; *Pulgar Ezquerra*, revista de derecho mercantile, 2012, 11, 22; *Olivencia*, ortrosi 2012, num 9, 16, 20.

Gesamtvollstreckungsverfahren zur Gläubigerbefriedigung, der Einleitungstatbestand und der Ablauf des Verfahrens. Im Gegensatz zum deutschen Gesetzgeber hat der spanische Gesetzgeber in der Wirtschaftskrise die vorinsolvenzlichen Instrumente gestärkt, um eine rasche finanzielle Sanierung zu ermöglichen. Im Folgenden soll untersucht werden, inwieweit die spanischen Reformansätze in Deutschland umsetzbar wären.

Die Einführung eines größeren Zeitfensters, um Sanierungsverhandlungen durchzuführen, ist grundsätzlich sinnvoll, das wurde bereits im Rahmen der Hindernisse außergerichtlicher Sanierungen festgestellt. Allerdings darf die Suspendierung der Insolvenzantragspflichten nicht dazu führen, dass das Schuldnervermögen zu Lasten der Gläubigergesamtheit weiter geschmälert wird. Vielmehr müssen die Sanierungschancen verbessert werden und die Rechtspositionen der Gläubiger müssen konserviert werden. Daher ist die Schaffung eines Zeitfensters so kurz vor der materiellen Insolvenz im Sinne der Zahlungsunfähigkeit abzulehnen. Eine andere Bewertung würde sich lediglich im Zeitpunkt der rechnerischen Überschuldung bei positiver Fortführungsprognose ergeben. Steht dem Schuldner dabei ausreichend Liquidität zur Verfügung, ist kein Insolvenzgrund durch drohende Zahlungsunfähigkeit zu befürchten. Jedoch müsste man die Einleitung dieses Verfahrens von einem Bericht eines externen Experten abhängig machen, um sicherzustellen, dass die geplante Refinanzierungsvereinbarung auch geeignet ist, Sanierungen zu fördern ohne die Rechtspositionen der Gläubiger zu verschlechtern.

Die Privilegierung von neu zur Verfügung gestelltem Kapital („fresh-money") wurde bereits oben im Rahmen der Conciliation[715] diskutiert und ist als mit Art. 14 GG vereinbar zu bewerten.

Der Ausschluss der Anfechtbarkeit ist damit zu rechtfertigen, dass das Einräumen frischen Kapitals langfristig die Gläubigergleichbehandlung fördert, indem die Sanierungschancen gesteigert werden und damit letztlich alle Gläubiger davon profitieren, falls die Sanierung gelingt. Insofern kann, falls die Refinanzierungsvereinbarung gemäß dem Bericht des unabhängigen Experten sinnvoll ist und eine mittelfristige Fortführungsprognose besteht, schon nicht von einer Benachteiligung der Insolvenzgläubiger gesprochen werden.

Die Schaffung eines Prepacked-Plan-Verfahrens mit dem Ziel, Mehrheitsentscheidungen über einen Sanierungsplan möglich zu machen, wurde bereits oben bei dem französischen Verfahren der procédure sauvegarde financière accélérée

715 siehe S. 129.

diskutiert.[716] Durch die klare Abgrenzung der Finanzgläubiger von den übrigen Gläubigern wie Lieferanten, ist eine zwangsweise Vergesellschaftung ab dem Zeitpunkt der rechnerischen Überschuldung mit positiver Fortführungsprognose möglich. Zur Legitimierung der Mehrheitsentscheidung müsste jedoch angezeigt sein, dass diese notwendig ist. Insofern müsste sich aus dem Bericht des externen Gutachters ergeben, dass eine Refinanzierungsvereinbarung mit sämtlichen Gläubigern, die Forderungsstundungen beinhaltet, notwendig ist und ein konsensuales Ergebnis nicht zu erzielen ist. Auch hier müsste ein Verfahren vorgeschaltet sein, das auf einen allgemeinen Konsens abzielt. Lässt sich dieser nicht erzielen, kann in einem weiteren Verfahren gezielt ein Sanierungsplan mit den Finanzgläubigern mittels Mehrheitsentscheidung verabschiedet werden. Ein Moratorium für die Zeit der Genehmigung ist möglich, allerdings müsste wiederum bei aussonderungsberechtigten Gläubigern eine Beurteilung der Angemessenheit der Maßnahme im Einzelfall erfolgen und absonderungsberechtigte Gläubiger sind auch hier finanziell zu entschädigen. Des Weiteren bedarf es eines Minderheitenschutzes durch Regelungen entsprechend den §§ 250, 251, 253 InsO, den aber auch der spanische Gesetzgeber durch die Anfechtungsmöglichkeit und die Benachteiligungsprüfung durch das Gericht gewährt.

Insgesamt ist das spanische vorinsolvenzliche Verfahren ein interessantes Konzept, das wegen seiner Umsetzbarkeit aufgreifenswert erscheint.

4. Das amerikanische pre-voted-plan – Verfahren 11 U.S.C. § 1126 (b)

Wie oben dargestellt müsste ein vorinsolvenzliches Sanierungsverfahren einerseits flexible Sanierungsverhandlungen zulassen und andererseits Planungssicherheit bieten, um die Vorteile außergerichtlicher Sanierungen zu erhalten und gleichzeitig die Nachteile des Insolvenzverfahrens zu kompensieren. Um diesen Anforderungen gerecht zu werden, bietet sich ein Blick ins US-amerikanische Insolvenzrecht an, das in Chapter 11 des Bankruptcy Codes eine Bestätigungsinsolvenz, eine sog. pre-voted bankruptcy, enthält.[717]

a) Verfahren einer pre-voted bankruptcy

Der Begriff der pre-voted bankruptcy existiert im U.S. – amerikanischen Gesetzestext so nicht, sondern wurde durch die Literatur und die Insolvenzpraxis geprägt.[718] Die entsprechende Regelung ist 11 U.S.C. § 1126 (b). Danach hat

716 siehe S. 141.
717 so auch *Madaus*, Der Insolvenzplan, S. 565.
718 *Madaus*, Der Insolvenzplan, S. 565.

das Insolvenzgericht die Zustimmung der Gläubiger oder Gesellschafter, die bereits vor der Verfahrenseröffnung erfolgte, als Zustimmung zum Insolvenzplan anzusehen, sofern diese (außergerichtliche) Zustimmung auf einer hinreichenden Informationsgrundlage beruht. Dazu müssen bei der Stimmabgabe alle Informationspflichten hinsichtlich des Planinhalts erfüllt werden, die sich aus Rechtsvorschriften ergeben.[719]

Das Verfahren einer pre-voted bankruptcy beginnt damit, dass das Unternehmen in der Krise mit den Schlüsselgläubigern Vergleichsverhandlungen aufnimmt. Im Rahmen dieser Verhandlungen, die auch „out-of-court settlement negotiations“ oder „workout“ genannt werden, organisiert der Schuldner ein Treffen mit denjenigen Gläubigern, die von seinem Sanierungsplan betroffen sein sollen.[720] Mit Gläubigern, deren Rechtspositionen durch den Sanierungsplan nicht tangiert werden, muss der Schuldner dagegen nicht verhandeln, da diese gemäß 11 U.S.C. § 1126 (f) so behandelt werden als würden sie dem Plan zustimmen. Die Gläubiger bilden zur Verhandlung gemäß 11 U.S.C. § 1102 (b) (1) Gläubigerausschüsse und wählen Gläubigervertreter, die diese Ausschüsse repräsentieren.[721] Mit diesen entwickelt der Schuldner anschließend den Sanierungsplan sowie ein sog. „disclosure statement“, eine Art Prospekt, der alle relevanten Informationen über den Sanierungsplan enthält.[722] Im Übrigen muss der Sanierungsplan bereits die Anforderungen erfüllen, die das Chapter 11 Verfahren vor allem in 11 U.S.C. §§ 1122, 1123 und 1129 an den Planinhalt stellt.[723] Sind die Verhandlungen abgeschlossen, sendet der Schuldner den Sanierungsplan zusammen mit den entsprechenden Informationen und einem Abstimmungsformular an die Gläubiger und Gesellschafter, die von den Planwirkungen betroffen sind.[724] Diese können nunmehr dem Plan zustimmen oder ihn ablehnen. Erreicht der Plan in der außergerichtlichen Abstimmung die für ein Chapter 11-Verfahren erforderlichen Mehrheiten, wird der Schuldner nun beim zuständigen Insolvenzgericht die Eröffnung des Planverfahrens nach Chapter 11 beantragen und dabei zugleich den Sanierungsplan, die erforderlichen Informationsunterlagen sowie die Zustimmungserklärungen einreichen.[725] Das Gericht wird schließlich die Informationsunterlagen darauf überprüfen, ob diese eine angemessene Grundlage

---

719 11 U.S.C. § 1126 (b) (1), (2); so auch *Madaus*, Der Insolvenzplan, S. 565.

720 *Madaus*, Der Insolvenzplan, S. 567.

721 *Madaus*, Der Insolvenzplan, S. 567.

722 *Madaus*, Der Insolvenzplan, S. 566.

723 *Madaus*, Der Insolvenzplan, S. 567.

724 *Madaus*, Der Insolvenzplan, S. 567, 568.

725 *Madaus*, Der Insolvenzplan, S. 568.

für die Entscheidung der Gläubiger und Gesellschafter gebildet haben und damit die Abstimmung rechtmäßig war. Ist dies der Fall bestätigt es den Sanierungsplan, so dass im Idealfall das gerichtliche Insolvenzverfahren auf einen einzigen Termin beschränkt werden kann.[726]

Der Vorteil des pre-voted plan – Verfahrens ist, dass einerseits Blockadepositionen von Gläubigern aufgrund des bei außergerichtlichen Sanierungsverhandlungen herrschenden Einstimmigkeitserfordernisses durch die Möglichkeit von Mehrheitsentscheidungen überwunden werden können. Zudem wird das Abstimmungsergebnis absehbar. Indem letztlich im Idealfall nur ein gerichtlicher Termin erforderlich wird, kann das Verfahren zudem schlank gehalten werden und spart Zeit und Kosten.[727] Somit hätte der Schuldner lediglich das Risiko, dass die gerichtliche Bestätigung des Sanierungsplans deswegen versagt wird, weil die Gläubiger bei der Abstimmung nicht hinreichend über den Gegenstand der Abstimmung, d.h. den Sanierungsplan und das Schuldnerunternehmen, informiert waren oder die Abstimmung an formalen Fehlern scheitert.[728] Der Schuldner könnte damit bereits im Vorfeld des Verfahrens durch die Sanierungsverhandlungen und die Abstimmung über den Plan absehen, ob die erforderlichen Mehrheiten erreicht werden und im eigentlichen Verfahren ist das Ergebnis damit planbar. Damit würden die Effizienzvorteile der außergerichtlichen Sanierung erhalten und die Nachteile des Insolvenzverfahrens ausgeschaltet. Fraglich ist, ob dieses Konzept auch in Deutschland umgesetzt werden könnte.

b) Umsetzungsmöglichkeit dieser Verfahrenskonzeption in Deutschland

In Deutschland könnte dieses Konzept umgesetzt werden, wenn der Gesetzgeber die Option schaffen würde, solche Sanierungspläne in einem vorinsolvenzlichen Sanierungsverfahren zu bestätigen, die bereits außergerichtlich verhandelt und mit den erforderlichen Mehrheiten angenommen wurden. Dogmatisch betrachtet würde die außergerichtliche Annahme eines Sanierungsplans lediglich eine antizipierte Zustimmung darstellen. Antizipierte Zustimmungen sind dem deutschen Rechts ja keineswegs fremd, wie die Einwilligung, § 183 Abs. 1 BGB, zeigt. Ist der Gegenstand der Abstimmung hinreichend bestimmt, ist dies unproblematisch möglich und es steht jedem Gläubiger frei seine Zustimmung zu erteilen oder nicht.[729] Natürlich muss das Verfahren den Minderheitsgläubigern und

726 *Madaus*, Der Insolvenzplan, S. 568.

727 so auch *Madaus*, Der Insolvenzplan, S. 568 ff.

728 So auch *Madaus*, NZI 2011, 622, 625.

729 So auch *Madaus*, Der Insolvenzplan, S. 587.

den vom Moratorium betroffenen Gläubigern Rechtsschutzmöglichkeiten einzuräumen. Ein öffentliches Verfahren muss deshalb jedoch nicht durchgeführt werden.[730] Der Grundsatz der Öffentlichkeit, Art. 20, 103 GG, verlangt lediglich eine öffentliche Verhandlung, falls eine solche denn vor dem erkennenden Gericht stattfinden sollte. Insgesamt würde das Verfahren wesentlich diskreter und schneller ablaufen als ein Insolvenzverfahren und trotzdem könnten Sanierungspläne mittels Mehrheitsentscheidung verabschiedet werden.

5. Fazit

Der Rechtsvergleich mit Frankreich, England und Spanien hat gezeigt, dass die genannten Rechtsordnungen allesamt vorinsolvenzliche Verfahren besitzen. Während in der Literatur gerade die englischen Verfahren oftmals am stärksten favorisiert werden, vermögen diese, wenn man genauer hinsieht, nicht zu überzeugen. Zum einen mangelt es an einer Umsetzbarkeit aufgrund der verfassungsrechtlichen Anforderungen, die der Eigentumsgarantie in Art. 14 GG geschuldet sind. Zum anderen sind die Verfahren mangels eines Moratoriums wenig effizient. Zudem schafft die Möglichkeit, sich eines englischen scheme of arrangements zur vorinsolvenzlichen Sanierung zu bedienen keine Rechtssicherheit hierzulande. Vielmehr ist immer noch nicht abschließend geklärt, ob sich die Wirkungen eines schemes of arrangements auch auf nicht teilnehmende Gläubiger in Deutschland erstrecken.[731] Folglich ist der Gesetzgeber dazu aufgerufen, einen rechtssicheren Rahmen für außerinsolvenzliche Sanierungen zu schaffen.

Des Weiteren hat sich gezeigt, dass die meisten Verfahren Moratorien anordnen. Teilweise sind diese jedoch auf Unternehmen bestimmter Größenordnungen beschränkt. Frankreich beschränkt den Anwendungsbereich des Moratoriums auf größere Unternehmen, England hingegen innerhalb des CVA auf kleinere Unternehmen. Als besonders nachteilig erweist es sich, wenn ein Verfahren keinerlei Möglichkeit bietet, Zwangsvollstreckungshandlungen zu unterbinden. Die Beschränkung auf gewisse Größenkriterien minderte jedoch ebenfalls die Attraktivität des jeweiligen Verfahrens. Daher sollte der deutsche Gesetzgeber bei der Konzeption seines vorinsolvenzlichen Sanierungsverfahrens auf eine derartige Beschränkung verzichten.

Interessant gestalten sich die französischen Verfahren und die spanische Konzeption der vorinsolvenzlichen Sanierung. Beide Rechtsordnungen setzen

730 Der Grundsatz der Öffentlichkeit, Art. 20, 103 GG, verlangt lediglich eine öffentliche Verhandlung, falls eine solche denn stattfinden sollte.

731 Für Versicherungsunternehmen ablehnend BGH, NZI 2012, S. 425.

zunächst auf konsensuale Verhandlungserfolge. Sollte dies nicht gelingen ist eine schnelle finanzielle Sanierung mittels Mehrheitsentscheidungen in Form eines Prepacked-Planverfahrens möglich. Würde man diese Verfahrenskonzeption aufgreifen, hätte man in Deutschland in Verfahren, das sich thematisch deutlich vom Insolvenzverfahren abgrenzt. Vorinsolvenzlich kann eine unternehmenserhaltende Erleichterung der Schuldenlast erfolgen, während komplexere Themen wie die Kontrolle des Schuldners, Eingriffe in Gesellschafterrechte oder betriebliche Umstrukturierungen dem Insolvenzplanverfahren vorbehalten wären.[732] Setzt man diese Idee zudem in Form eines pre-voted Sanierungsverfahrens nach Vorbild des 11 U.S.C. § 1126 (b) um, lassen sich die Vorteile des Insolvenzverfahrens und der außergerichtlichen Sanierung konservieren und gleichzeitig die Nachteile beider kompensieren.

IV. Die Einführung eines vorinsolvenzlichen Verfahrens aus rechtshistorischer Sicht

Die bisherige Untersuchung hat gezeigt, dass ein Bedürfnis für die Einführung eines vorinsolvenzlichen Sanierungsverfahrens besteht und auch rechtlich befriedigt werden kann. Allerdings wird damit eine Situation geschaffen, die dem als gescheitert empfundenen Dualismus von Vergleichs- und Konkursordnung ähneln könnte. Daher soll eine Untersuchung vorinsolvenzlicher Sanierungsverfahren im Hinblick auf die rechtshistorische Einordnung erfolgen.

1. Das Scheitern des Verfahrensdualismus von Konkurs- und Vergleichsordnung

Im Prinzip geht die Diskussion um die Einführung eines vorinsolvenzlichen Sanierungsgesetzes bis zu den Anfängen der Konkursordnung zurück, die als eines der vier Reichsjustizgesetze die territoriale Vielfalt des Norddeutschen Bund überwand und das gesamte Deutsche Reich zu einem einheitlichen Rechtspflegegebiet vereinigte. Ursprünglich sollte der „Entwurf einer deutschen Gemeinschuldordnung" von 1873 in den §§ 233–256 KO noch ein dem Konkurs vorgeschaltetes gerichtliches Vergleichsverfahren vorsehen, worauf der Gesetzgeber letztlich aber verzichtete.

Nach dem Ersten Weltkrieg bestand ein dringendes Bedürfnis lebensfähige Unternehmen, die durch den Krieg in finanzielle Schieflage geraten waren, zu

732 *Flessner*, KTS 2010, 127, 145.

schützen, so dass ein zusätzliches Verfahren zur Insolvenzbereinigung erforderlich wurde.

Dieses Verfahren wurde mit der Vergleichsordnung geschaffen. Letztlich scheiterte jedoch die Parallelität zweier Verfahren. Die Vergleichsordnung wurde ohne Berücksichtigung wirtschaftlicher Zusammenhänge entwickelt und setzte die falschen Schwerpunkte, indem sie auf natürliche Personen zugeschnitten war, obwohl der überwiegende Teil der Verfahren Personen- und Kapitalgesellschaften betraf.

Die Vergleichsordnung war nicht auf eine Sanierung zur Befriedigung der Gläubiger ausgelegt, sondern sie stellte mit dem Vergleichsverfahren ein Instrument zum Schutz des Schuldners zur Verfügung, das aus der Zeit der Kriegswirtschaft und der Weltwirtschaftskrise stammte. Damit nur der redliche Schuldner in den Genuss des Vergleichsverfahrens kommen konnte, sollte eine Würdigkeitsprüfung stattfinden, die natürlich auf Unternehmen nicht übertragbar war. Die Festlegung einer gesetzlichen Mindestquote von 35% bei gleichzeitiger Konkursreife entbehrte zudem jeglicher Realität. Diese Voraussetzungen und Anforderungen an einen Vergleich wurden schließlich oftmals zu unüberwindbaren Hindernissen, so dass auch im Fall einer realen Sanierungsfähigkeit eines Unternehmens die Eröffnung eines Konkursverfahrens beantragt wurde.

Der Prozentsatz der Vergleichsverfahren belief sich im Verhältnis zu der Gesamtzahl der beantragten Insolvenzverfahren im Jahr 1992 auf 0,2% und im Jahr 1997auf 0,1%.[733] Ein funktionsfähiger rechtlicher Rahmen für die Sanierung von Unternehmen war praktisch nicht gegeben.[734]

Der „Konkurs des Konkurses“[735], wie die Situation beschrieben wurde, machte deutlich, dass Handlungsbedarf bestand. Der Kölner Insolvenzrechtskongress 1977 förderte schließlich die Erkenntnis zu Tage, dass die Initiative, die Konkursordnung zu reformieren und an die sich gewandelten wirtschaftlichen Umstände anzupassen, von gesetzgeberischer Seite ausgehen müsse.[736]

733 *Medla*, Präventive Unternehmenssanierung im deutschen und im französischen Recht, S. 48.

734 *Uhlenbruck* in: Pape/Uhlenbruck/Voigt-Salus, Insolvenzrecht, Kapitel 8, Rn. 1; *Bork*, Einführung in das Insolvenzrecht, 5. Auflage 2009, § 2 Rn. 8.

735 *Kilger*, KTS 1975, 142.

736 M.w.N. *Gottwald* in: Gottwald (Hrsg.), Insolvenzrechtshandbuch, § 1 Rn. 23.

2. Das Einheitsverfahren der Insolvenzordnung

Nach den Vorstellungen des Reformgesetzgebers war ein Schwerpunkt der Reform, die Schaffung eines einheitlichen Insolvenzverfahrens, das den Verfahrensdualismus von Konkurs- und Vergleichsordnung ablösen sollte.[737] Wirtschaftspolitisch wurde die überzeugende Entscheidung getroffen, die Sanierung des Schuldners nicht generell vor der Liquidation zu bevorzugen. Vielmehr wollte der Gesetzgeber einen Rechtsrahmen schaffen, der es den Beteiligten die Möglichkeit bot, die für sie beste Lösung herauszufinden und umzusetzen.[738] Dazu war zwar ein einheitliches Insolvenzverfahren geplant, jedoch hätten sich nach dem Plan der Insolvenzrechtskommission an ein gemeinsames Eröffnungs- und Vorverfahren (Teil 1) zwei alternative Verfahrensarten mit wesentlich unterschiedlichen Verfahrensvorschriften, nämlich ein Reorganisationsverfahren (Teil 2) oder ein Liquidationsverfahren (Teile 3 und 4) angeschlossen.[739]

Diese Vorschläge haben jedoch nicht nur Zustimmung erfahren; Hauptkritikpunkt war die geplante Privilegierung der Sanierung von Unternehmen gegenüber der Liquidation und die damit einhergehende Abstufung des Verfahrenszwecks der Haftungsverwirklichung.[740] Anstatt der ursprünglich geplanten Verfahrenskonzeption wurde die Insolvenzordnung stattdessen als Einheitsverfahren konzipiert.[741]

---

737 *Gottwald* in: Gottwald (Hrsg.), Insolvenzrechtshandbuch, § 1 Rn. 25; *Uhlenbruck* in: Pape/Uhlenbruck/Voigt-Salus, Insolvenzrecht, Kapitel 8 Rn. 5; *Kautzsch*, Unternehmenssanierung im Insolvenzverfahren, S. 27; *Nerlich* in: Nerlich/Römermann (Hrsg.), Insolvenzordnung, Rn. 5; a.A. wohl *Medla*, Präventive Unternehmenssanierung im deutschen und im französischen Recht, S. 51, m. w. N., die davon spricht, dass in Fortführung der deutschen Rechtstradition ein zweigeteiltes Verfahrensmodell geschaffen werden sollte.

738 *Nerlich* in: Nerlich/Römermann (Hrsg.), Insolvenzordnung, Rn. 7; *Uhlenbruck* in: Pape/Uhlenbruck/Voigt-Salus, Insolvenzrecht, Kapitel 8, Rn. 5; *Kautzsch*, Unternehmenssanierung im Insolvenzverfahren, S. 27; *Medla*, Präventive Unternehmenssanierung im deutschen und im französischen Recht, S. 53; *Westpfahl*, ZGR 2010, 385, 401, 402.

739 Erster Bericht der Kommission für Insolvenzrecht, BMJ (Hrsg.), S. 88–90; so auch *Westpfahl*, ZGR 2010, 385, 401, 402.

740 So beispielsweise *Balz/Landfermann*, Die neuen Insolvenzgesetze, S. XXXV; ebenso m.w.N. *Kautzsch*, Unternehmenssanierung im Insolvenzverfahren, S. 27, Fn. 59; *Uhlenbruck* in: Pape/Uhlenbruck/Voigt-Salus, Insolvenzrecht, Kapitel 8 Rn. 4 Fn. 14.

741 *Westpfahl*, ZGR 2010, 385, 402.

3. Ergänzung der Insolvenzordnung durch ein vorinsolvenzliches Sanierungsverfahren

In der Diskussion um ein vorinsolvenzliches Sanierungsgesetz wird daher argumentiert, dass mit dessen Einführung ein Zustand geschaffen würde, den die Reform des Insolvenzrechts gerade beseitigen wollte, nämlich einen Verfahrensdualismus ähnlich der Konkurs- und Vergleichsordnung, der eben scheiterte.[742]

Jedoch muss man sich natürlich fragen, warum die Parallelität von Vergleichs- und Konkursordnung scheiterte.

Problematisch an der Einführung der Vergleichsordnung war weniger das Nebeneinander von zwei funktional unterschiedlichen Verfahren, als vielmehr die Tatsache, dass beide Verfahren nicht aufeinander abgestimmt waren. So war Voraussetzung für Einleitung des Vergleichsverfahrens das Vorliegen der Konkursreife, womit es für eine Sanierung häufig zu spät war. Konkurs- und Vergleichsordnung deckten sich also in zeitlicher Hinsicht und konkurrierten daher miteinander.[743] Hinzu kam die oben angesprochene Funktionslosigkeit des Vergleichsverfahrens.

Insofern war die Reform des Insolvenzrechts notwendig. Wenn der Gesetzgeber jedoch das ursprüngliche Konzept der unterschiedlichen Verfahrenswege für Liquidation oder Reorganisation weiterverfolgt hätte, wäre ihm vermutlich klar geworden, dass für die Sanierung eines Unternehmensträgers andere gesellschafts- und organisationsrechtliche Voraussetzungen gelten, als für dessen Liquidation.[744] Stattdessen sieht die Insolvenzordnung ein Einheitsverfahren vor, das verfahrensrechtlich nicht zwischen Liquidation und Sanierung unterscheidet.

Daher würde ein vorinsolvenzliches Verfahren den derzeit geltend Rechtsrahmen um eine notwendige Verfahrensart ergänzen. Wichtig wäre jedoch eine Abgrenzung zum Insolvenzverfahren sowohl in funktionaler als auch in zeitlicher Hinsicht, damit nicht wieder ein Zustand wie zu Zeiten von Konkurs- und Vergleichsordnung geschaffen würde. Einleitungsgrund des vorinsolvenzliche Sanierungsverfahrens wäre das Vorliegen bilanzieller Überschuldung und Ziel des Verfahrens eine finanzielle Sanierung. Wären zur Sanierung operative Maßnahmen notwendig, müsste stattdessen ein Insolvenzverfahren eingeleitet werden. Dies würde die notwendige Abgrenzung von einem Insolvenzverfahren

742 So etwa *Madaus*, Der Insolvenzplan, S. 626.
743 So auch *Westpfahl*, ZGR 2010, 385, 402.
744 *Westpfahl*, ZGR 2010, 385, 402.

gewährleisten und auch die Befürchtung[745], das vorinsolvenzliche Verfahren entwerte die Sanierungsinstrumente der Insolvenzordnung, entkräften.[746]

Insgesamt würde mit der Einführung eines vorinsolvenzlichen Sanierungsverfahrens eben kein Rechtsrahmen geschaffen, den der Gesetzgeber mit der Reform des Insolvenzrechts gerade beseitigen wollte. Vielmehr wird das ursprüngliche Konzept an den derzeitigen Rechtsrahmen angepasst und fortgeführt. Daher kann auch aus rechtshistorischer Sicht die Einführung eines vorinsolvenzlichen Verfahrens befürwortet werden.

V. Umsetzung des bisher erarbeiteten Konzepts eines vorinsolvenzlichen Sanierungsmechanismus

1. Leitbild des vorinsolvenzlichen Sanierungsprozesses

Eine der wesentlichen Lehren der bisherigen Untersuchung ist, dass es geeigneter Instrumente bedarf, um Unternehmen zu sanieren, die in finanzielle Schwierigkeiten geraten sind, ansonsten jedoch über eine gesunde Unternehmenssubstanz verfügen. Die Instrumente der Insol-venzordnung reichen dazu ebenso wenig aus wie die der außergerichtlichen Sanierung. Vielmehr wird ein rechtlicher Rahmen benötigt, der eine präventive finanzielle Sanierung solcher Unternehmen ermöglicht. Ziel eines solchen Verfahrens muss es sein, die Nachteile außergerichtlicher Sanierungen als auch die des Insolvenzverfahrens zu beseitigen und die Vorteile beider zu erhalten. Ein funktionaler Rechtsvergleich mit entsprechenden Verfahren in Frankreich und Spanien konnte zeigen, dass eine Umsetzung in Deutschland im Wesentlichen möglich ist. Ein vorinsolvenzliches Finanzrestrukturierungsverfahren würde daher vorhandene Sanierungsmöglichkeiten um ein weiteres Instrument bereichern.

Dazu wird im Rahmen dieser Untersuchung ein zweistufiges Verfahren vorgeschlagen, dessen Ziel die finanzielle Sanierung des Schuldnerunternehmens ist. Es soll einen Rahmen für wirksame Verhandlungslösungen bieten und, indem es auf Initiative des Schuldners eingeleitet wird, der eigenverantwortlichen Krisenbewältigung dienen. Ziel ist es, einen Sanierungsplan umzusetzen, der eine finanzielle Sanierung ermöglicht. Damit werden zum einen die typischen Finanzgläubiger wie Kreditinstitute im Verfahren vergemeinschaftet. Die Erfahrung zeigt, dass sich als Folge der Finanz- und Wirtschaftskrise viele Unternehmen auch auf dem Kapitalmarkt, etwa durch die Emission von Mittelstandsanleihen, refinanziert haben.

---

745 So *Eidenmüller*, Finanzkrise, Wirtschaftskrise und das deutsche Insolvenzrecht, S. 29.
746 So auch *Westpfahl*, ZGR 2010, 385, 403; *Flessner*, KTS 2010, 127, 145.

In der finanziellen Krise haben solche Unternehmen daher Bedarf ihre Rechtsbeziehungen zu ihren Anleihegläubigern neu zu gestalten. Daher sollen auch die Anleihegläubiger als zweite Gläubigergruppe im vorgestellten Verfahren vergemeinschaftet werden, wenn es sie denn gibt. Lieferanten, Arbeitnehmer und sonstige Gläubiger werden in das Verfahren nicht integriert.

Auf der ersten Stufe befindet sich ein Moderationsverfahren, das alle Möglichkeiten der außergerichtlichen Sanierung bietet, jedoch von einem externen Moderator begleitet wird. Damit wird für Verhandlungen ein konstruktiver Rahmen geschaffen. Eingriffe in Gläubigerrechte sieht dieses Verfahren nicht vor. Ein Sanierungsplan kann in diesem Verfahren nur konsensual verabschiedet werden.

Gelingt es nicht innerhalb dieses Verfahrens zu einer einvernehmlichen Verhandlungslösung zu kommen, kann das Schuldnerunternehmen auf der zweiten Stufe ein Finanzrestrukturierungsverfahren einleiten. Die Verwaltungs- und Verfügungsbefugnis wird beim Schuldner belassen. Nachdem der Zeitpunkt für die Einleitung des Verfahrens der Zustand der rechnerischen Überschuldung bei positiver Fortführungsprognose darstellt, besteht kein Bedürfnis zu einer leistungswirtschaftlichen Sanierung, sondern zu einer finanziellen Sanierung. Regelmäßig erzeugen solche Unternehmen genügend Cashflows, so dass keine Gefahr für eine Substanzgefährdung droht und es daher keiner Einschränkung der schuldnerischen Verfügungsbefugnis bedarf.

Das Finanzrestrukturierungsverfahren orientiert sich grundsätzlich am Insolvenzplanverfahren, beschränkt sich allerdings darauf, einen Sanierungsplan lediglich mit den Finanzgläubigern und ggf. Anleihegläubigern abzuschließen. Damit grenzt es sich thematisch von der leistungswirtschaftlichen Sanierung im Rahmen des Insolvenzplanverfahrens ab.

Das Verfahren ermöglicht, falls notwendig, die Anordnung eines Moratoriums. Der Sanierungsplan kann mittels Mehrheitsbeschluss angenommen werden. Auf Eingriffe in Anteilseignerrechte, etwa durch debt-to-equity swaps, wird aus verfassungs- bzw. europarechtlichen Gründen verzichtet.[747] Um das Verfahren schlank zu halten, ist es als prevoted-plan Verfahren nach dem Vorbild des 11 U.S.C. § 1126 (b) auszugestalten.

Das US - amerikanische Recht erlaubt es explizit, auch solche Bestätigungsentscheidungen der Gläubiger zur Grundlage einer Abstimmung über den Sanierungsplan zu machen, die vor Einleitung des Verfahrens getroffen wurden,

747 Bedenken gegen eine Zwangsweise Sanierung der Gesellschaft gegen die Zustimmung der Gesellschafter bestehen außerhalb eines Insolvenzverfahrens vor allem aufgrund von Art. 9 GG und Art. 25 Abs. 1 der Kapitalrichtlinie; so auch *Bormann*, NZI 2011, 892, 893; *Madaus*, Der Insolvenzplan, S. 604.

wenn die Stimmabgabe auf Grundlage einer hinreichenden Information über das Unternehmen und den Sanierungsplan erfolgten und der Stimmabgabe keine formalen Fehler zugrunde lagen.[748] Dem Gericht kommt im eröffneten Verfahren nur noch die Aufgabe zu, die Abstimmung auf ihre Rechtmäßigkeit hin zu überprüfen und über die Bestätigung des Plans zu entscheiden.[749]

Die Rechtsmittel werden im Interesse einer sofortigen Durchführbarkeit des Sanierungsplans auf ihr notwendiges Maß beschränkt.

2. Vorschlag für einen vorinsolvenzlichen Sanierungsmechanismus

a) Das Moderationsverfahren

aa) Verfahrenseinleitung

Die Berechtigung zur Verfahrenseinleitung soll nur beim Schuldner liegen, denn das Verfahren dient zu einer eigenverantwortlichen Krisenbewältigung. Das Verfahren kann im Zustand der rechnerischen Überschuldung bei positiver Fortführungsprognose eingeleitet werden. Um das Moderationsverfahren einzuleiten, hat das Unternehmen dem zuständigen Insolvenzgericht anzuzeigen, dass es Sanierungsverhandlungen mit den Gläubigern unter Beteiligung eines Moderators aufnimmt.

Damit nicht die Gefahr besteht, dass Sanierungsbemühungen eingeleitet werden, die letztlich scheitern, bedarf es eines Nachweises, dass das Unternehmens substanziell gesund ist. Dazu hat das Unternehmen mit der Anzeige bei Gericht einen Bericht eines externen Sachverständigen/Wirtschaftsprüfers einzureichen, der den bilanziellen Sanierungsbedarf aufzeigt und mittels einer Cash-Flow Analyse die leistungswirtschaftliche Ertragsfähigkeit beurteilt. Damit wird die rechnerische Überschuldung bei positiver Fortführungsprognose nachgewiesen und das Gericht bestätigt dem Unternehmen die Aufnahme von Verhandlungen.

Das Verfahren steht jeder Art von Unternehmen offen, eine Begrenzung über Größenkriterien gibt es nicht.

---

748 So auch *Madaus*, Der Insolvenzplan, S. 565, 584.

749 Dazu wird im sog. „hearing on disclosure statement and objections" darüber verhandelt, ob die Gläubiger aufgrund der ihnen zur Verfügung gestellten Informationen in der Lage waren, eine begründete Entscheidung über den vorgeschlagenen Sanierungsplan zu treffen und im „confirmation hearing" über das Vorliegen aller Bestätigungsentscheidungen entschieden, 11 U.S.C. § 1126 (e), 11 U.S.C. § 1128 f.; so auch *Madaus*, Der Insolvenzplan, S. 584 f.

bb) Wirkungen der Verfahrenseröffnung

Die Einleitung des Moderationsverfahrens wird nicht veröffentlicht, sondern bei Gericht lediglich vermerkt, damit später, falls die Sanierungsverhandlungen scheitern, das Finanzre-strukturierungsverfahren eingeleitet werden kann und dann nicht mehr eine langwierige Prüfung der Sanierungsbedürftigkeit erfolgen muss. Jedoch kann der Schuldner gemäß § 15 Abs. 1 WpHG gehalten sein, die Einleitung des Moderationsverfahrens zu veröffentlichen. Danach hat ein Inlandsemittent von Finanzinstrumenten, beispielsweise eine börsennotierte AG, Insiderinformationen[750], die ihn unmittelbar betreffen, unverzüglich öffentlich bekanntzumachen. Unter „Insidersiderinformationen" i.S.d. § 15 Abs. 1 WpHG kann man auch eine Unternehmenskrise oder die Einleitung eines vorinsolvenzlichen Sanierungsverfahrens verstehen, wenngleich dies im Einzelnen umstritten ist und auch über eine Selbstbefreiung von der Publizitätspflicht gemäß § 15 Abs. 3 WpHG diskutiert werden kann.[751]

Eingriffe sind mit der Einleitung des Moderationsverfahrens nicht verbunden, weder gegenüber dem Schuldner noch gegenüber den Gläubigern. Der Schuldner behält also seine Verwaltungs- und Verfügungsbefugnis und die Gläubiger könnten theoretisch auch Zwangsvollstreckungsmaßnahmen wegen Forderungen einleiten.

Allerdings werden mit der Anzeige bei Gericht, dass Sanierungsverhandlungen eingeleitet wurden, Insolvenzanträge von Gläubigern für den Zeitraum von 5 Monaten suspendiert, um Verhandlungen in einem konstruktiven Rahmen zu ermöglichen.

cc) Die Person des Moderators

Die Verhandlungen sollen unter der Aufsicht eines externen neutralen Moderators erfolgen. Dieser hat im Verfahren darauf hinzuwirken, dass zwischen den Beteiligten Informationen ausgetauscht werden und dadurch transparente Sanierungsverhandlungen erfolgen. Der Moderator soll die Sanierungsverhandlungen zwischen den Gläubigern und dem Schuldner koordinieren, so dass die beteiligten

---

750 Eine Insiderinformationen ist nach § 13 WpHG eine konkrete Information über nicht öffentlich bekannte Umstände, die sich auf einen oder mehrere Emittenten von Insiderpapieren oder auf die Insiderpapiere selbst beziehen und die geeignet sind, im Falle ihres öffentlichen Bekanntwerdens den Börsen- oder Marktpreis der Insiderpapiere erheblich zu beeinflussen. Eine solche Eignung ist gegeben, wenn ein verständiger Anleger die Information bei seiner Anlageentscheidung berücksichtigen würde.

751 Näher zum Ganzen *Kocher/Widder*, NZI 2010, 925 ff.; *Veith*, NZG 2005, 254 ff.

Gläubiger eine Einschätzung erhalten, ob und wie dem Schuldner finanzielle Hilfe geboten werden kann. Durch die Arbeit des Moderators soll das Prinzip der Gläubigergleichbehandlung auch im Vorfeld der Insolvenz verwirklicht werden. Insbesondere soll er gewährleisten, dass die Verluste, die Kosten der Sanierung und die Sanierungsgewinne im Verhältnis der Forderungen, die zu dem Zeitpunkt bestanden, zu dem das Unternehmen das Verfahren eingeleitet hat, zwischen den Gläubigern aufgeteilt werden.

Um die Neutralität des Moderators zu gewährleisten, ist dieser aus einer Liste von Sanierungsberatern und Insolvenzverwaltern vom Gericht auszuwählen. Diesbezüglich bietet es sich an die Vorschriften der InsO für Insolvenzverwalter entsprechend anzuwenden, wobei der Schuldner ein verbindliches Vorschlagsrecht haben sollte, von dem das Gericht nur abweichen können soll, wenn die vorgeschlagene Person offensichtlich ungeeignet ist oder nicht die notwendige Neutralität aufweist.[752]

Um die Verhandlungen zu führen und später über den Sanierungsplan abstimmen zu können, hat der Moderator die Gläubiger aufzufordern, ihre Forderungen innerhalb einer Frist, die mindestens drei Wochen beträgt, bei ihm anzumelden.

Die koordinierten Verhandlungen unter Aufsicht des Moderators ermöglichen es schließlich, die Effizienzvorteile der außergerichtlichen Sanierung zu konservieren und Phänomene wie beispielsweise die oben angesprochene reaktive Abwertung von Sanierungsvorschlägen aufgrund der Neutralität des Moderators und der Informationssymmetrien der Beteiligten ausbleiben würden.

dd) Der Sanierungsplan

(1) Inhalt

Inhaltlich sollen in dem Sanierungsplan alle zulässigen Sanierungsmaßnahmen seitens der Fremdkapitalgeber möglich sein, die nicht in Drittrechte eingreifen. Dies werden insbesondere Forderungserlasse, Stundungen, Umschuldungen, Zinsverzichte, Zurverfügungstellung frischen Kapitals etc. sein. Bei Letzterem kann eine Regelung vereinbart werden, wonach diese Fremdkapitalgeber in einem späteren Insolvenzverfahren gegenüber Insolvenzgläubigern vorrangig befriedigt werden. Auf eine solche Regelung ist § 264 Abs. 1 S. 2, 3 InsO entsprechend anzuwenden. Die Sicherheiten der absonderungsberechtigen Gläubiger sind durch den Sanierungsplan nicht anzutasten. Sollen die Anleihebedingungen

752 So auch Westpfahl, ZGR 2010, 385, 425.

der Anleihegläubiger in dem Verfahren geändert werden, ist insbesondere an Reglungen entsprechend § 5 Abs. 3 SchVG zu denken.

Auf Maßnahmen der Eigenkapitalgeber wie Kapitalschnitte oder Kapitalerhöhungen soll in dem hier vorgestellten Verfahren verzichtet werden, damit das Verfahren schlank und diskret bleibt. Sollten die Gläubiger der Ansicht sein, dass diese Maßnahmen notwendig sind, müssen diese auf gesellschaftsrechtlicher Ebene außerhalb des Sanierungsverfahrens stattfinden. Insoweit ist es möglich, den Sanierungsplan mittels einer Regelung entsprechend § 249 InsO erst unter der Bedingung der Vornahme der gesellschaftsrechtlich notwendigen Maßnahmen zu bestätigen.

Der Sanierungsplan besteht aus einem darstellenden und einem gestaltenden Teil. Im darstellenden Teil wird beschrieben, welche Regelungen getroffen werden sollen, um die Grundlagen für die Gestaltung der Rechte der Betroffenen zu schaffen. Im gestaltenden Teil wird festgelegt, wie die Rechtsstellung der Beteiligten durch den Reorganisationsplan geändert werden soll. Im gestaltenden Teil des Reorganisationsplans ist anzugeben, um welchen Bruchteil die Forderungen von Gläubigern gekürzt, für welchen Zeitraum sie gestundet, wie sie gesichert oder welchen sonstigen Regelungen sie unterworfen werden sollen.[753] Sind neben den Finanzgläubigern auch Anleihegläubiger von dem Sanierungsplan betroffen, sind für diese eine eigene Gruppe zu bilden, so dass es dann die Gruppe der Finanzgläubiger und die Gruppe der Anleihegläubiger gibt.

(2) Zustandekommen

Der Sanierungsplan kommt durch eine Abstimmung der beteiligten Finanzgläubiger zustande. Damit das Abstimmungsergebnis bei Scheitern einer einstimmigen Zustimmung als pre-voted plan in das Finanzrestrukturierung eingebracht werden kann, bedarf es im Rahmen der Abstimmung im Moderationsverfahren zweier Stimmabgaben. Die Gläubiger stimmen also mit einer Stimmabgabe zweimal ab, einmal im Rahmen des Moderationsverfahrens und einmal antizipiert für das Finanzrestrukturierungsverfahrens unter der Bedingung, dass im Moderationsverfahren kein einstimmiges Ergebnis erzielt werden kann (sog. dual-track case).[754]

Dabei steht es jedem Gläubiger frei, über den Plan bereits außergerichtlich abzustimmen und seine Zustimmung für den konkret absehbaren und hinreichend bestimmten Fall des Scheiterns eines einstimmigen außergerichtlichen

753 Siehe hierzu entsprechend §§ 8 Abs. 1, 12 Abs. 1 Reg-E KredReorgG, abrufbar unter: http://dipbt.bundestag.de/dip21/btd/17/030/1703024.pdf

754 *Madaus*, Der Insolvenzplan, S. 586 (Fn. 536).

Sanierungsvergleichs zu erteilen. Eine solche antizipierte Erklärung unproblematisch, zudem der Planinhalt bereits im Moderationsverfahren konkret verhandelt wurde und durch den darstellenden und gestaltenden Teil des Sanierungsplans der Gegenstand der Abstimmung hinreichend bestimmt ist.[755]

Der Moderator bestimmt „im Verfahren" einen Abstimmungstermin, der innerhalb von vier Monaten nach der Anzeige, dass Sanierungsverhandlungen aufgenommen wurden, anzusetzen ist. Die Abstimmung erfolgt schriftlich. Zur Abstimmung wird den Gläubigern der Sanierungsplan samt den notwendigen Anlagen zugesendet. Die Abstimmungsunterlagen enthalten die abstimmungserheblichen Inhalte des Sanierungsplans sowie eine Vermögensübersicht und einen Ergebnis- und Finanzplan entsprechend § 229 InsO und weisen explizit auf die Abstimmung unter der Bedingung des Scheiterns einer einstimmigen Annahme sowie der damit verbundenen Bindung der ablehnenden Gläubiger an den Sanierungsplan hin.

Die Zuteilung der Stimmrechte überprüft der Moderator. Diese bestimmen sich nach der Höhe des Betrages, die die Forderungen im Zeitpunkt der Prüfung hatten.

Das Verfahren betrifft neben den ungesicherten Finanzgläubigern gegebenenfalls die Anleihegläubiger. Beide Gläubigergruppen weisen homogene Interessen auf, so dass es jeweils einer entsprechenden Gruppenbildung bedarf.

Zur Annahme des Sanierungsplans im Moderationsverfahren bedarf es der einstimmigen Annahme des Sanierungsplans. Das Gericht bestätigt daraufhin, dass der Sanierungsplan unter Beachtung der Vorschriften über Inhalt und Annahme durch die Beteiligten zustande gekommen ist. Die Bestätigung wird nicht veröffentlicht.

(3) Wirkungen

Der Sanierungsplan bindet alle die dem Plan zugestimmt haben und enthält daher keinerlei Zwangseingriffe in Gläubigerrechte. Die Wirkungen des Sanierungsplans treten mit der Bekanntgabe des Bestätigungsbeschlusses mit der festgelegten Wirkung für und gegen alle Beteiligten ein.

(4) Scheitern des Sanierungsplans

Scheitert der einstimmige Abschluss eines Sanierungsplans kann das Finanzrestrukturierungsverfahren eingeleitet werden. Ein solches Scheitern liegt vor, wenn in der Abstimmung über den Sanierungsplan keine Einstimmigkeit erzielt werden konnte.

---

755 So auch *Madaus*, Der Insolvenzplan, S. 587.

b) *Das Finanzrestrukturierungsverfahren*

aa) *Verfahrenseinleitung*

Das Finanzrestrukturierungsverfahren kann vom Schuldner nur eingeleitet werden, wenn er sich in einem Moderationsverfahren befindet und der Sanierungsplan nicht einstimmig angenommen wurde, aber in jeder Gruppe über eine Zustimmung in Höhe von 2/3 der Summe der Ansprüche der abstimmenden Gläubiger und eine einfache Kopfmehrheit der abstimmenden Gläubiger verfügt. Diese Mehrheit soll im Finanzrestrukturierungsverfahren notwendig sein, um den Plan durch Mehrheitsentscheidung anzunehmen. Die entsprechenden Mehrheitserfordernisse des SchVG sollen durch die des Finanzrestrukturierungsverfahrens verdrängt werden.[756] Zur Einleitung des Finanzrestrukturierungsverfahrens hat der Schuldner dem Gericht das Scheitern des Moderationsverfahrens anzuzeigen und mit dem Antrag den Sanierungsplan samt Plananlagen sowie die Abstimmungsergebnisse als prevoted-plan vorzulegen. Zudem hat der Moderator, der die Abstimmung im Moderationsverfahren geleitet hat, über die Einhaltung der Verfahrensvorschriften bei der Abstimmung zu berichten.

bb) *Wirkungen der Verfahrenseröffnung*

Mit der Verfahrensöffnung kann der Schuldner, wenn einzelne Gläubiger nun mit Zwangsvollstreckungsmaßnahmen drohen, die Anordnung eines Moratoriums beantragen. Das Gericht kann dazu je nach Einzelfall Zwangsvollstreckungsmaßnahmen untersagen oder einstellen, ein Aufrechnungsverbot anordnen, sowie die Verwertung von Sicherheiten verbieten, wenn das Sicherungsgut zur Betriebsfortführung notwendig ist. Gleiches gilt für aussonderungsberechtigte Gläubiger. In jedem Fall ist zu überprüfen, ob den Betroffenen dieses Sonderopfer zugemutet werden kann. Eines finanziellen Ausgleichs für die Aus- und Absonderungsgläubiger entsprechend § 169 InsO ist dabei nicht erforderlich. Wie im Rahmen dieser Untersuchung gesehen, ist gemäß § 169 InsO ein finanzieller Ausgleich erst ab einem Zeitraum von drei Monaten zu gewähren.

Das Moratorium soll auf einen Zeitraum von einen Monat ab Anzeige des Scheiterns des Moderationsverfahrens beschränkt werden. Innerhalb dieses Zeitraums kann der prevoted plan bestätigt werden.

---

756 Entsprechend ist § 19 SchVG de lege ferenda insofern zu modifizieren, als der Wortlaut des § 19 Abs. 1, 4 SchVG auf das Finanzrestrukturierungsverfahren zu erweitern ist.

Den Gläubigern ist es untersagt, Gestaltungsrechte auszuüben, die es ermöglichen Schuldverhältnisse mit dem Schuldner wegen der Eröffnung des Finanzrestrukturierungsverfahrens zu kündigen, zu widerrufen oder davon zurückzutreten.

Die betroffenen Gläubiger haben die Möglichkeit gegen die angeordneten Maßnahmen eine sofortige Beschwerde einzulegen und damit die Maßnahmen auf ihre Erforderlichkeit und Verhältnismäßigkeit hin überprüfen zu lassen.

cc) Der Finanzrestrukturierungsplan

(1) Inhalt, Wirkungen und Zustandekommen des Finanzrestrukturierungsplans

Der Finanzrestrukturierungsplan ist inhaltlich mit dem Sanierungsplan des Moderationsverfahrens völlig identisch, wurde doch bereits im Moderationsverfahren über diesen abgestimmt und antizipiert unter der Bedingung des Scheiterns eines einstimmigen Sanierungsvergleichs zugestimmt. Die Gestaltung in einen darstellenden und gestaltenden Teil sowie die angefügten Plananlagen haben den Gläubigern die benötigten Informationen gegeben, um über den Plan abstimmen zu können. Folglich bedarf es im Finanzrestrukturierungsverfahren nur noch der Bestätigung des Plans durch das zuständige Gericht. Dabei hat das Gericht auch hier die Einhaltung der Vorschriften über Inhalt und Annahme des Plans zu überprüfen und damit einen wirksamen Missbrauchsschutz zu gewährleisten.

Der Finanzrestrukturierungsplan bindet nun jedoch auch die überstimmten Gläubiger und enthält folglich gegenüber diesen Eingriffe. Ein Obstruktionsverbot ist soll das Finanzrestrukturierungsverfahren jedoch nicht enthalten, ansonsten wäre wohl eine Mitwirkung der Gläubiger an dem Verfahren gefährdet.

(2) Minderheiten und Rechtsschutz

Um den Schutz der überstimmten Minderheit zu gewährleisten, ist an eine Regelung entsprechend § 251 InsO zu denken, wobei jedem Minderheitsgläubiger durch das Finanzreorganisationsverfahren zumindest der Realwert der Forderung garantiert werden kann. Insofern entstehen für die Gläubiger bei wirtschaftlicher Betrachtungsweise durch den Plan keinerlei Einbußen im Vergleich zum Wert ihrer Forderung ohne Teilnahme am Verfahren.

Der Rechtsschutz ist im Verfahren so auszugestalten, dass das Verfahren weiterhin schlank ist und schnell durchführbar bleibt. Dies wäre gefährdet, wenn man den Rechtsschutz entsprechend §§ 253, 254 Abs. 1 InsO ausgestalten würde, so dass die Wirksamkeit des Finanzrestrukturierungsplans von der Bestätigung des Insolvenzgerichts abhängig wäre und eine sofortige Beschwerde aufschiebende Wirkung entfalten würde. Dadurch würde der Vollzug des Sanierungsplans mit jeder erhobenen sofortigen Beschwerde verzögert. Vermeiden ließe sich dies nur, wenn man den Rechtsschutz so konzipierte, dass der sofortigen Beschwerde grundsätzlich keine aufschiebende Wirkung zukommt. Dies ist gemäß § 570 ZPO der Fall.[757] Eine sinnvolle Ergänzung könnte dabei zusätzlich ein Blick in das Aktienrecht liefern. Dort bestand bis 2005 für jeden einzelnen in der Hauptversammlung überstimmten Aktionär die Möglichkeit durch eine Anfechtungsklage die Umsetzung des Hauptversammlungsbeschlusses bis zum Ende des gerichtlichen Verfahrens zu verzögern. Der Gesetzgeber reagierte 2005 und schuf mit dem UMAG[758] das Freigabeverfahren nach § 246a AktG, das er ermöglicht, den angefochtenen Beschluss zur Eintragung freizugeben. Die Umsetzung des Beschlusses wird also trotz Anfechtungsklage möglich, wobei letztere durch das Freigabeverfahren lediglich ihre gestaltende Wirkung verliert, eine Erledigung tritt demgegenüber nicht ein.[759] Entscheidend ist hier aber nicht das aktienrechtliche Freigabeverfahren, vielmehr soll auf einen anderen Aspekt hingewiesen werden. 2009 regelte der Gesetzgeber mit dem ARUG[760], dass die gerichtliche Entscheidung über die Freigabe des Beschlusses unanfechtbar ist. Seitdem entscheidet allein der am OLG mit dem Freigabeverfahren betraute Senat über die Anordnung eines Suspensiveffekts der Anfechtungsklage. Ziel ist der schnellstmögliche Abschluss des Freigabeverfahrens, um missbräuchlichen Aktionärsklagen die Verzögerungswirkung zu nehmen.[761]

Fraglich ist indes, ob es im Finanzreorganisationsverfahren vor allem im Hinblick auf die von Art. 19 Abs. 4 GG gewährte Garantie des gerichtlichen Rechtsschutzes gegenüber staatlichen Entscheidungen möglich wäre, der überstimmten Minderheit nur eine gerichtliche Überprüfungsinstanz zuzugestehen und jegliche Rechtsmittel gegen diese richterliche Entscheidung auszuschließen.[762] Allerdings gewährleistet diese Garantie „nur", dass ein Rechtsweg zur Verfügung steht, also eine Entscheidung eines unabhängigen Gerichts unter Beachtung aller Verfahrensgrundrechte erlangt werden kann. Demgegenüber enthält die Garantie des gerichtlichen Rechtsschutzes keinen Anspruch auf einen Instanzenzug. Dies bleibt vielmehr der Einschätzung des Gesetzgebers überlassen, ob es zum Ausgleich der

757 *Madaus*, NZI 2010, 430, 431.

758 Gesetz zur Unternehmensintegrität und Modernisierung des Anfechtungsrechts (UMAG) vom 22.9.2005, BGBl I 2005, 2802.

759 *Madaus*, NZI 2010, 430, 431.

760 Gesetz zur Umsetzung der Aktionärsrechterichtlinie (ARUG) vom 30.7.2009, BGBl I 2009, 2479.

761 *Madaus*, NZI 2010, 430, 432.

762 So auch *Madaus*, NZI 2010, 430, 432.

verschiedenen Interessen bei einer Instanz bleiben soll oder mehrere Instanzen zur Verfügung gestellt werden sollen.[763]

Legt man dies auf das Finanzrestrukturierungsverfahren um, so ist es möglich, den Rechtsschutz so auszugestalten, dass den überstimmten Gläubigern lediglich eine richterliche Entscheidung über die Rechtmäßigkeit der im Finanzrestrukturierungsplan vorgesehenen Eingriffe zugestanden wird, soweit die Verfahrensgrundrechte der Betroffenen gewahrt bleiben.[764] Indem der Plan vom zuständigen Gericht bestätigt werden muss, dabei explizit entsprechend § 250 InsO eine gerichtliche Rechtmäßigkeitskontrolle des Finanzrestrukturierungsplans erfolgt und zudem die überstimmten Minderheitsgläubiger das Recht haben, die Versagung des Plans wegen persönlicher Schlechterstellung zu beantragen, werden die genannten Verfahrensgrundrechte beachtet.[765] Zusätzlich ist noch § 18 RPflG dahingehend anzupassen, dass auch in Finanzrestrukturierungsverfahren dem Richter die Entscheidung über die Bestätigung des Plans vorbehalten ist.

Im Ergebnis bedeutet dies für das Rechtsschutzsystem im Finanzrestrukturierungsverfahren folgendes: Der Richter trifft gemäß § 18 Abs. 1 RPflG de lege ferenda die Entscheidung über die Bestätigung des Finanzrestrukturierungsplan. Die Rechtsmittel werden entsprechend §§ 250 bis 253 InsO de lege lata ausgestaltet. Im Grundsatz soll der sofortigen Beschwerde gemäß § 570 Abs. 1 ZPO keine aufschiebende Wirkung zukommen. Vielmehr obliegt es gemäß § 570 Abs. 2 ZPO dem Beschwerdeführer, die Gründe für sein überwiegendes Interesse an einem Vollzugsstop glaubhaft zu machen. Der Insolvenzrichter entscheidet dann im Einzelfall, ob die Vollzugsinteressen der Planbeteiligten und der Allgemeinheit das Suspensivinteresse des Beschwerdeführers überwiegen, was in der Regel der Fall sein soll.[766] Folglich würde der Finanzrestrukturierungsplan mit der Bekanntgabe des Bestätigungsbeschlusses in Kraft treten. Allerdings soll den Gläubigern ein Zeitraum von sieben Tagen zugestanden werden, die sofortige Beschwerde einzulegen. Damit treten die Wirkungen des Finanzrestrukturierungsplans 7 Tage nach der Bekanntgabe des Bestätigungsbeschlusses ein. Um die Vermögensinteressen des Beschwerdeführers dennoch angemessen zu berücksichtigen, bietet es sich an, diesem die Fortführung seines Beschwerdeverfahrens zuzugestehen, wobei dieses nur noch auf den Schutz seines negativen Interesses gerichtet ist, ihm also

763 BVerfGE 107, 395 402 = NJW 2003, 1924; so auch *Madaus*, NZI 2010, 430, 432.

764 So für das Insolvenzverfahren *Madaus*, NZI 2010, 430, 432.

765 So auch *Madaus*, NZI 2010, 430, 432.

766 *Madaus*, NZI 2010, 430, 434.

nur noch der Ersatz seines planbedingten Vermögensschadens zugesprochen werden kann.[767]

c) Bestandsschutz des Sanierungsvergleichs bzw. Finanzrestrukturierungsplans in einem späteren Insolvenzverfahren

aa) Anfechtungsrechtlicher Bestandsschutz

Die Maßnahmen, die in Umsetzung der Sanierungspläne ergriffen werden, bedürfen eines anfechtungsrechtlichen Bestandschutzes in einem späteren Insolvenzverfahren. Um keine Unsicherheit entstehen zu lassen, ist eine entsprechende Regelung aufzunehmen.[768]

bb) Rangrechtliche Privilegierung in einem späteren Insolvenzverfahren

Um für die beteiligten Gläubiger einen Anreiz zu schaffen, ungesichertes frisches Fremdkapital zur Verfügung zu stellen, wird eine Privilegierung solcher Gläubiger in einem späteren Insolvenzverfahren gegenüber Insolvenzgläubigern vorgesehen. Zudem sollte § 39 Abs. 4 S. 2 InsO um den Fall des Anteilserwerb im Zusammenhang mit einem Sanierungsvergleich im Rahmen des Moderations- bzw. Finanzrestrukturierungsverfahrens erweitert werden.[769]

cc) Haftungsrechtliche Privilegierung

Zusätzlich sollen Fremdkapitalgeber, die während des Moderations- und Finanzrestrukturierungsverfahrens frisches Kapital zur Verfügung stellen, nicht Gefahr laufen aus den in Kapitel E. III. 4. genannten Tatbeständen zu haften. Insofern sind Finanzierungen, die den Schuldner mit Liquidität versorgen, um den Abschluss des Finanzrestrukturierungsplans zu gewährleisten und solche, die im Zusammenhang mit der Umsetzung des Finanzrestrukturierungsplans stehen, haftungsprivilegiert.[770]

---

767 *Madaus*, NZI 2010, 430, 434; im Ergebnis für die Beschränkung des Rechtsmittelverfahrens auch *Bork*, ZIP 2010, 397, 411; *Westpfahl*, ZGR 2010, 385, 432; *Jacoby*, ZGR 2010, 359, 379; *Jaffé/Friedrich*, ZIP 2008, 1849, 1858.

768 So auch *Westpfahl*, ZGR 2010, 385, 432; *Jacoby*, ZGR 2010, 359, 382.

769 So auch *Bork*, ZIP 2010, 397, 407; *Westpfahl*, ZGR 2010, 385, 433.

770 So auch *Westpfahl*, ZGR 2010, 385, 432;

d) Überleitung in ein Insolvenzverfahren

Auf eine pauschale Überleitung des Moderations- bzw. Finanzrestrukturierungsverfahrens in das Insolvenzverfahren, wenn Zahlungsunfähigkeit eintritt, wird verzichtet. Vielmehr soll in einem solchen Fall das Gericht entscheiden, ob die geplante Sanierung aussichtslos geworden ist. Falls es dies bejaht, soll es ein Insolvenzverfahren einleiten.

G. Aktuelle Entwicklung und Fazit

I. Aktuelle Entwicklung

1. Empfehlung der Europäischen Kommission vom 12.03.2014

Nachdem der Gesetzgeber davon abgesehen hatte, ein vorinsolvenzliches Sanierungsverfahren einzuführen und stattdessen den Erfolg des Schutzschirmverfahrens nach § 270b InsO abwarten wollte[771], erhält die Diskussion um die Einführung eines vorinsolvenzlichen Sanierungsverfahrens mittlerweile wieder Auftrieb. Ein neuer Anstoß kommt von der Europäischen Kommission, die im Rahmen der Bestrebungen zur Modernisierung der Europäischen Insolvenzordnung am 12.03.2014 eine Empfehlung[772] zur frühzeitigen Umstrukturierung von finanziell angeschlagenen Unternehmen vorgelegt hat.[773] Die Empfehlung für einen neuen Ansatz im Umgang mit unternehmerischem Scheitern und Unternehmensinsolvenzen befasst sich neben der Restschuldbefreiung für insolvente Unternehmer mit der Einführung eines präventiven Restrukturierungsrahmens für Unternehmen und legt die wesentlichen Eckpunkte eines vorinsolvenzlichen Sanierungsverfahrens dar. Die Europäische Kommission ließ sich dabei u.a. von den Erwägungen leiten, dass sich die nationalen Insolvenzrechtsvorschriften deutlich im Hinblick auf die Bandbreite an Verfahren, die den Schuldnern in finanziellen Schwierigkeiten zur Restrukturierung ihres Unternehmens zur Verfügung stehen, unterscheiden. In einigen Mitgliedsstaaten sei das Spektrum an Verfahren insofern begrenzt, als die Unternehmen erst relativ spät im Rahmen eines formalen Insolvenzverfahrens eine Restrukturierung vornehmen könnten.[774] Die Europäische Kommission empfiehlt daher den Mitgliedstaaten einen Rahmen einzurichten, der die Restrukturierung wirtschaftlich bestandsfähiger Unternehmen

771 Rede der Bundesministerin der Justiz Sabine Leutheusser Schnarrenberger auf dem 9. Deutschen Insolvenzrechtstag der Arbeitsgemeinschaft Insolvenzrecht im Deutschen Anwaltverein am 22. März 2012 in Berlin, abrufbar unter: http://alt.f-sb.de/download/insoreform2012_redeleutheusser_2012.pdf; so auch *Lürken*, NZI 2015, 3, Fn. 2.

772 Empfehlung C(2014) 1500 vom 12.03.2014 für einen neuen Ansatz mit unternehmerischen Scheitern und Unternehmensinsolvenzen, abrufbar unter: http://ec.europa.eu/justice/civil/files/c_2014_1500_de.pdf

773 *Lürken*, NZI 2015, 3.

774 Empfehlung C(2014) 1500 vom 12.03.2014 für einen neuen Ansatz mit unternehmerischen Scheitern und Unternehmensinsolvenzen, S. 2 (2).

in finanziellen Schwierigkeiten ermögliche.[775] Ein Restrukturierungsrahmen würde es Schuldnern ermöglichen, ihre finanziellen Schwierigkeiten in einer frühen Phase anzugehen, in der ihre Insolvenz noch verhindert und die Fortführung ihres Unternehmens gesichert werden könne. Um potenzielle Risiken eines Missbrauchs des Verfahrens zu vermeiden, müsse gewährleistet sein, dass die finanziellen Schwierigkeiten des Schuldners wahrscheinlich zu einer Insolvenz führen, und der Restrukturierungsplan müsse die Insolvenz des Schuldners verhindern und die Bestandsfähigkeit des Unternehmens sichern können.[776] Damit die Effizienz gefördert und die Verzögerungen und Kosten verringert würden, sollten die nationalen präventiven Restrukturierungsrahmen flexible Verfahren beinhalten und die gerichtlichen Formalitäten auf das notwendige und das im Hinblick auf den Schutz der Interessen der Gläubiger und anderer interessierter Parteien, die von dem Restrukturierungsplan betroffen sein dürften, verhältnismäßige Maß begrenzen. Um unnötige Kosten zu vermeiden, sollten die Schuldner die Kontrolle über ihre Vermögenswerte behalten.[777] Zudem solle der Schuldner bei Gericht eine einstweilige Aussetzung einzelner Durchsetzungsmaßnahmen auch besicherter Gläubiger und die Aussetzung eines auf Antrag der Gläubiger eingeleiteten Insolvenzverfahrens beantragen können, wenn derartige Maßnahmen die Verhandlungen beeinträchtigen und die Aussichten auf eine Restrukturierung des Unternehmens des Schuldners mindern könnten.[778] Sofern die Mitgliedsstaaten Bedingungen vorsehen, so solle die Aussetzung jedenfalls gewährt werden, wenn: (1) Die Gläubiger, auf die ein signifikanter Anteil der Forderungen entfällt und die voraussichtlich von dem Restrukturierungsplan betroffen sein werden, die Verhandlungen über die Annahme eines Restrukturierungsplans befürworten und (2) für einen Restrukturierungsplan eine realistische Aussicht bestehe, dass er umgesetzt werde und die Insolvenz des Schuldners abwende.[779] Auch die Insolvenzantragspflichten des Schuldners und die Insolvenzanträge der Gläubiger sollen für die Dauer der

---

775 Empfehlung C(2014) 1500 vom 12.03.2014 für einen neuen Ansatz mit unternehmerischen Scheitern und Unternehmensinsolvenzen, S. 5.

776 Empfehlung C(2014) 1500 vom 12.03.2014 für einen neuen Ansatz mit unternehmerischen Scheitern und Unternehmensinsolvenzen, S. 4,5 (16).

777 Empfehlung C(2014) 1500 vom 12.03.2014 für einen neuen Ansatz mit unternehmerischen Scheitern und Unternehmensinsolvenzen, S. 5 (17).

778 Empfehlung C(2014) 1500 vom 12.03.2014 für einen neuen Ansatz mit unternehmerischen Scheitern und Unternehmensinsolvenzen, S. 7.

779 Empfehlung C(2014) 1500 vom 12.03.2014 für einen neuen Ansatz mit unternehmerischen Scheitern und Unternehmensinsolvenzen, S. 8.

Aussetzung suspendiert sein.[780] Um ein Gleichgewicht zwischen den Interessen der Gläubiger und des Schuldners zu gewährleisten, sei die Aussetzung zunächst nur für vier Monate zu gewähren, jedoch könnten die Mitgliedstaaten Regelungen vorsehen, dass der Zeitraum bei nachweislichen Fortschritten in den Verhandlungen auf bis zu zwölf Monate verlängert werden könne.[781] Das Restrukturierungsverfahren soll Mehrheitsentscheidungen zulassen. Ein mit Mehrheit gemäß den nationalen Rechtsvorschriften angenommener Restrukturierungsplan sei für alle Gläubiger verbindlich, vorausgesetzt, der Plan werde gerichtlich bestätigt.[782] Neue Finanzierungsmaßnahmen, die zur Umsetzungen des Restrukturierungsplans erforderlich seien, sollen in einem späteren Insolvenzverfahren anfechtungsfest sein und neue Geldgeber sollen von einer etwaigen straf- oder zivilrechtlichen Haftung ausgenommen werden.[783] Zudem müsse das Restrukturierungsverfahren so flexibel gestaltet werden, dass weitere außergerichtliche Schritte ergriffen werden könnten.[784] Um die Verhandlungen über Restrukturierungspläne zu erleichtern, sollen die Schuldner die Restrukturierung ihres Unternehmens einleiten können, ohne dass formal ein gerichtliches Verfahren eröffnet werden müsse. Die Bestellung eines Mediators oder eines Beauftragten habe nicht obligatorisch zu erfolgen, sondern auf Einzelfallbasis, wenn das Gericht eine solche Bestellung für erforderlich halte: Ein Mediator könne bestellt werden, um die Schuldner und Gläubiger zu unterstützen, damit erfolgreiche Verhandlungen über einen Restrukturierungsplan geführt werden könnten. Ein Beauftragter sei zu bestellen, um die Tätigkeiten des Schuldners und der Gläubiger zu beaufsichtigen und um Maßnahmen zu ergreifen, die notwendig seien, damit die legitimen Interessen eines oder mehrerer Gläubiger oder einer anderen interessierten Partei gewahrt würden.[785]

Relativ breiten Raum in der Empfehlung nehmen der Inhalt, die Annahme, die Bestätigung, die Rechtsmittel und die Wirkungen eines Restrukturierungsplans

---

780 Empfehlung C(2014) 1500 vom 12.03.2014 für einen neuen Ansatz mit unternehmerischen Scheitern und Unternehmensinsolvenzen, S. 8.

781 Empfehlung C(2014) 1500 vom 12.03.2014 für einen neuen Ansatz mit unternehmerischen Scheitern und Unternehmensinsolvenzen, S. 5 (18), 8.

782 Empfehlung C(2014) 1500 vom 12.03.2014 für einen neuen Ansatz mit unternehmerischen Scheitern und Unternehmensinsolvenzen, S. 7 (d).

783 Empfehlung C(2014) 1500 vom 12.03.2014 für einen neuen Ansatz mit unternehmerischen Scheitern und Unternehmensinsolvenzen, S. 10.

784 Empfehlung C(2014) 1500 vom 12.03.2014 für einen neuen Ansatz mit unternehmerischen Scheitern und Unternehmensinsolvenzen, S. 7.

785 Empfehlung C(2014) 1500 vom 12.03.2014 für einen neuen Ansatz mit unternehmerischen Scheitern und Unternehmensinsolvenzen, S. 7.

ein.[786] Ein Restrukturierungsplan soll nach der Empfehlung eine detaillierte Beschreibung folgender Elemente enthalten: klare und vollständige Identifizierung der vom Plan betroffenen Gläubiger, Auswirkungen der vorgeschlagenen Restrukturierung auf einzelne Forderungen und Kategorien von Forderungen, Standpunkt der betroffenen Gläubiger zum Plan, gegebenenfalls die Bedingungen für neue Finanzierungsmöglichkeiten und das Potential des Plans die Insolvenz des Schuldners abzuwenden und seine wirtschaftliche Bestandsfähigkeit zu erhalten.[787] Zentrales Element der Annahme des Restrukturierungsplans stellt die Möglichkeit von Mehrheitsentscheidungen dar.[788] Auch besicherte Gläubiger sollen von den Wirkungen des Plans betroffen werden. Um eine hohe Interessenhomogenität zu gewährleisten sollen die Gläubiger mit unterschiedlichen Interessen in unterschiedliche Gruppen eingeteilt werden. Zumindest sollen die Gruppen der besicherten und unbesicherten Gläubiger vorgesehen werden. Auch sollen die Mitgliedsstaaten sicherstellen, dass die Restrukturierungspläne von bestimmten Gläubigern und Arten oder Klassen von Gläubigern angenommen werden können, sofern andere Gläubiger nicht betroffen sind.[789]

Sofern der Restrukturierungsplan einstimmig angenommen wurde, bedarf er keiner gerichtlichen Bestätigung und er soll für alle Gläubiger verbindlich sein.[790] Falls der Restrukturierungsplan mittels Mehrheitsentscheidung getroffen wurde oder der Plan Vorkehrungen für die Erschließung neuer Finanzierungsmöglichkeiten vorsieht, soll er gerichtlich bestätigt werden, um Verbindlichkeit zu erlangen. Voraussetzung für die gerichtliche Bestätigung ist, dass der Restrukturierungsplan den Schutz der legitimen Interessen der Gläubiger sicherstellt, der Restrukturierungsplan allen voraussichtlich betroffenen Gläubigern mitgeteilt wurde, die überstimmten Gläubiger durch den Restrukturierungsplan nicht gegenüber einer Liquidierung oder Veräußerung des Unternehmens des Schuldners schlechtergestellt werden und die im Restrukturierungsplan vorgesehenen neuen Finanzierungsmöglichkeiten zur Umsetzung des Plans notwendig sind und die

786 so auch *Lürken*, NZI 2015, 3, 6.

787 Empfehlung C(2014) 1500 vom 12.03.2014 für einen neuen Ansatz mit unternehmerischen Scheitern und Unternehmensinsolvenzen, S. 8.

788 so auch *Lürken*, NZI 2015, 3, 6.

789 Empfehlung C(2014) 1500 vom 12.03.2014 für einen neuen Ansatz mit unternehmerischen Scheitern und Unternehmensinsolvenzen, S. 9.

790 Empfehlung C(2014) 1500 vom 12.03.2014 für einen neuen Ansatz mit unternehmerischen Scheitern und Unternehmensinsolvenzen, S. 10.

Interessen der überstimmten Gläubiger nicht in ungebührlicher Weise beeinträchtigen.[791]

Die Gläubiger, die von dem Restrukturierungsplan betroffen sind, sollen über den Inhalt des Plans in Kenntnis gesetzt werden und sie sollen die Möglichkeit erhalten, ihre Einwendungen gegen den Plan vorzubringen und Rechtsmittel gegen den Plan einzulegen. Allerdings sollen die Rechtsmittel nicht grundsätzlich die Umsetzung des Restrukturierungsplans aussetzen.[792]

Die Kommission hat die Mitgliedstaaten aufgefordert, die in der Empfehlung C(2014) 1500 vom 12.03.2014 für einen neuen Ansatz mit unternehmerischen Scheitern und Unternehmens-insolvenzen ausgeführten Grundsätze innerhalb von zwölf Monaten umzusetzen.[793]

Der deutsche Gesetzgeber sieht demgegenüber derzeit keinen Handlungsbedarf, sondern möchte nach wie vor die Erfahrungen mit dem ESUG abwarten.[794] In Konsequenz der nach ihrer Ansicht nur unzureichenden Umsetzung der oben genannten Empfehlung, veröffentlichte die Europäische Kommission am 30. September 2015 einen „Aktionsplan zur Schaffung einer Kapitalmarktunion“[795], in dem sie ankündigte, einen Rechtsakt zu Unternehmensinsolvenzen vorantreiben, der die größten Hindernisse angehen soll, die dem freien Kapitalverkehr entgegenstehen und auf gut funktionierenden nationalen Regelungen aufbaut.[796] Aus Anlass einer Gesprächsrunde im BMJV, die sich am 18.02.2016 mit den Vorstellungen der Kommission zur Einführung eines vorinsolvenzlichen Sanierungsverfahrens

791 Empfehlung C(2014) 1500 vom 12.03.2014 für einen neuen Ansatz mit unternehmerischen Scheitern und Unternehmensinsolvenzen, S. 9.

792 Empfehlung C(2014) 1500 vom 12.03.2014 für einen neuen Ansatz mit unternehmerischen Scheitern und Unternehmensinsolvenzen, S. 10.

793 Empfehlung C(2014) 1500 vom 12.03.2014 für einen neuen Ansatz mit unternehmerischen Scheitern und Unternehmensinsolvenzen, S. 11.

794 Rede des Bundesministers der Justiz Heiko Maas auf dem 11. Deutschen Insolvenzrechtstag der der Arbeitsgemeinschaft Insolvenzrecht im Deutschen Anwaltverein am 3. April 2014, abrufbar unter: http://www.bmjv.de/SharedDocs/Reden/DE/2014/04032014_Insolvenzrechtstag.html;jsessionid=44635C6841AAECB34A07A376A907198C.1_cid334?nn=6704226.

795 Aktionsplan der Kommission zur Schaffung einer Kapitalmarktunion vom 30.09.2015, abrufbar unter: http://ec.europa.eu/finance/capital-markets-union/docs/building-cmu-action-plan_de.pdf.

796 Aktionsplan der Kommission zur Schaffung einer Kapitalmarktunion vom 30.09.2015, S. 6.

auseinandergesetzt hat, legte der Verband Insolvenzverwalter Deutschlands e.V. (VID) daraufhin ein Grundsatzpapier[797] zu diesem Thema vor.[798]

2. Grundsatzpapier des VID zu einem vorinsolvenzlichen Sanierungsverfahren

In dem Grundsatzpapier stellt der Verband Insolvenzverwalter Deutschlands e.V. erste Grundsätze eines vorinsolvenzlichen Sanierungsverfahrens aus deutscher Sicht dar.[799] Im Rahmen einer Vorbemerkung wird zunächst festgestellt, dass es eine europäische Tendenz für vorinsolvenzliche Sanierungsverfahren gibt, die den Fokus auf die Neuordnung der Verbindlichkeiten, d.h. eine finanzwirtschaftliche Sanierung, richten.[800] Ein vorinsolvenzliches Sanierungsverfahren müsse sich gegenüber den bereits vorhandenen Verfahren des geltenden Rechts abgrenzen. Sodann werden durch sieben Eckpunkte die Grundzüge eines vorinsolvenzlichen Sanierungsverfahrens dargestellt:

Der Schuldner in einem vorinsolvenzlichen Sanierungsverfahren müsse sanierungsbedürftig und sanierungswürdig sein. Dies setze zunächst voraus, dass er sich noch nicht in einem Zustand materieller Insolvenz befinde, sondern eine positive Fortführungsprognose aufweise. Damit eine solche vermutet werden könne, müsse der Schuldner nachweisen, dass er noch mindestens sechs Monate zahlungsfähig sein werde.[801] Sanierungsbedürftig sei der Schuldner, wenn sich sein Unternehmen in wirtschaftlichen Schwierigkeiten befindet, die kurz- bis mittelfristig geeignet sind, den Bestand des Unternehmens zu gefährden. Der Schuldner sei sanierungswürdig, wenn er seine laufenden Buchführungs- und Bilanzierungspflichten ordnungsgemäß erfüllt habe und keine Zahlungsrückstände gegenüber dem Fiskus oder den Sozialversicherungsträgern bestünden.[802]

Die Sanierung im Rahmen des vorinsolvenzlichen Sanierungsverfahrens erfolge mittels eines Sanierungsplans des Schuldners, der der Zustimmung der beteiligten Gläubiger unterliege und einer gerichtlichen Bestätigung bedürfe. Der

797 Grundsatzpapier des Verbands Insolvenzverwalter Deutschlands e.V. (VID) „Grundsätze eines vorinsolvenzlichen Sanierungsverfahrens“ vom 16.02.2016, abrufbar unter: http://www.vid.de/images/stories/pdf_stellungnahmen-vid/20160216_%20grundsaetze%20eines%20vorinsolvenzlichen%20sanierungsverfahrens_vid.pdf.

798 Pressemitteilung „VID präsentiert Grundsatzpapier zur EU-Initiative für ein vorinsolvenzliches Sanierungsverfahren“, NZI 2016, S. IX.

799 Grundsatzpapier des Verbands Insolvenzverwalter Deutschlands e.V. (VID), S. 1.

800 Grundsatzpapier des Verbands Insolvenzverwalter Deutschlands e.V. (VID), S. 1.

801 Grundsatzpapier des Verbands Insolvenzverwalter Deutschlands e.V. (VID), S. 1.

802 Grundsatzpapier des Verbands Insolvenzverwalter Deutschlands e.V. (VID), S. 2.

Sanierungsplan bestehe entsprechend dem Insolvenzplan aus einem darstellenden und gestaltenden Teil und greife in die Forderungen aller oder bestimmter oder ausgewählter Gruppen von Gläubigern gleichartiger Forderungen ein.[803] Auch in die Rechte dissentierender Gläubiger könne in Anlehnung an das gerichtliche Zustimmungsersetzungsverfahren des außergerichtlichen Schuldenbereinigungsverfahrens (§ 309 InsO) eingegriffen werden.[804] Damit werden Mehrheitsentscheidungen zugelassen. Die Auswirkungen der im Sanierungsplan vorgesehenen Maßnahmen sollen in einer integrierten Unternehmensplanung dargestellt werden, aus der sich ergibt, dass der Schuldner nicht innerhalb von sechs Monaten nach Bestätigung des Plans zahlungsunfähig wird. Eine gesetzliche Mindestquote soll der Sanierungsplan nicht vorsehen, jedoch dürften die Gläubiger durch den Sanierungsplan nicht schlechter gestellt werden als im Fall einer Liquidation des Schuldnerunternehmens, was durch eine Vergleichsrechnung nachzuweisen sei. Eingriffe in die Rechte der Gesellschafter sollen nicht erfolgen, jedoch könnten freiwillige Leistungen erbracht werden.[805]

Das Verfahren werde auf Antrag des Schuldners eingeleitet. In dem Antrag sind die an dem Verfahren teilnehmenden Gläubiger mit ihren Forderungen nach Grund und Höhe anzugeben. Mit dem Antrag hat der Schuldner die Sanierungsfähig- und -würdigkeit durch Vorlage entsprechender Unterlagen glaubhaft zu machen und eine Liquiditätsrechnung vorzulegen, um seine Zahlungsfähigkeit über einen Zeitraum von sechs Monaten ab Antragstellung nachzuweisen.[806] Liegen die Antragsvoraussetzungen vor, habe das zuständige Gericht den Antrag durch Beschluss zuzulassen. Der Antrag auf Eröffnung des Verfahrens und die Zulassung des Antrags sollen, soweit der Schuldner dies nicht beantragt, nicht öffentlich bekannt gemacht werden.[807] Mit Zulassung des Antrags habe das Gericht dem Schuldner eine Frist von zwei Monaten zur Vorlage eines Sanierungsplans zu setzen, die auf besonderen Antrag des Schuldners hin um einen Monat verlängert werden könne. Auf Antrag des Schuldners könne das Gericht beschließen, dass am Verfahren teilnehmende Kreditgeber wegen der Verfahrenseinleitung oder der Verschlechterung der Vermögensverhältnisse von ihren Kündigungsrechten keinen Gebrauch machen können. Auch könne das Gericht ein Verbot der

803 Grundsatzpapier des Verbands Insolvenzverwalter Deutschlands e.V. (VID), S. 2.
804 Grundsatzpapier des Verbands Insolvenzverwalter Deutschlands e.V. (VID), S. 3.
805 Grundsatzpapier des Verbands Insolvenzverwalter Deutschlands e.V. (VID), S. 3.
806 Grundsatzpapier des Verbands Insolvenzverwalter Deutschlands e.V. (VID), S. 3, 4.
807 Grundsatzpapier des Verbands Insolvenzverwalter Deutschlands e.V. (VID), S. 4.

Verwertung von Sicherheiten beschließen. Diese Maßnahmen seien jedoch auf maximal drei Monate befristet.[808]

Das Gericht bestelle mit Zulassung des Antrags einen Sachwalter, für dessen Auswahl § 56 InsO entsprechend anzuwenden sei. Berater des Schuldners würden die für die Erledigung der Aufgaben erforderliche Unabhängigkeit nicht erfüllen. Dem Sachwalter komme die Rolle eines Moderators zwischen Schuldner und Gläubigern zu. Zudem habe er eine Stellungnahme zu dem Sanierungsplan abzugeben, die Grundlage für die Prüfung durch das Gericht ist. Sollte der Schuldner während des Verfahrens zahlungsunfähig werden, so sei das Verfahren zu beenden, es sei denn, der Schuldner beantrage die Überleitung in ein Insolvenzverfahren. Dabei sollen für den Antrag des Schuldners die §§ 13 ff. InsO gelten, Anträge nach §§ 270 ff. InsO seien ausgeschlossen.[809]

Vor der Abstimmung der Gläubiger über den Sanierungsplan unterliege dieser der gerichtlichen Vorprüfung, die sich darauf beschränkt, ob der Sanierungsplan aussichtslos sei und dass durch den Sanierungsplan kein Gläubiger schlechter gestellt werde als bei einer Liquidation des Schuldnerunternehmens. Die Abstimmung erfolge nach Gruppen, sofern der Plan eine Gruppenbildung vorsehe. Erforderlich sei eine qualifizierte Mehrheit von 75% nach Summen der Forderungen innerhalb einer Gruppe.[810] Der mehrheitlich angenommene Sanierungsplan werde durch gerichtlichen Beschluss bestätigt und habe die Wirkungen des § 254 InsO.[811]

Gläubigern, die dem Plan spätestens im Termin zur Abstimmung widersprochen haben, gegen den Plan gestimmt und glaubhaft gemacht haben, dass sie durch den Plan wesentlich schlechter gestellt werden als sie bei Liquidation des Schuldnerunternehmens stünden, soll gegen den Planbestätigungsbeschluss die sofortige Beschwerde zustehen.[812]

II. Stellungnahme und Fazit der Untersuchung

Ohne die Verfahrenskonzeptionen der Europäischen Kommission und des VID im Einzelnen bewerten zu wollen, bestätigen diese doch im Tenor den erarbeiteten Sanierungsmechanismus. Es wird ein Verfahren vorgeschlagen, das auf eine finanzwirtschaftliche Sanierung ausgerichtet ist, die Verabschiedung eines

808 Grundsatzpapier des Verbands Insolvenzverwalter Deutschlands e.V. (VID), S. 4.
809 Grundsatzpapier des Verbands Insolvenzverwalter Deutschlands e.V. (VID), S. 5.
810 Grundsatzpapier des Verbands Insolvenzverwalter Deutschlands e.V. (VID), S. 5.
811 Grundsatzpapier des Verbands Insolvenzverwalter Deutschlands e.V. (VID), S. 6.
812 Grundsatzpapier des Verbands Insolvenzverwalter Deutschlands e.V. (VID), S. 6.

Sanierungsplans mittels Mehrheitsentscheidungen zulässt und unter Mitwirkung eines Moderators abläuft. Die Rolle des Gerichts ist beschränkt und betrifft vor allem die Bestätigung eines mittels Mehrheitsentscheidung zustande gekommenen Sanierungsplans.

Im Gegensatz zu den Modellen der Europäischen Kommission und des VID sieht die vorliegende Untersuchung aufgrund verfassungsrechtlicher Vorgaben ein zweistufiges Verfahren zur finanzwirtschaftlichen Restrukturierung von überschuldeten Unternehmen mit positiver Fortführungsprognose vor. Auf der ersten Stufe steht ein Moderationsverfahren, das Verhandlungen über den Abschluss eines freiwilligen Sanierungsplans unter Aufsicht eines Moderators ermöglicht und keine Zwangseingriffe enthält. Auf der zweiten Stufe befindet sich ein als prevoted-Verfahren konzipiertes Finanzrestrukturierungsverfahren, das es ermöglicht, einen Sanierungsplan zur finanziellen Restrukturierung mittels Mehrheitsentscheidungen zu verabschieden. Die Ausgestaltung als prevoted Verfahren wird dazu führen Akkordstörer im außergerichtlichen Bereich zu disziplinieren und die Beteiligten an einen Tisch zu zwingen, hat doch der Schuldner nunmehr die Option den Sanierungsplan auch als prevoted Plan in das Finanzrestrukturierungsverfahren einzubringen und damit die Möglichkeit, einzelne Blockadehaltungen zu überwinden. Dies wird helfen, außergerichtliche Verhandlungen zu strukturieren und das eigentliche Verfahren stark verkürzen sowie die Verfahrensergebnisse verbessern.

Für den Schuldner bieten sich somit in der Krise de lege ferenda folgende Handlungsoptionen:

Bei rechnerischer Überschuldung mit positiver Fortführungsprognose kann dieser dem zuständigen Gericht die Aufnahme von Verhandlungen mit seinen Finanz- und Anleihegläubigern anzeigen und außergerichtliche Sanierungsverhandlungen durchführen. Sollten sich Unsicherheiten ergeben, ob eine übereinstimmende Zustimmung zu dem erarbeiteten Sanierungskonzept zu erreichen ist, kann der Schuldner gleichzeitig für den Fall des Scheiterns der außergerichtlichen Sanierung abstimmen lassen.

Stimmen alle beteiligten Gläubiger zu, wurde das Sanierungskonzept bereits außergerichtlich angenommen. Kann der Schuldner keine übereinstimmende Zustimmung für seinen Sanierungsplan, jedoch die für das Finanzrestrukturierungsverfahren erforderlichen Mehrheiten erzielen, hat er anschließend die Option den Sanierungsplan im Finanzstrukturierungsverfahren einzureichen.

Dort überprüft das Gericht den bereits angenommenen Finanzrestrukturierungsplan nur noch daraufhin, ob die entsprechenden Verfahrensvorschriften eingehalten wurden und, soweit dies der Fall ist, bestätigt es diesen anschließend.

Damit steht mit dem vorliegenden Verfahrenskonzept im vorinsolvenzlichen Bereich ein Sanierungsmechanismus zur Verfügung, der die Effizienzvorteile der außergerichtlichen Sanierung im Moderationsverfahren erhalten und die Nachteile des Insolvenzverfahrens und der außergerichtlichen Sanierung in verfassungsrechtlich zulässiger Art und Weise überwindet. Zudem ist das Verfahren schlank gehalten und kann sehr schnell abgeschlossen werden.

Im Vergleich zum Schutzschirmverfahren nach § 270b InsO bietet das vorgestellte Konzept mehr Planungssicherheit, da das Abstimmungsergebnis schon vor dem Finanzrestrukturierungsverfahren erkennbar ist. Im Gegensatz zum Schutzschirmverfahren begibt sich der Schuldner nicht unvorbereitet in das Verfahren, sondern das Sanierungskonzept, der Sanierungsplan und die antizipierten Zustimmungen der Gläubiger liegen bereits von Anfang an vor. Der Erfolg ist somit planbar. Zudem nutzt das Verfahren die Vorteile des Insolvenzplanverfahrens, indem auf bewährte Strukturen zurückgegriffen wird. Die Hindernisse des Insolvenzplanverfahrens wie etwa die Rechtsmittellastigkeit werden demgegenüber beseitigt. Tritt während des Finanzrestrukturierungsverfahrens Zahlungsunfähigkeit ein und liegt damit ein Insolvenzgrund vor, hat das zuständige Gericht die Möglichkeit, das Verfahren in ein Insolvenzverfahren überzuleiten, wenn nach Ansicht des Gerichts die angestrebte Sanierung aussichtslos geworden ist.

Das Finanzrestrukturierungsverfahren bietet dem Schuldner die Möglichkeit auch mit den Anleihegläubigern über Sanierungsmaßnahmen zu verhandeln. Daher geht das vorgestellte Verfahren in seinem Anwendungsbereich dem Reorganisationsverfahren des SchVG vor. Ist über das Vermögen des Schuldners das Finanzrestrukturierungsverfahren eröffnet worden, so unterliegen die Beschlüsse der Gläubiger den Bestimmungen des hier entwickelten Verfahrens. Demgegenüber lässt das Finanzrestrukturierungsverfahren den Anwendungsbereich des Sanierungs- und Reorganisationsverfahrens des KredReorgG unangetastet. Für systemrelevante Kreditinstitute soll vielmehr ein eigenes Verfahren zur Verfügung stehen, um deren Besonderheiten gerecht zu werden.

Obwohl das vorliegende Konzept dem Schuldner die Möglichkeit bietet, eine finanzielle Krise effizient zu bewältigen, darf von einem solchen Verfahren kein Wunder erwartet werden. Es stellt kein Patentrezept dar. Vielmehr sollte es als zusätzliches Sanierungsinstrument verstanden werden. Das richtige Werkzeug in der richtigen Situation ist jedoch für den Sanierungserfolg entscheidend. Vielfältige Möglichkeiten sind immer Einheitslösungen vorzuziehen.

Auch im Hinblick auf die aktuelle Entwicklung kann deshalb die Ausgangsfrage[813] mit einem „Ja, das vorinsolvenzliche Sanierungsverfahren ist immer noch frisch!" beantwortet werden.

813 siehe hierzu die Einleitung mit der Frage: „*Schon kalter Kaffee oder immer noch frisch? Das vorinsolvenzliche Sanierungsverfahren*".

Literatur- und Entscheidungsverzeichnis

I. Literaturverzeichnis

Bericht über den 1. Gläubigerkongress am 20.9.2012: ESUG in der Praxis - Eine Erfolgsgeschichte der Sanierung unter dem Schutzschirm?!

In: ZInsO, 2012, S. III–IV.

Alonso, Ángel: New Tools for Restructuring in Spain: A Leap Forward for Quick Restructuring and Some Fine Tuning Changes.

In: International corporate rescue, 2012, Volume 9 (Issue 2), S. 107–112.

Anton, Thomas: Fortführungsquoten im neuen Insolvenzrecht - Bewertung und Ausblick.

In: ZInsO, 2009, S. 506–510.

Arbeitskreis der Insolvenzverwalter e.V.: Vorschläge zur Änderung des Unternehmensinsolvenzrechts.

In: NZI, 2002, S. 3–15.

Arbeitskreis für Insolvenz-und Schiedsgerichtswesen e.V., Köln (Hrsg.): Kölner Schrift zur Insolvenzordnung. Das neue Insolvenzrecht in der Praxis, 2. Auflage, Berlin, 2000.

Armour, John; Deakin, Simon: Norms in Private Insolvency; The "London Approach". To The Resolution of Financial Distress.

In: JCLS, 2001, S. 21–51.

Bales, Klaus: Insolvenzplan und Eigenverwaltung – Chancen für einen Neustart im Rahmen der Sanierung und Insolvenz.

In: NZI, 2008, S. 216–221.

Balz, Manfred; Landfermann, Hans-Georg: Die neuen Insolvenzgesetze. Insolvenzordnung und Einführungsgesetz zur Insolvenzordnung mit Einleitung, Begründung des Regierungsentwurfs, Bericht des Rechtsausschusses des Deutschen Bundestages, insolvenzrechtliche Vergütungsverordnung mit Begründung, ergänzende Hinweise, Verweisungen und Sachverzeichnis, 2. Auflage, IDW-Verlag, 1999.

Bamberger, Heinz Georg; Roth, Herbert (Hrsg.): Beck'scher Online-Kommentar BGB, München, 2013.

Beck, Siegfried (Hrsg.): Praxis der Insolvenz. Ein Handbuch für die Beteiligten und ihre Berater. 2. Auflage, München, 2010.

Becker, Christoph: Insolvenzrecht. 3. Auflage, 2010.

Beissenhirtz, Volker: Plädoyer für ein Gesetz zur vorinsolvenzlichen Sanierung von Unternehmen.

In: ZHR, 2011, S. 57–71.

Bitter, Georg: Sanierung in der Insolvenz – Der Beitrag von Treue- und Aufopferungspflichten zum Sanierungserfolg.

In: ZGR, 2010, S. 147–201.

Bitter, Georg; Röder, Sebastian: Insolvenz und Sanierung in Zeiten der Finanz und Wirtschaftskrise. Ergebnisse einer Befragung von Unternehmensinsolvenzverwaltern.

In: ZInsO, 2009, S. 1283–1292.

Bonhomme, Régine; Pérochon, Françoise: Instruments de crédit et de paiement, 9e édition, Paris, 2011.

Bork, Reinhard: Einführung in das Insolvenzrecht, 7. Auflage, Tübingen, 2014.

–: Grundfragen des Restrukturierungsrechts.

In: ZIP, 2010, S. 397–413.

–: Sanierungsrecht in Deutschland und England. Eigenverwaltung und Insolvenzplan. Köln, 2011.

–: Das Moratorium

In: *v. Grundmann, Stefan; Haar, Brigitte; Merkt, Hanno* (Hrsg.): Festschrift fur Klaus J. Hopt zum 70. Geburtstag am 24. August 2010. Unternehmen, Markt und Verantwortung, Band 2, Berlin, New York, 2010, S. 1629–1646.

Bormann: Kreditreorganisationsgesetz, ESUG und Scheme of Arrangement. Insolvenzrechliche Neuerungen im Spannungsverhältnis zwischen erleichterter Unternehmenssanierung und Beschneidung von Gläubiger- und Gesellschafterrechten.

In: NZI, 2011, S. 892–898.

Braun, Eberhard (Hrsg.): Insolvenzordnung (InsO), Kommentar, 6. Auflage 2014.

Braun, Eberhard; Heinrich, Jens: Auf dem Weg zu einer (neuen) Insolvenzplankultur in Deutschland – Ein Beitrag zu dem Regierungsentwurf für ein Gesetz zur weiteren Erleichterung der Sanierung von Unternehmen.

In: NZI, 2011, S. 505–517.

Braun, Eberhard; Uhlenbruck, Wilhelm: Unternehmensinsolvenz. Grundlagen, Gestaltungsmöglichkeiten, Sanierung mit der Insolvenzordnung, Düsseldorf, 1997.

Brinkmann, Moritz: Wege aus der Insolvenz eines Unternehmens - oder: Die Gesellschafter als Sanierungshindernis.

In: WM, 2011, S. 97–103.

Brunnermeier, Markus K.: Deciphering the Liquidity and Credit Crunch 2007–2008.

In: Journal of Economic Perspectives, Volume 23 (2009), Number 1, S. 77–100.

Buchalik, Robert: Das Schutzschirmverfahren nach § 270b InsO (incl. Musteranträge). Ein überzeugender Schritt des Gesetzgebers, der Sanierung durch Insolvenz nachhaltig zum Durchbruch zu verhelfen.

In: ZInsO, 2012, S. 349–365.

Buchalik, Robert; Haase, Markus (2012): Studie zur EInführung des ESUG.

In: ZInsO, 2012, S. 1832–1834.

Bundesministerium der Justiz: Erster Bericht der Kommission für Insolvenzrecht, Köln, 1985.

Bundesministerium der Justiz (2013): Entwurf eines Gesetzes zur Erleichterung der Bewältigung von Konzerninsolvenzen. Hg. v. Bundesministerium der Justiz, 2013.

Online verfügbar unter: http://www.bmj.de/SharedDocs/Downloads/DE/pdfs/RegE_Entwurf_eines_Gesetzes_zur_Erleichterung_der_Bewaeltigung_von_Konzerninsolvenzen.pdf;jsessionid=AA6C61DA37359DBE2A7AFCD028D83C66.1_cid297?__blob=publicationFile.

Buth, Andrea K.; Hermanns Michael (Hrsg.): Restrukturierung, Sanierung, Insolvenz. 4. Auflage, München, 2014.

Canaris, Claus-Wilhelm (1979): Kreditkündigung und Kreditverweigerung gegenüber sanierungsbedürftigen Bankkunden.

In: ZHR, 1979, S. 113–138.

Cranshaw, Friedrich L.: Internationalisierung und Modernisierung – Bemerkungen zum geltenden und zum Referentenentwurf eines neuen Schuldverschreibungsgesetzes (SchVG).

In: BRK, 2008, S. 504–511.

Crezelius, Georg; Scholz, Franz (Hrsg.): Kommentar zum GmbH-Gesetz. Mit Anhang Konzernrecht. 11. Auflage, Köln, 2014.

Dahl, Michael: Die Neuregelungen des ESUG – ein Überblick.

In: NJW Spezial, 2011, S. 21–22.

Dammann, Reinhard: Die Schlüssel des Erfolgs der französischen Vorverfahren und der neuen procédure de sauvegarde.

In: NZI, 2008, S. 420–421.

Davydenko, Sergei A.; Franks Julian: Do Bankruptcy Codes Matter? A Study of Defaults in France, Germany and the U.K.

In: *The Journal of Finance* 2008 (Vol. 63, No. 2), S. 565, 566.

Degenhardt; J. Ernst: Das neue französische „beschleunigte finanzielle Sanierungsverfahren“ (Sauvegarde financière accélerée). Erfolgreicher Abschluss des ersten Verfahrens.

In: NZI, 2013, S. 830–836.

–: Die Reform des französischen Insolvenzrechts vom 12.3.2014.

In: NZI 2014, S. 433–439.

Delzant, Ellen; Ehret, Patrick: Die Reform des französischen Insolvenzrechts zum 15.2.2009.

In: ZInsO, 2009, S. 990–996.

Desch, Wolfram: Schutzschirmverfahren nach dem RegE-ESUG in der Praxis.

In: DB, 2011, S. 841–846.

Deutsche Presseagentur: Firmensanierung in Eigenregie wird missbraucht. Hrsg. v. Handelsblatt GmbH, Berlin, 2013.

Online verfügbar unter http://www.handelsblatt.com/unternehmen/mittelstand/insolvenzverwalter-firmensanierung-in-eigenregie-wird-missbraucht/9015528.html.

Dreier, Horst; Bauer, Harmut (Hrsg.): Grundgesetz. Kommentar. 3. Auflage, Tübingen, 2013.

Drukarczyk, Jochen: Zur Verknüpfung von präventiven Vorverfahren und Insolvenzverfahren i.e.S. – die französische Regelung

In: *Flitsch, Michael; Hagebusch, Alfred; Oberle Thomas; Seagon, Christopher; Schreiber, Werner* (Hrsg.): Festschrift für Jobst Wellensiek zum 80. Geburtstag, München, 2011, S. 761–776.

Ehlers, Harald: Das Haftungspotenzial gegenüber Beratern in der Unternehmenskrise.

In: NZI, 2008, S. 211–216.

Ehret, Patrick: Französische vorinsolvenzliche Sanierungsverfahren, Hrsg. v. Volker Beissenhirtz und Peter de Bra, Berlin, 2010.

Online verfügbar unter http://www.schubra.de/de/infobriefe/sanierungsrecht/1101_sanierung.pdf.

Ehricke, Ulrich: Zur gemeinschaftlichen Sanierung insolventer Unternehmen eines Konzerns.

In: ZInsO, 2002, S. 393–398.

Eickmann, Dieter: Insolvenzverwalter und Zwangsverwalter als Arbeitgeber

In: *Hanau, Peter; Thau, Jens Thomas; Westermann, Harm Peter* (Hrsg.): Gegen den Strich. Festschrift für Klaus Adomeit, Köln, 2008, S. 167–172.

Eidenmüller, Horst: Verfahrenskoordination bei Konzerninsolvenzen.
In: ZHR, 2005, S. 528–569.

–: Wettbewerb der Insolvenzrechte?
In: ZGR, 2006, S. 467, 475.

–: Unternehmenssanierung zwischen Markt und Gesetz. Mechanismen der Unternehmensreorganisation und Kooperationspflichten im Reorganisationsrecht, Köln, 1999.

–: Leveraged Buyouts und die Effizienz des deutschen Restrukturierungsrechts.
In: ZIP, 2007, S. 1729–1737.

–: Finanzkrise, Wirtschaftskrise und das deutsche Insolvenzrecht, Berlin, 2009.

–: Reformperspektiven im Restrukturierungsrecht.
In: ZIP, 2008, S. 649–660.

Eidenmüller, Horst; Engert, Andreas: Reformperspektiven einer Umwandlung von Fremd- in Eigenkapital (Dept-Equity Swap) im insolvenzplanverfahren.
In: ZIP, 2009, S. 541–554.

Eidenmüller, Horst; Frobenius, Tilmann: Die internationale Reichweite eines englischen Scheme of Arrangement.
In: WM, 2011, S. 1210–1219.

Eidenmüller, Horst; Frobenius, Tilmann; Prusko, Wolfram: Regulierungswettbewerb im Unternehmensinsolvenzrecht: Ergebnisse einer empirischen Untersuchung.
In: NZI, 2010, S. 545–550.

Engelhard, Hans A.: Politische Akzente einer Insolvenzrechtsreform.
In: ZIP, 1986, S. 1287–1291.

Epping, Volker; Hillgruber, Christian (Hrsg.): Beck'scher Online-Kommentar GG, 27. Edition, München, 2015.

Europäische Kommission: EMPFEHLUNG DER KOMMISSION vom 12.3.2014 für einen neuen Ansatz im Umgang mit unternehmerischem Scheitern und Unternehmensinsolvenzen.
Abrufbar unter: http://ec.europa.eu/justice/civil/files/c_2014_1500_de.pdf.

–: MITTEILUNG DER KOMMISSION AN DAS EUROPÄISCHE PARLAMENT, DEN RAT, DEN EUROPÄISCHEN WIRTSCHAFTS- UND SOZIALAUSSCHUSS UND DEN AUSSCHUSS DER REGIONEN - Aktionsplan zur Schaffung einer Kapitalmarktunion.
Abrufbar unter: http://ec.europa.eu/finance/capital-markets-union/docs/building-cmu-action-plan_de.pdf.

Finch, Vanessa: Corporate insolvency law. Perspectives and principles. 2nd. Cambridge, UK, New York, 2009.

Fleischer, Holger; Goette, Wulf (Hrsg.): Münchener Kommentar zum Gesetz betreffend die Gesellschaft mit beschränkter Haftung – GmbH, München, 2010.

Flessner, Axel: Sanierung und Reorganisation. Insolvenzverfahren für Großunternehmen in rechtsvergleichender und rechtspolitischer Untersuchung, Tübingen, 1982.

–: Insolvenzverfahren ohne Insolvenz? Vorteile und Nachteile eines vorinsolvenzlichen Reorganisationsverfahrens nach französischem Vorbild.

In: KTS, 2010, S. 127–147.

Flöther, Lucas F.: Die aktuelle Reform des Insolvenzrechts durch das ESUG - Mehr Schein als Sein.

In: ZIP, 2012, S. 1833–1842.

Frege, Michael C.: Grundlagen und Grenzen der Sanierungsberatung.

In: NZI, 2006, S. 545–552.

Frege, Michael C.; Keller, Ulrich; Riedel, Ernst (Hrsg.): Insolvenzrecht, 7. Auflage, München, 2008.

Fridgen, Alexander: Das ESUG – Abschluss der ersten Stufe der Insolvenzrechtsreform.

In: GWR, 2011, S. 525.

Fries, Michael; Mateo, Iván; von Wolffersdorff, Philipp: Ley concursal. Spanisch-deutsche Textausgabe mit Erläuterungen = Spanisches Konkursgesetz, Heidelberg, 2013.

Frind, Frank: Der Einfluss von Gläubigern bei der Auswahl des und der Aufsicht über den Insolvenzverwalter.

In: ZInsO, 2012, S. 643–649.

–: Vorinsolvenzliche Sanierungsregelungen oder Relaunch des Insolvenzplanverfahrens?

In: ZInsO, 2010, S. 1426–1431.

–: Insolvenzgerichtliche Veröffentlichungsnotwendigkeiten bei der vorläufigen Sachwalterschaft.

In: ZIP, 2012, S. 1591–1595.

Gaul, Hans Friedhelm: Zur Struktur und Wirkungsweise des Insolvenzplans als „privatautonomes" Instrument der Haftungsverwirklichung.

In: *Baums, Theodor; Lutter, Marcus; Schmidt, Karsten; Wertenbruch, Johannes (Hrsg.)*: Festschrift für Ulrich Huber zum siebzigsten Geburtstag, Tübingen, 2006, S. 1187–1230.

Geldmacher, Christoph: Brauchen wir ein gesetzliches Verfahren zur präventiven Unternehmenssanierung? Notwendigkeit und Umsetzungsmöglichkeiten eines vorinsolvenzlichen Sanierungsverfahrens.

In: ZInsO, 2010, S. 696–702.

– (2012): Das präventive Sanierungsverfahren als Teil eines reformierten Insolvenz- und Sanierungsrechts in Deutschland, Köln, 2012.

Gerster, Erwin: Insolvenzplan, „das unbekannte Wesen" oder „der Maßanzug des Insolvenzrechts". Erfahrungen mit dem neuen insolvenzrechtlichen Medium aus Sicht der insolvenzgerichtlichen Praxis.

In: ZInsO, 2008, S. 437–445.

Goode, Royston Miles: Principles of corporate insolvency law, London, 4. Auflage, 2011.

Gottwald, Peter (Hrsg.): Insolvenzrechtshandbuch, 5. Auflage, 2015.

–: Die Interessengemeinschaft der Gläubiger eines insolventen Schuldners

In: Freiheit und Zwang: rechtliche, wirtschaftliche und gesellschaftliche Aspekte: Festschrift zum 60. Geburtstag von Hans Giger, Zürich, 1989, S. 195–211.

Görg, Klaus Hubert; Stockhausen Martin: Eigenverwaltung für Großinsolvenzen?

In: *van Betteray, Wolfgang; Delhaes, Wolfgang* (Hrsg.): Festschrift für Friedrich Wilhelm Metzeler zum 70. Geburtstag, Köln, 2003, S. 105–118.

Graeber, Thorsten: Der Konzerninsolvenzverwalter - Pragmatische Überlegungen zu Möglichkeiten eines Konzerninsolvenzverfahrens.

In: NZI, 2007, S. 265–270.

Graf, Ulrich; Wunsch, Irene: Eigenverwaltung und Insolvenzplan - gangbarer Weg in der Insolvenz von Freiberuflern.

In: ZIP, 2001, S. 1029–2040.

Graf Lambsdorff, Otto: Wirtschaftspolitische Aspekte einer Insolvenzrechtsreform.

In: ZIP, 1987, S. 809–814.

Haarmeyer, Hans; Buchalik, Robert; Haase, Markus: Befragung der Insolvenzgerichte zu den §§ 270a und 270b InsO Verfahren.

In: ZInsO, 2013, S. 26–28.

Haarmeyer, Hans; Wutzke, Wolfgang; Förster, Karsten (2001): Handbuch zur Insolvenzordnung. InsO/EGInsO. 4. Auflage, München, 2013.

Haarmeyer, Hans; Wutzke, Wolfgang; Förster, Karsten (Hrsg.): Handbuch der vorläufigen Insolvenzverwaltung, 1. Auflage, München, 2011.

Habersack, Mathias (Hrsg.): Münchener Kommentar zum Bürgerlichen Gesetzbuch, Band 1, 6. Auflage, München, 2013.

Hänel, Robert: Gläubigerautonomie und das Insolvenzplanverfahren, Berlin, 2000.

Häsemeyer, Ludwig: Insolvenzrecht. 4. Auflage, Köln, München, 2007.

Hess, Harald: Sanierungshandbuch, 6. Auflage, 2013.

Hingerl, Josef: Schwerpunktthema: Sanierung nach Plan. Entwicklungen, Erfahrungen, Chancen.

In: ZInsO, 2008, S. 404–411.

Hirte, Heribert: Vorschläge für die Kodifikation eines Konzerninsolvenzrechts.

In: ZIP, 2008, S. 444–449.

Hirte, Heribert; Knof Béla; Mock, Sebastian: Das Gesetz zur weiteren Erleichterung der Sanierung von Unternehmen (Teil I).

In: DB, 2011, S. 632–643.

Hirte, Heribert; Knof Béla; Mock, Sebastian: Das Gesetz zur weiteren Erleichterung der Sanierung von Unternehmen (Teil II).

In: DB, 2011, S. 693–698.

Höfling, Wolfram: Vertragsfreiheit. Eine grundrechtsdogmatische Studie, Heidelberg, 1999.

Hölzle, Gerrit: Unternehmenssanierung außerhalb der Insolvenz - Überlegungen zu einem Sanierungsvergleichsgesetz.

In: NZI, 2010, S. 207–214.

–: Die „erleichterte Sanierung von Unternehmen" in der Nomenklatur der InsO – ein hehres Regelungsziel des RefE-ESUG.

In: NZI, 2011, S. 124–131.

Horstkotte, Martin: Öffentliche Bekanntmachung der vorläufigen Sachwalterschaft nach ESUG durch das Insolvenzgericht?

In: ZInsO, 2012, S. 1161–1164.

Huhn, Christoph: Die Eigenverwaltung im Insolvenzverfahren, Köln, 2003.

Huntemann, Eva M.; Dietrich, Martin: Eigenverwaltung und Sanierungsplan - der verkannte Sanierungsweg.

In: ZInsO, 2001, S. 13–17.

Jacoby, Florian: Vorinsolvenzliches Sanierungsverfahren.

In: ZGR, 2010, S. 359–384.

Jacquemont, André: Droit des entreprises en difficulté. La procédure de conciliation, les procédures collectives de sauvegarde, redressement et liquidation judiciaires, 5e édition, Paris, 2007.

Jaffé, Michael; Friedrich, Andreas: Verbesserung der Wettbewerbsfähigkeit des Insolvenzrechtsstandorts Deutschland.

In: ZIP, 2008, S. 1849–1858.

Jarass, Hans D.: Inhalts- und Schrankenbestimmung oder Enteignung? - Grundfragen der Struktur der Eigentumsgarantie.

In: NJW, 2000, S. 2841–2845.

Jeantin, Michel; Le Cannu, Paul (Hrsg.): Entreprises en difficulté. Droit commercial, 7e édition, Paris, 2007.

Jubin, Marius: Die internationale Finanzkrise – Auslöser und Gefahren für die deutsche Realwirtschaft, Hamburg, 2008.

Kautzsch, Christof: Unternehmenssanierung im Insolvenzverfahren, Univ., Diss., Münster, 2001.

Online verfügbar unter http://www.gbv.de/dms/hbz/toc/ht013246021.pdf.

Keller, Ulrich: Bedarf die Bestellung eines vorläufigen Sachwalters im Schutzschirmverfahren nach § 270b InsO der öffentlichen Bekanntmachung?

In: ZIP, 2012, S. 1895–1901.

Kiethe, Kurt: Der Sanierungskredit in der Insolvenz.

In: KTS, 2005, S. 179–212.

Kilger, Joachim: Der Konkurs des Konkurses.

In: KTS, 1975, S. 142–166.

Kindler, Peter; Nachmann, Josef (Hrsg.): Handbuch Insolvenzrecht in Europa, 4. Auflage, München, 2014.

Kirchhof, Hans-Peter: Probleme bei der Einbeziehung von Aussonderungsrechten in das Insolvenzeröffnungsverfahren.

In: ZInsO, 2007, S. 227–231.

Kirchhof, Hans-Peter; Lwowski, Hans-Jürgen; Stürner, Rolf (Hrsg.): Münchener Kommentar zur Insolvenzordnung, 3. Auflage, München, 2013.

Kirchhof, Hans-Peter; Lwowski, Hans-Jürgen; Stürner, Rolf (Hrsg.): Internationales Insolvenzrecht, 2. Auflage, München, 2008.

Klöker, Klaus: Der Insolvenzplan.

In: sj, 2008, S. 43–47.

Knof Béla; Mock, Sebastian (2008): Innerstaatliches Forum Shopping in der Konzerninsolvenz - Cologne Calling? Zugleich Anmerkung zu AG Köln, Beschl. v. 1.2.2008 - 73 IN 682/07, ZInsO 2008, 215.

In: ZInsO, 2008, S. 253–261.

Knops, Kai-Oliver; Bamberger, Heinz Georg; Maier-Reimer, Georg (Hrsg.): Recht der Sanierungsfinanzierung, Berlin, 2005.

Kocher, Dirk; Widder, Stefan: Ad-hoch-Publizität in der Unternehmenskrise und Insolvenz

In: NZI, 2010, 925–932.

Kosal; Koray (2010): Insolvenzverfahren in Frankreich - Ein vorinsolvenzliches Sanierungsverfahren?

In: INDAT Report 2010 (4), S. 1–5.

Kranzusch, Peter (2008): Die Eigenverwaltung im Insolvenzverfahren - Anwendung und Hindernisse.

In: ZInsO, 2008, S. 1346–1354.

–: Haben wir eine Sanierungskultur in Deutschland? Hrsg. v. Institut für Mittelstandsforschung (IfM) Bonn, Bonn, 2008.

Online verfügbar unter http://www.ifm-bonn.org/assets/documents/Kranzusch-24-06-2008.pdf.

Krystek, Ulrich; Moldenhauer, Ralf (Hrsg.): Handbuch Krisen- und Restrukturierungsmanagement. Generelle Konzepte, Spezialprobleme, Praxisberichte. Stuttgart, 2007.

Kußmaul, Rolf; Steffan, Bernhard: Insolvenzplanverfahren: Der prepackaged Plan als Sanierungsalternative. - Praxisbeispiel einer erfolgreichen Umsetzung -.

In: DB, 2000, S. 1849–1853.

Landfermann, Hans-Georg: Das neue Unternehmensnaierungsgesetz (ESUG). Überblick und Schwerpunkte.

In: WM, 2012, S. 869–878.

Le Corre, Pierre-Michel: La réforme du droit des entreprises en difficulté. Commentaire de l'ordonnance du 18 décembre 2008 et du décret du 12 février 2009, Paris, 2009.

Le Corre, Pierre-Michel; Le Corre-Broly, Emmanuelle (Hrsg.): Droit des entreprises en difficulté. Droit du commerce et des affaires, 2e édition, Paris, 2006.

Leisner, Walter: Das Eigentumssyndikat. Fondseigentum und Zwangsgenossenschaft als Formen der Sozialbindung?

In: DVBl., 1976, S. 125–131.

Leuering, Dieter: Das neue Schuldverschreibungsgesetz.

In: NZI, 2009, S. 638–640.

Leutheusser-Schnarrenberger, Sabine: Rede der Bundesministerin der Justiz Sabine Leutheusser-Schnarrenberger, MdB beim 7. Deutschen Insolvenzrechtstag der Arbeitsgemeinschaft Insolvenzrecht im Deutschen Anwaltverein am 17. März 2010 in Berlin.

In: BB Heft 17/2010, S. 1.

Lienhard, Alain: Sauvegarde des entreprises en difficulté. Le nouveau droit des procédures collectives, Paris, 2006.

Lienhard, Alain: Procédures collectives. Prévention et conciliation, sauvegarde, sauvegarde financière accélérée, redressement judiciaire, liquidation judiciaire, sanctions, procédure. 4e édition, Paris, 2011.

Lürken, Sacha: Totgesagte leben länger – Neuer Anstoß aus Brüssel für die Einführung eines vorinsolvenzlichen Sanierungsverfahrens.

In: NZI 2015, 3–9.

Maas, Heiko: Rede des Bundesministers der Justiz Heiko Maas auf dem 11. Deutschen Insolvenzrechtstag der der Arbeitsgemeinschaft Insolvenzrecht im Deutschen Anwaltverein am 3. April 2014.

Abrufbar unter: http://www.bmjv.de/SharedDocs/Reden/DE/2014/04032014_Insolvenzrechtstag.html;jsessionid=44635C6841AAECB34A07A376A907198C.1_cid334?nn=6704226.

Madaus, Stephan: Möglichkeiten und Grenzen einer Reform der Rechtsmittel gegen den Beschluss über die Insolvenzplanbestätigung.

In: NZI, 2010, S. 430–435.

– (2011): Der Insolvenzplan. Von seiner dogmatischen Deutung als Vertrag und seiner Fortentwicklung in eine Bestätigungsinsolvenz, Tübingen, 2011.

– (2012): Die Rechtsbehelfe gegen die Planbestätigung nach dem ESUG.

In: NZI, 2012, S. 597–600.

Mangoldt, Herman v.; Klein Friedrich; Starck, Christian (Hrsg.): Kommentar zum Grundgesetz. 6., vollst. neubearb. München, 2010.

Mankowski, Gerhard: Anerkennung englischer Solvent Schemes of Arrangement in Deutschland.

In: WM, 2011, S. 1201–1210.

Martinek, Michael; Pittrich, Andreas (Hrsg.): J. von Staudingers Kommentar zum Bürgerlichen Gesetzbuch mit Einführungsgesetz und Nebengesetzen - Eckpfeiler des Zivilrechts. 5. Auflage, Berlin 2014.

Maus, Karl Heinz: Die Besteuerung von Sanierungsgewinnen als Problem in der Unternehmensinsolvenz.

In: NZI, 2000, S. 449–454.

–: Schuldnerstrategien in der Unternehmensinsolvenz (Teil I).

In: DStR, 2002, S. 1059–1064.

–: Schuldnerstrategien in der Unternehmensinsolvenz (Teil II).
In: DStR, 2002, S. 1104–1108.

McCormack, Gerard: Corporate rescue law--an Anglo-American perspective. Cheltenham, Northampton, MA: E. Elgar, 2008.

Medla, Natalia Alexandra: Präventive Unternehmenssanierung im deutschen und französischen Recht. Rechtsvergleichende Analyse unter Berücksichtigung der Reform des Code de Commerce duch das Gesetz vom 26. Juli 2005, Diss., Köln, 2008.

Meyer, Heinrich; Degener, Jan-Moritz (2011): Dept-Equity-Swap nach dem RegE-ESUG.
In: BB, 2011, S. 846–851.

Michalski, Lutz (Hrsg.): Kommentar zum Gesetz betreffend die Gesellschaften mit beschränkter Haftung (GmbHG). 2. Auflage, München, 2010.

Mönning, Rolf-Dieter: Betriebsfortführung in der Insolvenz, Köln, Kommunikationsforum, 1997.

Nerlich, Jörg; Römermann, Volker: Insolvenzordnung. 28. Ergänzungslieferung, 2015.

Nerlich, Jörg; Georg Kreplin (Hrsg.): Münchener Anwalts-Handbuch Sanierung und Insolvenz, 2. Auflage 2012, München.

Nikoleyczik, Tobias: Gläubigerschutz zwischen Gesetz und Vertrag. Alternativen zum System eines festen Nennkapitals. 1. Auflage, Köln, 2007.

Olivencia Manuel: ESTUDIOS - LA REFORMA DE LA LEY CONCURSAL.
In: Revista de derecho mercantil 285, 2012, S. 11–28.

Oppenländer, Frank; Trölitzsch, Thomas (Hrsg.): Praxishandbuch der GmbH Geschäftsführung. Unter Mitarbeit von Bernhard Steffan, 2. Auflage, München, 2011.

Ott, Claus; Schäfer, Hans-Bernd (Hrsg.): Effiziente Verhaltenssteuerung und Kooperation im Zivilrecht. Beiträge zum V. Travemünder Symposium zur ökonomischen Analyse des Rechts (27.-30. März 1996). Tübingen, 1997.

Otte, Karsten; Wiester Roland: Nachmeldungen im Planverfahren.
In: NZI, 2005, S. 70–77.

Pape, Gerhard: Die Gläubigerbeteiligung im Insolvenzverfahren unter besonderer Berücksichtigung der Interessen der Kreditwirtschaft.
In: WM, 2003, S. 313–360; 361–408.

Pape, Gerhard; Uhlenbruck, Wilhelm; Voigt-Salus, Joachim: Insolvenzrecht, 2. Auflage, München, 2010.

Paulus, Christoph G.: Grundlagen des neuen Insolvenzrechts.
In: DStR, 2002, S. 1865–1870.

–: Insolvenz als Sanierungschance – ein Plädoyer.
In: ZGR, 2005, S. 309–326.

–: Das englische Scheme of Arrangement - ein neues Angebot auf dem europäischen Markt für außergerichtliche Restrukturierungen.
In: ZIP, 2011, S. 1077–1083.

–: Insolvenzrecht. Mit internationalem Insolvenzrecht; [mit Übersichten und Testfragen]. 2. Auflage, München, 2012.

–: Internationales Restrukturierungsrecht.
In: RIW, 2013, S. 577–583.

Pérez, Borja Alcázar: Das neue spanische Konkursrecht. Ein unternehmerisches Instrument zur Krisenbewältigung?
In: RIW, *2013,* S. 352–356.

Pétel, Philippe: Procédures collectives. 7e éd. Paris: Dalloz, 2011.

Pérochon, Françoise, Entreprises en difficulté, 9e édition, Paris, 2012.

Petrovic, Radmila: Die rechtliche Anerkennung von Solvent Schemes of Arrangement in Deutschland. Eine Chance für die Restrukturierungspraxis.
In: ZInsO, 2010, S. 265–272.

Peyramaure, Philippe; Sardet Pierre: L'entreprise en dificulté. Prévention, Restructuration, Redressement. 4. Auflage, Paris, 2006.

Picot, Gerhard; Aleth, Franz: Unternehmenskrise und Insolvenz. Vorbeugung, Turnaround, Sanierung, München, 1999.

Piepenburg, Horst: Faktisches Konzerninsolvenzrecht am Beispiel Babcock Borsig.
In: NZI, 2004, S. 231–237.

Pieroth, Bodo; Schlink, Bernhard: Grundrechte. 31. Auflage, Heidelberg, München, Landsberg [u.a.]: 2015.

Priebe, Klaus: Übertragende Sanierung und Insolvenzplanverfahren. Rechtsentwicklung in den Krisenjahren 2009 und 2010.
In: ZInsO, 2011, S. 467–476.

Prütting, Hanns; Huhn, Christoph: Kollision von Gesellschaftsrecht und Insolvenzrecht bei der Eigenverwaltung.
In: ZIP, 2002, S. 777–782.

Pulgar Ezquerra, Juana: LA LEY 38/2011 LA REFORMA DE LA LEY CONKURSAL 22/2003.
In: ortrosi, 2012, (num 9), S. 16–24.

Rattunde, Rolf: Sanierung durch Insolvenz. Strukturen, Möglichkeiten und Erfahrungen der Sanierung mit dem Insolvenzverfahren oder während des Insolvenzverfahrens.
In: ZIP, 2003, S. 2103–2110.

–: Sanierung von Großunternehmen durch Insolvenzpläne – Der Fall Herlitz.
In: ZIP, 2003, S. 596–600.

Reuter, Alexander: „Krisenrecht" im Vorfeld der Insolvenz - das Beispiel der börsennotierten AG.
In: BB, 2003, S. 1797–1804.

Reuter, Peter: Kalter Kaffee oder immer noch frisch? Das vorinsolvenzliche Sanierungsverfahren. Hg. v. INDAT-Report 2013.
Abrufbar unter: http://www.hww.eu/sites/default/files/130905_INDAT_Report_0613_Vorinsolvenzliches_Sanierungsverfahren.pdf.

Richter, Bernd; Pernegger Isabelle (2011): Betriebswirtschaftliche Aspekte des RegE-ESUG.
In: BB, 2011, S. 876–882.

Richter, Bernd; Pluta Maximilian: Bescheinigung zum Schutzschirmverfahren gem. § 270b InsO nach IDW ES 9 im Praxistest.
In: BB, 2012, S. 1591–1595.

Ritter, Wolfgang: Unternehmenssanierung im neuen Insolvenzrecht. Eine Analyse aus der Sicht der Kreditinstitute. Sternenfels: Verl. Wissenschaft & Praxis, 1999.

Röhm, Peter M.: Strafrechtliche Folgen eines Insolvenzantrags bei drohender Zahlungsunfähigkeit gem. § 18 InsO.
In: NZI, 2002, S. 134–138.

–: Unternehmensturnaround durch Eigenverwaltung in der Insolvenz.
In: NZI, 2007, S. 281–282.

Römermann, Volker: Neues Sanierungsrecht ab 2012: Der Regierungsentwurf des ESUG.
In: GWR, 2011, S. 375.

–: Neues Insolvenz- und Sanierungsrecht durch das ESUG.
In: NJW, 2012, S. 645–652.

Rose, Frank; Teztlaff, Christian; Wollstadt, Hartmut: Die Einleitung eines Insolvenzplanverfahrens als Möglichkeit zur Bereinigung von Produkthaftungsansprüchen.
In: ZInsO, 2005, S. 673–682.

Roussel Galle, Philippe: Réforme du droit des entreprises en difficulté. De la théorie à la pratique, 2e édition, Paris, 2007.

Sassenrath, Gerd: Der Eingriff in Anteileignerrechte durch den Insolvenzplan. Ein Beitrag zru Reform des Insolvenzrechts.

In: ZIP, 2003, S. 1517–1530.

Schelo, Sven: Neue Restrukturierungsregeln für Banken.

In: NJW, 2011, S. 186–191.

– (2012): Der neue § 270b InsO - Wie stabil ist das Schutzschirmverfahren in der Praxis? Oder: Schutzschirmverfahren versus vorläufige Eigenverwaltung.

In: ZIP, 2012, S. 712–715.

Schlegel, Stephan: Insolvenzantrag und Eigenverwaltungsantrag bei drohender Zahlungsunfähigkeit.

In: ZIP, 1999, S. 954–959.

Schmidt, Jens M. (2010): Der Debt Equity Swap als Sanierungsinstrument im Fokus des Gesetzgebers.

In: GWR, 2010, S. 568.

Schmidt, Karsten: Schöne neue Sanierungswelt: Die Gläubiger okkupieren die Burg! Recht und Realität der ESUG Reform.

In: ZIP, 2012, S. 2085–2088.

Schmidt, Karsten; Uhlenbruck, Wilhelm; Crezelius, Georg (Hrsg.): Die GmbH in Krise, Sanierung und Insolvenz. Gesellschaftsrecht, Insolvenzrecht, Steuerrecht, Arbeitsrecht, Bankrecht und Organisation bei Krisenvermeidung, Krisenbewältigung und Abwicklung. 4., neu bearb. und erw. Köln: O. Schmidt, 2009.

Schnorr, Randolf: Die Gemeinschaft nach Bruchteilen (§§ 741–758 BGB). Tübingen, 2004.

Seide, Christian; Brosa, Christine: Das Auswahlverfahren für Insolvenzverwalter im Lichte der Gläubigerautonomie.

In: ZInsO, 2008, S. 769–776.

Siemon, Klaus: Das ESUG und § 270b InsO in der Anwendung. Zugleich eine Anmerkung zu AG Erfurt, Beschl. v. 13.4.2012 - 172 IN 190/12, ZInsO 2012, 944.

In: ZInsO, 2012, S. 1045–1053.

Simon, Stefan; Merkelbach, Matthias (2012): Gesellschaftsrechtliche Strukturmaßnahmen im Insolvenzplanverfahren nach dem ESUG.

In: NZG, 2012, S. 121–129.

Smid, Stefan (2007): Haftung des außergerichtlichen Sanierers.

In: WM, 2007, S. 1589–1596.

Smid, Stefan; Rattunde, Rolf: Der Insolvenzplan. Handbuch für das Sanierungsverfahren nach dem neuen Insolvenzrecht mit praktischen Beispielen und Musterverfügungen. Stuttgart, 1998.

Soerensen, Anker: French Accelerated Safeguard Procedure (AFS): The Nanterre Court Gives Green Light to the First Safeguard Plan Presented under the AFS Regime.

In: International corporate rescue, 2013, (Issue 4), S. 213–215.

Spies, Jörg: Insolvenzplan und Eigenverwaltung. - Sanierungsansatz zur Krisenbewältigung bei Unternehmen mittlerer Größe -.

In: ZInsO, 2005, S. 1254–1259.

Stapper, Florian: Die Praxis der Arbeit mit Insolvenzplänen oder die Insuffizienz des Insolvenzplans: Diagnose und Therapie.

In: ZInsO, 2009, S. 2361–2367.

Stapper, Florian; Jacobi, Christoph Alexander: Rechtliche Aspekte der Unternehmensfortführung in der Insolvenz.

In: NJ, 2009, S. 270–274.

Stapper, Florian; Jacobi, Christoph Alexander: Die Haftung des Geschäftsführers in Krise und Insolvenz.

In: NJ, 2010, S. 309–211.

Stapper, Florian; Schädlich, Jörg: Betriebsfortführung durch den (vorläufigen) Insolvenzverwalter. - Einzelermächtigung, Treuhandkonten- und Anderkontenmodell.

In: ZInsO, 2011, S. 249–258.

Tetzlaff, Christian: Drohende Zahlungsunfähigkeit - Geschäftsführer und Gesellschafter in der Zwickmühle? Zu Haftungsrisiken für den Geschäftsführer bei Stellung eines Insolvenzantrages wegen drohender Zahlungsunfähigkeit, oder: Sind die Gesellschafter einem böswilligen Fremdgeschäftsführer ausgeliefert.

In: ZInsO, 2008, S. 137–143.

Theewen, Eckhard M. (2003): Haftungsrisiken der Kreditinstitute in der Krise ihrer Schuldner.

In: BKR, 2003, S. 141–148.

Theodor Maunz, Günter Dürig, Roman Herzog (Hrsg.): Grundgesetz. Kommentar. 75. Auflage, München, 2015.

Tiedemann, Klaus: Insolvenz-Strafrecht. 2., neubearb. Auflage, Berlin, New York, 1996.

Trams, Kai: Gesetz zur weiteren Erleichterung der Sanierung von Unternehmen.

In: NJW Spezial, 2011, S. 149–150.

Uhlenbruck, Wilhelm: Einhundert Jahre Konkursordnung. Festschrift des Arbeitskreises für Insolvenz und Schiedgerichtswesen e. V. Köln zum einhundertjährigen Bestehen der Konkursordnung vom 10. Februar 1877. 1. Aufl. Köln/ Berlin/ Bonn/ München.

–: Die Pflichten eines Geschäftsführers einer GmbH oder GmbH & Co.KG in der Krise des Unternehmens.

In: BB, 1985, S. 1277–1284.

–: Sanierung und Reorganisation als drittes Insolvenzverfahren in einem künftigen Recht?

In: KTS, 1981, S. 513–576.

–: Von der Notwendigkeit eines eigenständigen Sanierungsgesetzes.

In: NZI, 2008, S. 201–206.

–: Zur Geschichte des Konkurses.

In: DZWIR, 2007, S. 1–5.

– (2001): Gerichtliche oder außergerichtliche Sanierung? - Eine Schicksalsfrage Not leidender Unternehmen.

In: BB, 2001, S. 1641–1648.

–: Chancen und Risiken eines plangesteuerten Insolvenzverfahrens als Eigenverwaltung.

In: *van Betteray, Wolfgang; Delhaes, Wolfgang* (Hrsg.): Festschrift für Friedrich Wilhelm Metzeler zum 70. Geburtstag, Köln, 2003, S. 85–104.

Uhlenbruck, Wilhelm; Hirte, Heribert; Vallender, Heinz (Hrsg.): Insolvenzordnung. Kommentar. 13., völlig neu bearb. Aufl. des von Franz Mentzel begr. sowie von Georg Kuhn und Wilhelm Uhlenbruck fortgef. Werkes zur Konkursordnung, München, 2010.

Uhlenbruck, Wilhelm; Vallender, Heinz: Zehn Jahre Insolvenzordnung - eine kritische Zwischenbilanz.

In: *NZI, 2009,* S. 1–11.

Undritz, Sven-Holger: Restrukturierung in der Insolvenz.

In: ZGR, 2010, S. 201–217.

Vallender, Heinz: Insolvenzkultur gestern, heute und morgen.

In: NZI, 2010, S. 838–844.

– (2007): Gefahren für den Insolvenzstandort Deutschland.

In: NZI, 2007, S. 129–137.

– (2012): Das neue Schutzschirmverfahren nach dem ESUG.

In: GmbHR, 2012, S. 450–455.

Vallender, Heinz; Deyda, Stephan: Brauchen wir einen Konzerninsolvenzgerichtsstand?
In: NZI, 2009, S. 825–834.

Vallender, Heinz; Heukamp, Anna: Regelungstendenzen zur Verwalterbestellung im französischen, österreichischen und deutschen Insolvenzrecht.
In: NZI, 2002, S. 513–521.

Veil, Rüdiger (2006): Krisenbewältigung durch Gesellschaftsrecht. Verlust des halben Kapitals, Pflicht zu ordnungsgemäßer Liquidation und Unterkapitalisierung.
In: ZGR, 2006, S. 374–397.

Veith, Alexander: Die Befreiung von der Ad-hoc-Publizitätspflicht nach § 15 III WpHG.
In: NZG, 2005, S. 254–259.

Vennemann, Dirk: Unternehmenssanierung in der Insolvenz. Erweiterter Handlungsspielraum der neuen Insolvenzordnung anhand von Fallbeispielen und quantitativen Modellen, Saarbrücken, 2007.

Verband Insolvenzverwalter Deutschlands e.V.: Grundsätze eines vorinsolvenzlichen Sanierungsverfahrens.
Abrufbar unter: http://www.vid.de/images/stories/pdf_stellungnahmen-vid/20160216_%20grundsaetze%20eines%20vorinsolvenzlichen%20sanierungsverfahrens_vid.pdf.

Voinot, Denis: Droit économique des entreprises en difficulté. Paris: LGDJ. Librairie générale de droit et de jurisprudence, 2007.

Voinot, Denis: Procédures collectives. Éd., Paris, 2011.

v. Leoprechting, Gunter: Insolvenzplan scheitert im Praxistest. Symposium an der Privaten Universität Witten/Herdecke am 1.12.1999.
In: DZWIR, 2000, S. 67–68.

Vorwerk, Volkert; Wolf, Christian (Hrsg.): Beck'scher Online-Kommentar ZPO. München, 2013.

Weisgard, Geoffrey M.; Griffiths, Michael; Doyle, Louis G.: Company voluntary arrangements and administrations. 2nd. Bristol, 2010.

Wengel Torsten: Die Insolvenztatbestände Überschuldung, Zahlungsunfähigkeit und drohende Zahlungsunfähigkeit.
In: DStR, 2001, S. 1769.

Westpfahl, Lars; Janjuah, Riaz K.: Zur Modernisierung des deutschen Sanierungsrechts. Ein Beitrag zur aktuellen Diskussion über die Reformbedürftigkeit des deutschen Insolvenzrechts.
In: ZIP, 2008, (Beilage zu Heft 3), S. 1–28.

Westrick, Ludger (2003): Chancen und Risiken der Eigenverwaltung nach der Insolvenzordnung.

In: NZI, 2003, S. 65–72.

Willemsen, Reinhard; *Rechel, Janine*: Insolvenzrecht im Umbruch - ein Überblick über den RegE-ESUG.

In: BB, 2011, S. 834–840.

Wimmer, Klaus: Auswirkungen von „Schemes of Arrangement" auf die deutsche Insolvenz- und Restrukturierungslandschaft. Institut für interdisziplinäre Restrukturierung e.V. (iir). Berlin. Online verfügbar unter: http://www.iir-hu.de/fileadmin/Freigaben/Veranstaltungen/Trilog/Trilog_4_Wimmer.pdf.

Würdinger, Hans: Die Theorie der schlichten Interessengemeinschaft, Hamburg, 1937.

Wüst, Günther: Interessengemeinschaft. ein Ordnungsprinzip des Privatrechts, Frankfurt, 1958.

Zappe, Carina: Das Stigma des Scheiterns. Wenn Unternehmer pleite gehen. Frankfurter Allgemeine Zeitung, Frankfurt am Main, 2011.

Online verfügbar unter http://www.faz.net/aktuell/beruf-chance/arbeitswelt/wenn-unternehmer-pleite-gehen-das-stigma-des-scheiterns-1638565.html.

II. Gerichtsentscheidungen

AG Göttingen, Beschluss vom 12.11.2012, Aktenzeichen 74 IN 160/12.

In: NZI, 2012, S. 1008–1009.

Bundesgerichtshof, Urteil vom 09.07.1953, Aktenzeichen IV ZR 242/52.

In: BGHZ 10, 228.

Bundesgerichtshof, Urteil vom 12.12.1991, Aktenzeichen IX ZR 178/91.

In: NJW, 1992, S. 967–971.

Bundesgerichtshof, Urteil vom 20.03.1995, Aktenzeichen II ZR 205/94.

In: NJW-RR, 1995, S. 925.

Bundesgerichtshof, vom 12.12.2002, Aktenzeichen IX ZB 426/02.

In: NZI, 2003, S. 147–148.

Bundesgerichtshof, Aktenzeichen II ZR 207/01.

In: NZI, 2005, S. 284–285.

Bundesgerichtshof, Urteil vom 05.03.2009, Aktenzeichen IX ZR 85/07.

In: NJW, 2009, S. 1601–1603.

Bundesgerichtshof, Urteil vom 19.10.2009, Aktenzeichen II ZR 240/08. In: NJW, 2010, S. 65–69.

Bundesgerichtshof, Urteil vom 15.02.2012, Aktenzeichen IV ZR 194/09. In: NZI, 2012, S. 425–430.

Bundesverfassungsgericht, Beschluß vom 26.04.95, Aktenzeichen 1 BvL 19/94. In: DtZ, 1995, S. 323–324.

Bundesverfassungsgericht, Urteil vom 07.08.1962, Aktenzeichen 1 BvL 16/60. In: NJW, 1962, S. 1667–1670.

Bundesverfassungsgericht, Beschluß vom 19.06.1969, Aktenzeichen 1 BvR 353/67. In: BVerfGE, 215–228 26, S. 215–228.

Bundesverfassungsgericht, Beschluß vom 12.11.1974, Aktenzeichen 1 BvR 32/68. In: NJW, 1974, S. 37–39.

Bundesverfassungsgericht, Urteil vom 08.07.1976, Aktenzeichen 1 BvL 19, 20/75, 1 BvR 148/75. In: NJW, 1976, S. 1783–1789.

Bundesverfassungsgericht, Beschluß vom 12.06.1979, Aktenzeichen 1 BvL 19/76. In: NJW, 1979, S. 985–990.

Bundesverfassungsgericht, Beschluß vom 20.03.1984, Aktenzeichen 1 BvL 28/82. In: NJW, 1984, S. 1872–1873.

Bundesverfassungsgericht, Beschluß vom 19.06.1985, Aktenzeichen 1 BvL 57/79. In: NVwZ, 1985, S. 113–117.

Bundesverfassungsgericht, Beschluß vom 12.03.1986, Aktenzeichen 1 BvL 81/79. In: NJW, 1986, S. 2188–2190.

Bundesverfassungsgericht, Beschluss vom 08.10.1996, Aktenzeichen 1 BvR 875/92. In: WM, 1996, S. 2285–2887.

Bundesverfassungsgericht, Urteil vom 23.11.1999, Aktenzeichen 1 BvF 1/94. In: WM, 1999, S. 2471–2476.

Bundesverfassungsgericht, Beschluss vom 30.04.2003, Aktenzeichen 1 PBvU 1/02. In: NJW, 2003, S. 1924–1929.

Bundesverfassungsgericht, Beschluß vom 14.01.2004, Aktenzeichen 2 BvR 564/95. In: NJW, 2004, S. 2073–2079.

Bundesverfassungsgericht, Beschluss vom 07.12.2004. In: NJW, 2004, S. 879–882.

Bundesverfassungsgericht, Beschluss vom 30.05.2007, Aktenzeichen 1 BvR 390/04.
In: WM, 2007, S. 1329–1332.

EuGH in: *Slg. 1999, I-1459.*

EuGH in: *Slg. 2003, I-10155.*

EuGH in: *Slg. 2002, I-9919.*

EuGH vom 02.05.2006, Aktenzeichen Rs. C-341/04.
In: *Slg. 2006, I-3813.*

Oberlandesgericht Hamm, vom 13.04.2010, Aktenzeichen I-27 U 133/09.
In: ZInsO, 2010, S. 1004–1008.

Schriften zum Verfahrensrecht

Herausgegeben von Jens Adolphsen, Christoph Althammer, Peter Gottwald und Ulrich Haas

Band 1 Matthias Rauscher: Die neue Berufung in Zivilsachen. 2002.

Band 2 Jörn-Christian Schulze: Grenzen der objektiven Schiedsfähigkeit im Rahmen des § 1030 ZPO. Eine Betrachtung des Rechts der Schiedsfähigkeit nach der Schiedsverfahrensrechtsform. 2003.

Band 3 Roman Rodloff: Das vereinfachte Verfahren zur Festsetzung von Kindesunterhalt nach §§ 654 ff. ZPO. Zugleich ein Beitrag zur Unterhaltsannexklage nach § 653 ZPO und zum vereinfachten Abänderungsverfahren nach § 656 ZPO. 2003.

Band 4 Helia-Verena Daubach: Kammer oder Einzelrichter? Ist die Kammer ein Qualitätselement des Zivilprozesses? 2003.

Band 5 Thomas Gemmeke: Beweisverwertungsverbote im arbeitsgerichtlichen Verfahren. 2003.

Band 6 Wolfgang Kreißig: Der Sportverein in Krise und Insolvenz. 2004.

Band 7 Alexander M. Krämer: Leasingverträge in der Insolvenz. 2005.

Band 8 Timo Christian Walther: Das Verfahren bei Masseunzulänglichkeit nach den §§ 208 ff. InsO. 2005.

Band 9 Henning Müller: Die Lebensversicherung in der Zwangsvollstreckung. 2005.

Band 10 Oliver Hilsbos: Die Mitwirkungspflicht von Personenstandsbehörden in Nachlassverfahren. 2006.

Band 11 Matthias Holla: Der Einsatz von Schiedsgerichten im organisierten Sport. 2006.

Band 12 Matthias Hofmann: Die Eigenverwaltung in der Insolvenz. Darstellung eines Rechtsinstituts unter besonderer Berücksichtigung der Gesellschaftsinsolvenz. 2006.

Band 13 Christian Schindler: Rechtskraft und Innenbindung von Beschlüssen nach der ZPO-Reform. 2006.

Band 14 Carola Reimann-Dittrich: Die Finanzierungsfolgenverantwortung des Gesellschafters. 2006.

Band 15 Viktoria Kress: Internationale Zuständigkeit für elterliche Verantwortung in der Europäischen Union. Das neue europäische Familienverfahrensrecht in Fragen der elterlichen Verantwortung im Kontext der Haager Abkommen. 2006.

Band 16 Frank Martin Herget: Die internationale Zuständigkeit im Electronic Commerce in der Europäischen Union. 2006.

Band 17 Cornelia Drenckhahn: Urkundsvorlagepflichten im Zivilprozess und im arbeitsgerichtlichen Verfahren nach der ZPO-Reform unter besonderer Berücksichtigung der Neufassung des § 142 ZPO. 2007.

Band 18 Walter Boeckh: Beschwerde und Rechtsbeschwerde im Zivilverfahren. 2007.

Band 19 Gökçe Nazar Uzar: Rechtsmittel gegen Schiedssprüche nach dem neuen deutschen und türkischen Schiedsverfahrensrecht. 2007.

Band 20 Christa Kraemer: Eigenkapitalersatz und Insolvenz. Klassische und moderne Fallgruppen. 2007.

Band 21 Martin Beckmann: Statutarische Schiedsklauseln im deutschen Recht und internationalen Kontext. 2008.

Band 22 Ulf Pechartscheck: Entgeltansprüche aus Altersteilzeitarbeit in der Arbeitgeberinsolvenz. Analyse gegenwärtiger Sicherungsmodelle in Deutschland. 2008.

Band 23 Thomas Baumann: Patentstreitigkeiten vor Schiedsgerichten. Eine rechtsvergleichende Betrachtung ausgewählter Probleme nach deutschem und schweizerischem Recht. 2008.

Band 24 Désirée Cimmino: Das UNCITRAL-Modellgesetz über internationale ADR-Verfahren in Wirtschaftsstreitigkeiten. 2008.

Band 25 Ralf Burkhard: Der Einfluss der Schuldrechtsreform auf von § 103 InsO erfasste Kaufverträge. 2010.

Band 26 Stefan Roßkopf: Die Aufrechnung im deutschen und englischen Insolvenzrecht. Eine rechtsvergleichende Untersuchung. 2008.

Band 27 Thomas Rothammer: Die insolvenzrechtliche Restschuldbefreiung – Probleme und Lösungen. 2008.

Band 28 Franziska Schmalenberg: Anerkennung von Patenten in Europa. 2009.

Band 29 Michael Schaumann: Reform des Eigenkapitalersatzrechts im System der Gesellschafterhaftung. Unter Berücksichtigung der Änderungen durch das MoMiG. 2009.

Band 30 Hengliang Shen: Das Absonderungsrecht in der Insolvenz. Erfahrungen aus Deutschland und die Praxis in China. 2009.

Band 31 Alexander Panier: Der Grundsatz der Schadenseinheit. 2009.

Band 32 Ming-Sheng Liu: Die richterliche Hinweispflicht. Dogmatik und Rechtskultur. 2009.

Band 33 Lothar Czaja: Umsetzung der Kooperationsvorgaben durch die Europäische Insolvenzverordnung im deutschen Insolvenzverfahren. 2009.

Band 34 Stefanie Reiche: Die prozessualen Folgen eines Betriebsübergangs nach § 613a BGB. 2009.

Band 35 Christoph Stieber: Der gesicherte Geld- und Warenkredit in der Insolvenz. Das Insolvenzverwalterwahlrecht nach § 103 InsO und dessen Wirkungen auf die Sicherungsübereignung und den Eigentumsvorbehalt. 2009.

Band 36 Miguel Teixeira de Sousa: Die Zulässigkeitsprüfung im Zivilprozess. 2010.

Band 37 Michael Schulze: Das Besteuerungsverfahren der Personengesellschaft bei Insolvenz. 2010.

Band 38 Ulrich Hönle: Die deliktische Grundanknüpfung im IPR und IZVR. Auswirkungen der Kollisionsrechtsvereinheitlichung auf europäischer Ebene. 2011.

Band 39 Hilke Schapp: Die Präklusion von Gestaltungsrechten nach § 767 Abs. 2 ZPO. Eine kritische Untersuchung der Rechtsprechung unter besonderer Berücksichtigung der Rechtskraft und der materiellen Rechtslage. 2011.

Band 40 Moritz Büchele: Eingriff in Gesellschafterrechte im Insolvenzplan. 2011.

Band 41 Markus Wimmer: Unternehmenssanierung mittels Transfergesellschaften. 2011.

Band 42 Christoffer Bortz: Urheberrechtliche Lizenzen in nationaler und internationaler Insolvenz. 2012.

Band 43 Martin Wigand: Verzicht, Vergleich und sonstige Haftungsbeschränkungen im Gesellschaftsrecht. 2012.

Band 44 Michael Schick: Die Zwischenfeststellungsklage des § 256 Abs. 2 ZPO. 2013.

Band 45 Olaf Benning: Internationale Prinzipien für grenzüberschreitende Insolvenzverfahren. 2013.

Band 46 Gero von Jhering: Die Wirkung von Schiedsvereinbarungen, Schiedsklauseln und Schiedssprüchen im Gesellschaftsrecht. Eine Zusammenführung von Schiedsverfahrens- und Gesellschaftsrecht. 2013.

Band 47 Anne Hoßfeld: Die Abtretung schieds- und gerichtsstandsgebundener Forderungen. 2013.

Band 48 Fabian Camek: Das Schutzschirmverfahren nach § 270b InsO und seine Funktionalität im internationalen Rechtsvergleich. 2014.

Band 49 Silvio Kupsch: Grenzüberschreitende Insolvenzverfahren in Südafrika. 2014.

Band 50 Martina Daus: Die insolvenzrechtliche Einordnung der betrieblichen Altersversorgung in der Insolvenz des Arbeitgebers. 2014.

Band 51 Fabian J. Hohl: Die richterliche Unabhängigkeit bei der Auswahl des (vorläufigen) Insolvenzverwalters nach dem ESUG. Vereinbarkeit mit Art. 97 GG und Auswirkung auf die Justiziabilität der Auswahlentscheidung. 2015.

Band 52 Carmen Schauberger: Die Partizipation Minderjähriger im Verfahren der freiwilligen Gerichtsbarkeit. Eine Analyse der Beteiligung und der Verfahrensfähigkeit in Familien- und Erbrechtsverfahren. 2015.

Band 53 Tobias Waldmann: Annexverfahren im Europäischen Insolvenzrecht. 2015.

Band 54 Maximilian Riedel: Insolvenz in nationalen und internationalen Schiedsverfahren. 2016.

Band 55 Konrad-Tassilo Heßel: Das vorinsolvenzliche Sanierungsverfahren. Bedarf und Ausgestaltungsmöglichkeiten eines vorinsolvenzlichen Sanierungsmechanismus. 2016.

Band 56 Dominik Pauw: Sanierung geschlossener Publikumsfonds. 2016.

www.peterlang.com

www.ingramcontent.com/pod-product-compliance
Ingram Content Group UK Ltd.
Pitfield, Milton Keynes, MK11 3LW, UK
UKHW021849290926
8980IPUK00005B/737

9 783631 676196